작은 것들의 정치

The Politics of Small Things: The Power of the Powerless in Dark Times
by Jeffrey C. Goldfarb

작은 것들의 정치
혁명 전통의 잃어버린 보물

1판1쇄 | 2011년 9월 5일

지은이 | 제프리 골드파브
옮긴이 | 이충훈

펴낸이 | 박상훈
주간 | 정민용
편집장 | 안중철
책임편집 | 최미정
편집 | 윤상훈, 이진실
제작·영업 | 김재선, 박경춘

펴낸 곳 | 후마니타스(주)
등록 | 2002년 2월 19일 제300-2003-108호
주소 | 서울 마포구 합정동 413-7번지 1층 (121-883)
전화 | 편집_02.739.9929 제작·영업_02.722.9960 팩스_02.733.9910
홈페이지 | www.humanitasbook.co.kr

인쇄 | 현문_031.902.1424

값 15,000원

ISBN 978-89-6437-143-5 03300

이 도서의 국립중앙도서관 출판시도서목록(CIP)은 e-CIP 홈페이지(http://www.nl.go.kr/ecip)에서
이용하실 수 있습니다(CIP제어번호: CIP2011003649).

작은 것들의 정치

혁명 전통의 잃어버린 보물

제프리 골드파브 지음

이충훈 옮김

후마니타스

● 일러두기

1. 외래어 고유명사의 우리말 표기는 국립국어원의 외래어 표기법을 따랐다. 그러나 관행적으로 굳
   어진 표기는 그대로 사용했으며, 처음 나온 곳이나 필요한 경우 원어를 병기했다.
2. 책이나 신문 등은 겹낫표(『 』), 논문은 큰따옴표(" "), 영화·드라마나 방송 프로그램, 웹사이트
   명 등은 가랑이표(〈 〉)를 사용했다.
3. 본문에서 사용하고 있는 [ ]는 저자의 첨언이며, 독자의 이해를 돕기 위한 옮긴이의 첨언인 경우
   [_옮긴이]로 표기했다. 단, 긴 설명을 요하는 옮긴이 주는 각주로 처리한 뒤, ● 표시를 했다.

감사의 글

내가 학계에 첫발을 내딛었을 때, 나는 그 누구보다도 나의 선생들을 위해 글을 썼다. 내가 그들의 가르침을 이해하고 있고, 그런 가르침 덕에 무언가를 할 수 있으며, 또한 그런 가르침에 공헌할 수 있다는 점을 그들에게 보여 주고 싶었다. 이후에 나의 관심은 이동했고, 주변 동료들에게 말을 걸기 시작했다. 때로는 경쟁심 때문이었을 수 있지만, 그보다는 협력심 때문이었다고 생각하고 싶다. 나는 근대 전제정치에 대한 새로운 대안을 검토하고, 사회운동과 시민사회에 대한 전망을 재고하고자, 중동부 유럽에서 발전하고 있던 민주주의 운동들과 그런 운동들의 의미를 비교의 관점에서 성찰했다. 이 과정에서 여러 분야와 각기 다른 장소에서 활동하고 있던 동료들과 함께 비판적인 사회 이론을 발전시키려고 노력했다. 내 마음 속에는 선생들과 동료들이 아직까지 깊이 자리 잡고 있으며 그들은 '작은 것들의 정치'라는 이 기획에 내가 착수하고, 어두운 시대에 힘없는 사람들의 권력이라고 불리는 이 기획의 첫 번째 결과물인 이 책을 완성하는 데 지속적으로 도움을 주었다. 내가 가르침을 받았고 계속해서 그런 가르침을 주었던 아놀드 포스터, 알리치아 이반스카, 폴 메도우, 마우리스 리히터, 하워드 베커, 모리스 야노비츠, 도널드 레빈, 베리 슈왈츠, 에드워드 쉴스에게 감사한다. 동료들 가운데 특히 이 책과 관련된 대화와 비판을 해 주었던 탈랄 아사드, 호세 카사노바, 파올로 카르피냐노, 야노스 키스, 죠 레라 맹쿠, 엘즈비에타 마티니아, 아담 미흐닉, 로빈 와그너 파치피치, 아드리아나 파트리나, 로저 쉐퍼드에게 감사한다.

그렇지만 현재 나의 주된 관심은 내 선생과 동료들보다는 내 학생들에게 있다. 나는 학생들에게 그들이 물려받게 될 세계(한편으로는 사회, 문화 그리고 정치라는 좀 더 큰 세계와, 다른 한편으로는 사회학과 문화·정치적 탐구에 초점을 둔 세계)에 관해 내가 이해한 바를 소개하려고 노력한다. 그들은 나에게 우리 시대의 문제들에 대한 그들 나름의 관점과 통찰을 제시했으며, 이를 통해 나는 수업 방식을 쇄신해 나갈 수 있었다. 이 점에 대해 고맙게 생각한다.

뉴욕에 있는 뉴스쿨New School에서 나는 정치사회과학 대학원Graduate Faculty of Political and Social Science의 사회학과와 유진 랭 칼리지Eugene Lang College의 신입생 프로그램 및 사회·역사적 탐구를 위한 집중 프로그램에서 강의한다. 나는 문화·정치·사회학 개론, 사회적 상호작용의 문제, 그리고 미디어 사회학과 같은 과목 등에서 대학원생들과 함께 수업을 해왔다. 이 책에서 제시될 기본적인 이론적 관점은 이런 수업들을 통해 처음으로 정식화되었다. 내 생각을 발전시키는 데 도움을 주었던 그들의 통찰력에 감사를 표하며, 그들 역시 우리가 수업에서 공유했던 설명들을 통해 발전할 수 있기를 기대한다. 그들 가운데 많은 대학원생들이 얼마만큼이나 그들이 발전할 수 있을 것인가에 관해 이미 나에게 깊은 인상을 주었다. 유진 랭 칼리지에서, 나는 대부분 신입생들을 가르친다. 우리의 수업 시간에 그들의 호기심과 지적 성장은 나를 감동시켰다. 나는 이런 경험이 매우 보람찬 일이라는 점을 발견했다. 내가 이 책의 7장에서 탐구하듯이 작은 것들의 정치가 가진 힘은 이 수업에서도 잘 드러났다.

7장의 내용은 또한 폴란드의 크라쿠프와 남아프리카공화국의 케이프타운에서 열렸던 민주주의와 다양성에 관한 뉴스쿨 연구소New School Institutes on Democracy and Diversity의 세미나를 통해 내가 배웠던 것들이다. 이 프로그램에는 유럽과 아프리카, 아시아 및 아메리카 대륙으로부터 온 대학원생과 젊은 교수들, 인권 운동가, 그리고 민주화 단체와 사회운동 단체의 활동가들이 참여한다. 이 학생들 가운데 대부분은 그다지 이상적이지 않은 상황 속에서 민주적 이상을 위해 투쟁함으로써 작은 것들의 정치를 실제로 행하는 실천가들이다. 내가 그들로부터 배운 것만큼이나, 그들이 민주주의적 문화에 관한 우리의 세미나에서 나로부터 그리고 서로에게 가르침을 받았기를 희망한다. 비록 이 시대가 어두운 시대이기는 하지만, 운 좋게도 나는 이런 빛의 근원들을 살펴볼 수 있었다.

그리고 다수의 학생들이 내가 이 책의 내용을 연구하고 저술하는 데 도움을 주었다. 특히 리처드 치미노, 이리트 데켈, 에란 피서, 데스피나 라라키에게 감사의 마음을 전한다. 그들은 자료를 찾아내고 인용문들을 정리해 주면서도 비판적인 질문과 견해를 제기함으로써 나에게 큰 도움을 주었다. 초고를 준비하는 데 도움을 주었던 뉴스쿨 사회학과의 비서인 제이미 브래드스트리트에게도 고마움을 전한다.

이 책은 위기의 순간에 쓰였다. 이 책을 통해 나는 전문가적인 견지에서 목격했고 개인적으로도 경험했던 위기에 맞서려고 시도했다. 나는 이 시도를 나와 함께했던 나오미 그루손 골드파브에게 감사한다. 그녀의 사랑, 이해심, 그리고 지원이 없었다면, 이 시도를 제대로 해낼 수 없었을 것이다.

서론
거대한 것들의 그늘

역사의 원동력은 우리의 일상생활 속에 현존한다. 경제 조건은 개인의 운명을 결정한다. 정치 질서는 친밀한 관계를 형성한다. 종교는 개인의 품성을 단련한다. 그러나 이런 문제에는 또 다른 측면이 있다. 이는 일상생활이 경제와 정치, 그리고 문명 그 자체를 형성한다는 점이다. 우리가 이 책에서 탐구하게 될 것은 바로 이 측면이다. 우리는 사람들이 사회적 상호작용 속에서 어떻게 역사를 만들어 가는지 살펴볼 것이다. 우리는 민주주의가 얼마나 구체적이고 세부적인 것 속에 깃들어 있는지를 살펴볼 것이다. 이는 그 어느 때보다 탈냉전 시대에 좀 더 분명해진다. 우리가 어두웠던 지난 20세기에 벌어졌던 일들을 배울수록, 그리고 오늘날 우리의 정치적 풍경의 윤곽을 새롭게 등장한 테러와 함께 이해할수록 말이다.[1] 광범위한 일반화는 공론가의 몫이다. 민주주의자는 좀 더 상세한 것에 초점을 맞추어야 한다.

근대적 사유는 선하고 민주적인 사회를 향한 두 갈래의 마술적 경로에 초점을 맞추고 있었다. 사회주의적 방식으로 생산력을 통제하라. 그러면 민주적이고 정의로운 사회가 도래할 것이다. 시장을 자유롭게 하라. 그러면 민주적이고 자유로운 사회가 도래할 것이다. 사회·정치적 문제들에 관한 이와 같은 총체적 사유는 냉전의 이데올로기적 요소였다. 그러나 그것은 그 이상이었다. 일반적으로 국가의 힘과 경제의 힘은 좋은 사회를 달성하기 위한 양자택일의 수단으로 이해되었다. 즉, 국가 소유인가 사유화인가, 계획인가 보이지 않는 손인가. 몇몇 사람들에게, 공산주의의 붕괴는 이 모든 논란에 종지부를 찍는 것이었다. 나를 포함해 일군의 사람들은 시장과 국가는 실천적 행위를 위한 근대적 도구일 뿐, 그 자체로는 어떤 의미도 없다는 점을 확신하게 되었다.[2] 반면, 다른 사람들은 공산주의의 붕괴가 자본주의의 승리를 가리킨다고, 즉 국가에 대한 경제의 승리를 의미한다고 주장했다.[3] 그러나 상당수의 저발전된 세계에서 추진되었던 급진적 사유화가 부적절한 조치였다는 사실은 이와 같은 순진한 이야기의 신빙성을 떨어트린다.[4]

근대의 거대한 이야기들이 영향력을 상실함에 따라, 그리고 서구 세계의 거대한 행진이 그 매력을 상실함에 따라,[5] 사람들은 갈피를 잡을 수 없게 되었다. 불의가 여전히 지속되고 있지만 단순한 해법은 신뢰를 잃어버렸다. 대안의 부재는 우리를 절망으로 내몰고 있다. 이는 특히 좌파에게 그러했지만 우파의 사정 역시 비슷하다. 무기력하게나마 좌파는 이런 절망으로부터 벗어나려고 시도해 왔다. "제3의 길"은 시장 메커니즘, 즉 자본주의를 도구로 삼아 사회정의에 대한 관심을 다루려고 노력했다. 하지만 미국에서 이와 같은 접근 방식은 빌 클린턴William Jefferson Clinton 행정부를 지지했던 가난한 사람들에 대한 공약들을 근본적으로 철회하는 결과를 초래했다. 절망은 또한 급진적인 반동의 대형隊形들로 이어지기도 했다. 자신들의 폭력 행위가 [자신들의_옮긴이] 문명에 대한 모욕과 억압을 바로잡아줄 것이라고 상상하는 테러리스트와 여기에 맞서는 반테러리스트들의 행위가 있다. 타자를 제거하거나 그들을 적절한 장소에 격리한다면 모든 문제가 해결될 것이라고 상상하는 외국인 혐오증도 점차 고조되고 있다.

나는 우리가 직면한 문제들을 해결할 수 있는 해법, 즉 현재의 난관으로부터 벗어날 수 있는 새롭고 깔끔한 해법을 가지고 있는 척하지는 않을 것이다. 복잡한 문제에 대한 단순한 해법을 오랫동안 비판해 온 사람으로서, 그리고 이데올로기의 비판자로서, 나는 원칙상 그런 종류의 해법에 반대한다. 그러나 나는 공통의 특징을 지닌 다양한 활동들이 우리가 직면하고 있는 현실의 긴급한 문제들을 다루기 위한 기회를 제시하고 있다고 생각한다. 그리고 나는 이런 종류의 행위가 지니고 있는 잠재력이 지나치게 간과되고 있다고 생각한다. 이 연구를 통해 나는 우리 시대의 긴급한 관심사를 다루고 있는 '작은 것들의 정치'의 윤곽과 그 잠재력을 검토할 것이다.

우리가 대안을 찾기 위해서는 사회적 상호작용의 세부적인 사항들에 눈을 돌릴 필요가 있다. 신God뿐만 아니라, 민주주의의 미래 역시 구체적이고 세부적인 실천 속에 깃들어 있다. 이론적으로는, 한나 아렌트Hannah Arendt와 어빙 고프먼Erving Goffman의 저작들에 대한 하나의 종합을 제시할 것이다. 역사적으로는, 상대적으로 최근에 일어났던 1968년, 1989년, 2001년, 2004년의 극히 중요한 순간들을 면밀하게 분석할 것이다. 경험적으로는, 민주주의적 실천을 위한 공간들이 근대적·탈근대적 전제정에서뿐만 아니라, 선진 민주주의 국가들과 새로운 민주주의 국가들에서 어떻게 구성되는가를 파악하기 위해서 제도와 운동들을 면밀히 검토할 필요가 있다.

작은 것들의 정치로의 [관심의_옮긴이] 전환은, 사실 나 자신의 경험과 밀접하게 관련이 있다. 내 의도와는 상관없이, 주변부에 대한 연구라고 생각했던 나의 연구가 [장차 발생할_옮긴이] 사태의 중심에 놓였던 적이 있었다. 나는 첫 번째 연구 프로젝트로 외부에서는 잘 알 수가 없는 주제를 선택했다. 이 연구는 소비에트 블록 주변부의 어느 외딴 지역에서 일어난 극장 운동에 관한 것이었다. 그러나 1970년대에 폴란드 학생 극장 운동이 조직되었던 방식과, 그것이 구성되는 데 도움을 주었던 공중, 그리고 그 운동이 공중들에게 제시했던 표현의 종류는, 소비에트 제국의 붕괴와 세계의 지정학적 전환에 중요하게 공헌했던 폴란드 자유 노조 운동인 솔리다르노시치^{Solidarność}● 를 예고하는 것이었다. 내가 작은 것들의 정치라는 개념을 생각해 내기 이전에, 이때 이미 그것의 역사적 중요성을 연구하고 있었던 셈이다. 이 연구에 대해서는, 작은 것들의 정치가 유망한 정치적 세력으로 등장하는 과정을 설명하는 곳에서 다시 언급하도록 하겠다.

이제 나는 정치에 관해 생각하고 서로 다른 수많은 이유로 행위를 발생시키는 하나의 방식으로서 작은 것들의 정치_옮긴이에 초점을 맞출 것이다. 청년 극장 운동이라는 작은 창문 덕분에 나는 우리 시대에 있었던 주요한 정치적 전환을 그 내부로부터 이해할 수 있게 되었다. 반면, 개인적이고 특이한 것을 넘어서는, 역사적 환경에 대한 거대한 설명들은 우리에게 충분한 설명을 제공하지 못했다. 게다가 그런 거대한 설명들은 인간 조

● 1980년 9월에 폴란드의 그다인스크 조선소에서 레흐 바웬사의 지도하에 결성된 노동조합운동을 말한다. 솔리다르노시치(연대자유노조)는 바르샤바조약국 가운데 공산당의 통제를 받지 않은 첫 번째 노동조합이었다.

건의 복잡성을 무시하거나 심지어 억눌러 왔으며, 종종 치명적인 결과를 수반하기도 했다. 지금까지의 모든 역사를 계급투쟁의 역사로, 혹은 인종 법칙을 통해 설명할 때, 그 결과는 근대적 야만주의로 나타났다. 물론 역사와 사회에 대한 모든 거대 이론이 전체주의적 잠재력을 가지고 있다고 내가 믿는 것은 아니지만, 그와 같은 잠재력에 늘 주의를 기울일 필요가 있다. 공산주의에 반대하는 가장 원대하고 가장 완전한 방식이자, 반공주의의 가장 급진적인 형태는 바로 나치즘이었다. 나치즘에 반대하는 가장 원대하고 가장 완전한 방식이자, 반파시즘의 가장 급진적인 형태는 바로 공산주의였다. 그리고 이때 드러났던 위험들이, 미국의 헤게모니에 대한 테러리스트의 대응과, 테러에 대한 미국의 응전 사이의 투쟁에서 다시 반복되고 있는 것처럼 보인다. 테러라는 프로젝트에는 민주주의가 들어설 여지가 거의 없으며, 테러와의 전쟁에도 민주주의가 들어설 여지는 거의 없다. 강력한 불의에 맞서 싸우는 좀 더 작고 덜 원대한 방법들이 있다는 점을 지적하는 것은 책임을 회피하는 것이 아니라, 그 반대라고 나는 믿는다. 작은 것들의 정치를 연구하는 것은 복잡한 이 시대에서 책임을 받아들이는 방향으로 나아가는 첫걸음이다.

나는 사회·정치 이론가들이 우리가 현재 처해 있는 안타까운 상황에 책임이 있다고 느낀다. 테러리스트는 자신의 목적을 추구할 대안적이고, 좀 더 민주적인 방식을 인정하지 않는다. 반테러리스트 역시 마찬가지다. 이는 부분적으로 정치 이론이 [현실을 설명하는 데_옮긴이] 적절치 못하기 때문이다. 이런 이론들은 권력의 전체적인 범위를 충분히 인식하지 못하고 있다.

사람들이 자유롭게 만나고 동등하게 이야기를 나눌 때, 그들 사이의 차이를 드러낼 때, 그들의 탁월함을 발휘할 때, 그리고 함께 행동할 수 있는 능력을 발전시킬 때, 사람들은 권력을 창출한다. 아렌트는 이런 권력 power을 강권coercion과 구분했다. 아렌트의 이런 구분은 일상생활에서도, 그리고 좀 더 큰 정치적 무대에서도 제대로 평가받지 못했다. 우리는 이와 같은 권력이 최근에 어떻게 구성되어 왔는지, 그리고 이런 권력의 잠재력이 오늘날 어떻게 대안적인 행위의 가능성을 제시하는지 살펴보게 될 것이다. 중부 유럽에서 공산주의의 붕괴 및 민주주의로의 이행은 적어도 부분적으로는 이와 같이 형성된 권력의 결과였다. 미국에서 나타난 시민권 운동과 페미니즘 운동의 위대한 성취 역시 마찬가지였다. 바로 이 점을 인식할 필요가 있다.

나는 이런 권력을 부르는 호칭이 있어야 한다고 믿는다. 아렌트는 이와 같은 행위의 역사적 중요성을 강조하기 위해 "혁명 전통의 잃어버린 보물"이라는 개념을 발전시켰는데, 나 역시 그런 행위를 염두에 두고 있다. 그러나 그녀는 자신의 엘리트주의뿐만 아니라 비극적 감수성으로 말미암아, 그리고 정치를 위한 역량이 중앙 정치 무대에서 벗어나 있다는 점을 깨닫지 못했기 때문에, 사람들 사이에서 이루어지는 광범위한 상호작용에 내재한 자유로운 공적 공간의 정치적 중요성을 간과했다. 우리는 그와 같은 자유로운 공간을 공장, 학교, 관료제, 미디어 등과 같이 우리의 일상생활에 존재하는 수많은 장소에서 발견할 수 있다.

●　●　●

나는 1997년에 내가 재직하고 있는 신사회과학원New School for Social Research을 뉴스쿨대학교New School University로 개명하는 문제에 관해 학생들과 이야기를 나눈 적이 있었다. 학생들은 독특하면서도 매우 중요한 사회적 역할을 하고 있지만, 재정 상태가 상대적으로 열악한 이 교육기관의 미래에 대해 걱정하고 있었다. 이들의 걱정은 당시 고등교육기관이 공통적으로 고민하고 있던 주제와 크게 다르지 않았다. 이들은 뉴스쿨에서 수익의 논리가 교육, 탐구, 그리고 창조성의 논리를 대체하는 것에 대해 우려했다. 그리고 학교의 이름을 바꾸는 것을 이런 경향의 상징으로 이해했다. 이들은 주로 뉴스쿨의 두 단과대학 학생들이었다. 그 하나는 파슨스 디자인 스쿨Parsons School of Design이었고 다른 하나는 정치사회과학 대학원이었다. 19세기 말에 설립된 파슨스 디자인 스쿨은 미국에서 가장 유명한 예술·디자인 학교 가운데 하나로, 그 당시 예술의 진부한 접근에 대한 대안을 마련하고, 미학적 관심을 근대 민주주의적 사회의 실천과 연결시키려는 목적을 가지고 있었다. 정치사회과학 대학원은 특수한 사회과학적 기획으로서, 1934년에 "망명 대학"University of Exile으로 설립되었는데, 이는 나치의 억압에 대한 미국의 대응이기도 했다. 이 학교는 수년 동안 동유럽·아프리카·남미의 억압적인 상황 속에서도 지속적인 현실 참여 활동을 하고 있었던 민주적 지식인들과의 협력을 통해 그 전통을 유지해 왔다. 이와 같은 전통 속에서 학생들은 두 단과대학이 같은 행정 구조 아래 통합되어 있다는 사실 이상의 공통점을 가지고 있다는 것을 이해하게 되었다. 이들은 창조적이고 학술적인 기획들을 공동으로 발전시키는 데 관심을 갖게 되었으며, 학교의 행정 부서가 이런 기획들의 필요성을 이해하지 못하고 이들의 공통된 관심과는 다른 방향으로 대학을 발전시키려 할 수도 있다는 점을 우려했다. 곧이어 긴급한 질문이 제기되었다. 즉, 학생들의 통찰에 따르면 자신들은 아무런 힘[권력_옮긴이]도 갖고 있지 못한 반면, 학자도 예술가도 아닌 그저 정치인일 뿐인 총장이 모든 권한을 가진 상황에서, 어떻게 이와 같은 기획들이 대학에서 꽃필 수 있을 것인가? 학생들은 예산을 통제하는 행정 부서와 총장, 그리고 법적 권위를 갖고 있는 이사회에 모든 권한이 있다고 생각했다. 반면에 그들 자신은 아무런 힘도 없다고 생각했다.

나는 학생들에게, 그들이 서로 이야기를 나눌 수 있으며, 창조적이며 학술적인 기획들을 만들어 나갈 수 있는 힘이 있다는 사실, 그리고 이런 힘은 행정 부서로부터 긍정적인 반응을 이끌어 낼 수 있을 것이라고 말했지만, 이들 대부분은 나를 그저 낭만주의자라고만 생각했다. 진정한 힘은 돈지갑이나 법적 권위로부터 나온 권력을 의미하며, 작은 것들의 힘은 너무나 나약해서 그것에 의존하는 것은 비현실적이라는 것이었다. 나는 그들이 틀렸고, 그들이 자랑스러워했던 우리 학교의 역사는 그들이 짐작하고 확신하는 것과는 다르다고 믿는다. 이것은 두 단과대학과 그 학생들의 문제였지만, 내게는 이 글을 써야 할 동기를 부여해 주었다.

동일한 쟁점들이 사회 곳곳에서 등장하고 있는데, 이런 쟁점들은 특히 방송이나 신문과 관련해서 중요하다. 노암 촘스키$^{Noam\ Chomsky}$를 비롯해 많은 미디어 비평가들은 왜 그리고 어떻게 방송이나 신문이 기업·군대·정권을 옹호하는지를 설명한다.[6] 대기업이 미디어를 통제하고, 사기업으로서의 미디어는 그 이익을 광고 수입에 의존한다. 정치가들과 여타의 공무원들은 뉴스의 주요 원천이다. 경제적 자원과 정보를 필요로 하는 미디어는, 자신들에게 먹이를 주는 손까지 물어 버리지 않도록 주의를 기울이며, 기업과 국가의 이익을 지지하는 세계관을 전달한다. 그들은 광고주의 이익에 반하는 뉴스 보도를 망설이는데, 이는 종종 정치와 기업의 적극적인 간섭 때문이기도 하지만, 아마도 좀 더 큰 이유는 스스로의 자기 검열 때문일 것이다. 어떤 경우든, 그것은 제도적 종속과 통제를 보여 준다. 게다가 주요 뉴스 미디어 기업들은 보통의 다른 기업들과 동일한 이해관계를 가지고 있다. 좌파의 관점에서 보면, 뉴스가 기업과 국가권력의 이익을 보호하는 방식으로 구성되어 있다는 것은 분명하다.

그러나 또한 버나드 골드버그$^{Bernard Goldberg}$가 주장하듯, 뉴스에는 자유주의적 편향이 있는 것도 사실이다.[7] 주요 미디어에 종사하고 있는 사람들은 미국의 평균적 여론에 비해 좀 더 좌파적인 시선으로 세계를 바라본다. 그들은 자유주의적 이익 단체에 우호적이고, 좀 더 코스모폴리탄적이며, 다양성에 천착하고, 민주당 후보에게 투표하며, 좀 더 엘리트주의적인 문화적 선호를 갖는 경향이 있다. 우파의 관점에서 보면, 미디어의 이런 편향은 소유주나 광고의 효과, 혹은 국가의 압력의 결과가 아니라, 뉴스 편집실에 있는 사람들의 자유주의적 성향 때문이다.

이런 비판에 대해, 일부 언론인들은 만일 자신들이 좌파와 우파 양쪽으로부터 비판을 받고 있다면, 이는 자신들이 뭔가 올바른 일을 하고 있는 것이 틀림없다고 스스로를 위안한다. 그러나 여기에는 좀 더 중요한 문제가 있다. 좌파 및 우파의 비판, 즉 정치·경제적 제도나 엘리트주의 문화가 작용한 결과가 아닌, 좀 더 작은 이야기가 있다. 미디어 종사자들 사이의 상호작용 속에는, 좌파와 우파의 이야기가 아닌 다른 방식의 이야기가 작동하고 있다.

1996년에 나는 독일 에센에서 열린, 미디어와 지구화에 관한 학술회의에 참석한 적이 있었다. 참석자들은 대체로 좌파 성향의 비판적 사회과학자들과 정치·문화 이론가들이었다. 나는 그곳에서 ABC 뉴스의 해외 통신원이었던 한 기자를 만났다. 그녀의 발표는 그 모임의 '촘스키 합의'$^{Chomsky consensus}$●에 기반하고 있었다. 그녀는 월트 디즈니의 ABC 합병이

● 국가와 대기업이 미디어를 통제하고, 미디어는 뉴스 등의 프로그램을 통해 국가권력과 대기업의 이익을 보호한다는 촘스키의 의견에 기본적으로 동의하고 있었다는 것을 의미한다.

보도국의 공정성을 근본적으로 침해할 것이라는 깊은 우려를 표명했다. 그녀의 학술회의 참석과 발표를 통해, 우리는 미디어를 바라보는 좌파와 우파의 상반되는 견해를 모두 확인할 수 있었다. 디즈니가 미국의 주요 뉴스 방송사 가운데 하나인 ABC를 합병한 것은 ABC 뉴스 편집의 독립성에 부정적인 영향을 미칠 수 있다는 점이 내부로부터, 즉 그녀의 이야기를 통해 밝혀졌다. 그리고 주요 언론사에 근무하고 있는 사람들이 갖고 있는 자유주의적 편향, 즉 기업 자본에 대한 신랄한 비판도 바로 이 기자의 발언을 통해 확인할 수 있었다. 그러나 우리는 또한 대체로 간과되곤 하는 세 번째 측면을 살펴볼 수 있다.

누락된 이야기는 바로 언론인들과 그들을 비판하는 사람들 사이의 상호작용을 통해 만들어지는 권력에 대한 것이었다. 즉, 그 권력은 그 학술회의에 바로 이 언론인이 참석함으로써, 이 언론인이 동료 언론인들과 관계를 맺음으로써, 그리고 좀 더 나아가 저널리즘에 대한 보수적·급진적 비평가들의 활동을 통해 산출된다. 그 학술회의에서, 그녀는 합병의 의미에 대해 분노를 표했는데, 그 이유는 합병이 회사에서 자신의 정치적 입장을 약화시키기 때문이 아니라, 새로운 회사의 소유주가 뉴스 보도의 객관성을 훼손할 것이라고 생각했기 때문이다. 그녀는 유로 디즈니Euro Disney의 문제점을 자신이 과연 보도할 수 있을지 모르겠다고 밝혔는데, 이는 학술회의에 참석한 사람들의 반지구화 편향을 고무하는 것이었다. 즉, ABC는 유로 디즈니의 문제점을 보도할 수 있을까? 뉴스 보도가 모회사의 마케팅에 도움이 되도록 조작되지는 않을까? 이것이 기업의 이익, 오락적 가치, 그리고 언론이 가져야 할 규범 사이의 경계를 모호하게 하지는 않을까? 이런 질문들은 진지한 것이고, 질문을 제기하는 것은 질문에 답하는 것만큼이나 중요하다. 그 답은 언론인의 신념 및 기업의 힘과 관련되어 있을 뿐만 아니라, 비판적 성찰 및 행위의 힘과도 관련되어 있다. ABC의 기자는 학술회의에 참여한 사람들 및 자신의 동료들과 이런 문제들에 대한 이야기를 나누었고, 그런 질문들에 바탕을 둔 논의와 행동을 통해 그들은 언론이 독립성을 유지해야 한다는 오랜 기대를 함께 공유했다. 그들은 [현재의_옮긴이] 상황을 독립성을 요구해야 하는 상황으로 정의했으며, 언론의 독립성에 대한 위협을 억압으로 정의했다. 기업의 힘이나 정치적 신념이 그들의 상호작용을 손상시킬 수도 있었지만, 그 언론인과 다른 언론인들은 그들이 집합적으로 구성했던 기대에 의거해 행위했다. 큰 것들의 힘은 작은 것들의 힘과 더불어 고려되어야 한다. ABC 뉴스가 디즈니의 기업 이익을 완전히 무시할 수는 없겠지만, 언론인이 언론인답게 행동하고 서로가 서로의 행위를 점검할 때, 그들은 디즈니의 기업 이익에 따라서 뉴스를 보도하지는 않을 것이다. 촘스키와 같은 사람들은 『뉴욕 타임스』*The New York Times*와 『프라우다』*Prauda*가 별반 다르지 않다고 우리가 믿게 할 수 있지만, 실제로 그 차이는 매우 크며, 이는 언론인들이 상호작용을 통해 형성하는 독립적인 전문가주의[직업의식_옮긴이]에 대한 헌신 덕분이다.

상호작용 과정에서, 미디어 전문가들은 적어도 자신이 [그 어떤 압력으로부터도 독립적인_옮긴이] 전문가인 것처럼 보이려 하고, 시청자나 비평가에게 비판을 받을 때도 그렇게 보이려 한다. 그들은 자신의 당파적 입장이나 자신이 속한 기관의 이익을, 전문가로서 뉴스를 객관적으로 전달해야 하는 책임과 구별한다. 전문가적 규범professional standard의 출현과 그런 규범을 따르는 전문가들 사이의 상호작용은 중요한 사회적 현실을 정의한다. 그런 원리들이 위협을 받는 것처럼 보일 때, 이들은 상호작용적인 언술과 행위를 통해 새로운 전문가적 원리들을 창출한다. 전문가적 이상professional ideals이 경제적·정치적 압력과 문화적 취향의 영향으로부터 미디어를 자유롭게 할 때, 혹은 적어도 그런 압력에 대항해 싸울 수 있도록 할 때, 자유로운 미디어는 작동한다. 이런 투쟁은 작은 문제지만, 매우 큰 결과를 수반하는 것으로, 민주주의적 실천의 생존에 핵심적인 것이다.

[상황을_옮긴이] 사회적으로 어떻게 정의할 것인가를 둘러싼 그런 투쟁은 작은 것들의 정치를 구성하는 핵심 요소다. 개인들의 상호작용을 통해 구성되는 그런 투쟁은, 국가와 초국적 기업의 힘을 통제하고 개인의 신념이 갖는 힘을 확인할 수 있는 가능성을 열어 놓으면서, 상황적 현실situational reality이라는 하나의 중요한 정치적 힘을 초래한다. 그런 상황을 정의하는 힘이 작은 것들의 정치의 원동력이다.

작은 것들의 정치는 오랫동안 우리와 함께했지만, 어떤 의미에서 그것은 우리 시대의 놀랄 만하고 혁명적인 혁신이다. 20세기 초반의 사회심리학자인 토머스W. I. Thomas가 지적했던 것처럼, 사회적 상황에서 참여자들이 무엇인가가 실재한다고 정의할 때, 그것은 그것의 결과에 있어서 실재한다.[8] 나의 주된 논지는 이런 [상황_옮긴이] 정의definition의 힘이 이제 결정적인 것이 되었다는 것이다. 이 책에서, 우리는 작은 것들의 정치가 최근에 있었던 중요한 계기들을 정의하는 데 도움이 된다는 점을 살펴보게 될 것이다. 우리는 1968년에 작은 것들의 정치가 중심적인 정치 무대에 어떻게 등장했는지(2장), 그것이 1989년의 거대한 전환에서 어떻게 핵심적인 구성 요소가 되었는지(3장), 작은 것들의 정치가 갖는 힘에 주요 정치적 행위자들이 충분히 주의를 기울이지 못했던 것이 어떻게 2001년에 비극적인 결과를 초래했는지(4장), 그리고 2004년에 좌파와 우파의 미시 정치가 어떻게 정치적 갈등의 핵심적인 지형을 구성하게 되었는지를, 반전운동과 하워드 딘Howard Dean의 예비 경선 캠페인(5장), 그리고 지역 교회에서 기독교 우파의 동원(6장)을 검토하면서 살펴보게 될 것이다. 그 다음으로 우리는 교육과 언론이라는 구체적인 사회제도에서 작은 것들의 정치가 어떻게 사회적으로 구성되는지 분석할 것이다(7장). 이와 같은 상호작용이 가상적인 것과 현실적인 것 사이에서 작동함에 따라, 작은 것들이 가진 정치적 힘은 텔레비전에서 증폭되기도 하고 약화되기도 한다. 이 점을 8장에서 살펴보게 될 것이다. 그리고 마지막으로 정치 문화의 역사와 미디어 환경 사이의 상호작용 속에서, 작은 것들이 가진 정치적 힘의 구체적인 특징을 검토할 것이다.

사람들은 서로 이야기를 나누는 과정에서, 그들 자신의 용어로 어떤 상황을 정의하고, 공동으로 행위할 능력을 발전시키며, 테러와 헤게모니적 권력에 대한 민주적 대안을 구성한다. 우리는 또한 힘 있는 자들이 어떻게 전자 미디어를 활용하는지를 잘 알고 있다. 그들은 전자 미디어가 보여 주는 것이 유일한 게임인 것처럼 만든다. 그리고 우리는 테러리즘이 저지르는 극적인 사건들이 전 지구적 미디어를 통해 어떻게 확산되는지도 분명하게 배우고 있다. 이 연구에서 나는 20세기의 전 지구적 네트워크 내에서 민주적 행위가 자유로운 공간을 구성해 왔던 방법들을 강조하고, 21세기에도 그런 전망이 계속될 수 있을 것인지를 검토할 것이다. 그리고 그런 전망을 이해하고 육성하기 위한 하나의 지표를 제시할 것이다. 비평가들과 지배적인 질서를 구성하는 정치적 당파들은 이런 잠재력을 간과해 왔는데, 이는 테러리스트와 반테러리스트의 무시무시한 게임이라는 매우 위험한 결과를 초래할 수 있다. 이 글을 통해 우리는 그 대안들을 탐구해 볼 것이다.

THE

POLITICS

OF

SMALL

THINGS

| 1장 |

작은 것들에 대한 이론화

식탁 그리고 작은 것들

우리에게 필요한 것은 …… 주권의 문제, 따라서 법과 금기의 문제에 입각해 구축되지 않은 정치철학입니다. 우리는 왕의 머리를 베어 낼 필요가 있습니다. 이것은 정치 이론 내에서 여전히 해야 할 일입니다.

_미셸 푸코, "진리와 권력"

정치적이라는 것, 즉 폴리스에서 산다는 것은 모든 것이 강제력과 폭력을 통해서가 아니라 언어와 설득을 통해 결정된다는 것을 의미했다. 그리스 사람들에게, 폭력을 통해 사람들을 강제한다는 것, 즉 설득보다는 명령한다는 것은 폴리스의 외부에서 살고 있는 사람들을 다루기 위한 전(前) 정치적 방식이었다. 외양 ― 우리뿐만 아니라 다른 사람들이 보고 듣는 것 ― 이 현실을 구성한다. 사적인 것과 공적인 것 사이의 구분은 필요와 자유, 헛됨과 영속성, 그리고 마지막으로는 부끄러움과 명예라는 대당과 일치한다.

_한나 아렌트, 『인간의 조건』

어딘가에 속해 있지 않다면, 우리에게는 그 어떤 안정된 자아도 없을 것이다. 그러나 사회적 단위에 대한 완전한 헌신과 애착은 일종의 자아 없음을 의미한다. 한 명의 개인이 되었다는 의식은 좀 더 넓은 사회적 단위로의 끌어당김이 있을 때 나타날 수 있다. 우리의 자의식은 그런 끌어당김에 저항하는 작은 방식들을 통해 생길 수 있다. 우리의 지위는 세상이라는 단단한 건축물들에 의해 뒷받침되지만, 개인적 정체성에 대한 우리의 의식은 종종 갈라진 틈새 사이에 존재한다.

_어빙 고프먼, "공적 제도의 숨겨진 세계(underlife)"

··· (decorative marker)

절망과 테러의 정치에 대한 대안의 근거를 탐구하기에 앞서, 우리는 무엇보다 작은 것들의 정치가 무엇을 의미하는지를 분명히 밝혀야 한다. 내가 염두에 두고 있는 것은 일반적인 의미에서의 미시적 상호작용도, 전 지구적으로 사유하면서 지역적으로 활동하려는 시도들도 아니다. 내가 강조하고자 하는 것은 능동적인 사람들이 사회구조 속에 세운 어떤 것, 즉 일상생활의 잠재적인 구성 요소다. 이 장에서는, 작은 것들의 정치를 보여 주는 세 장의 스냅사진을 제시하고 그 의미를 살펴볼 것이다. 나아가 그런 스냅사진들이 묘사하는 사건들이 어떻게 우리 시대의 주요한 전환 가운데 하나에 공헌했는지를 검토할 것이다. 또한 세 명의 주요 사회 이론가들의 이론적 관점에서 그런 스냅사진들을 해석하게 될 것이다. 이 장은 이후의 역사적·경험적 탐구를 위한 이론적 장이 될 것이다.

작은 것들의 정치의 스냅사진들

첫 번째 사진은 일반적이지만 중요한 장소인 폴란드와 구동구권에서의 부엌 식탁이다. 소비에트 시기에, 사람들은 친한 친구들과 식탁에 둘러 앉아 당시의 공산당 노선에 대해 진솔한 대화를 나눌 수 있었다. 사람들이 공식적인 것과 비공식적인 것 사이의 상호작용에 관해 걱정하지 않고 자신의 생각을 이야기할 수 있었던 이런 자유로운 공간은 가족과 친구들 사이에서 따뜻하고 강렬한 유대를 만들어 냈다. 이 공간에서 공산당원들은, 자가당착이라는 점을 의식하지 못한 채, 공산당을 의미하는 '그들'에 대한 불만을 토로했다. 이런 공간에서 공식적인 역사와는 다른 개인과 집단의 기억이 반복적으로 이야기되었다. 비록 가장 엄혹했던 시기에는, 아이들이 부모를 밀고하도록 동원되었듯이, 이런 공간을 침해하려는 시도가 있었지만, 이곳은 공식적인 명령과 통제로부터 가장 멀리 떨어져 있었던 사적 장소였다. 예를 들어, 옛 소비에트 블록의 이런 사적 공간에서 일부 여성(그리고 남성)은 [사적 공간에서의 여성에 대한 남성의 억압에 초점을 맞추고 있는_옮긴이] 페미니즘에 대해서조차 경계의 시선으로 바라보았다.[1] 사적 공간에서 이루어지는 일에 대한 힐난이나 트집은 [어떤 정치적 의도를 갖고 있는 것이 아닌지_옮긴이] 의심을 받았다. 사적인 질문들을 정치적인 사안으로 만들려는 그 어떤 시도도 잘못으로 간주되었다.

· · ·

사적 공간이라는 보호막은 자유로운 상호작용과 더불어 공적 자유를 확장했다. 예를 들어, 전형적인 사회주의 주택단지에 위치한 한 아파트는 불법 서적들로 가득 찬 서점 역할을 하게 되었지만, 이 서점이 상업적인 목적으로 운영되고 있다는 낌새는 전혀 없었다. 이 아파트의 주인은 서적 수집광이었는데, 그는 대부분의 지식인들과 마찬가지로 논쟁적인 주제들에 대한 모든 (공식적이든 비공식적이든 간에) 출판물들을 구입해서 읽고 싶어 하는 열정을 갖고 있었다. 그는 공식적으로는 교육학자였지만, 실제로는 서적상이었다. 오래된 농담처럼, 그는 일하는 척했고 사람들은 그에게 지불하는 척했다.

그와 같은 사람들에게, 책은 자신이 문화적으로나 정치적으로 어떤 위치에 있는지를 보여 주는 전리품과도 같았다. 사실 이런 태도는 흔한 것이었지만, 이 아파트에서는 낯선 풍경이 연출되고 있었다. 사람들은 우선 그 아파트를 방문하겠다고 전화를 한 후에 현관에서 초인종을 눌렀다. 문이 열리면 서로 정중하게 인사하고, 뒤이어 가장 최근에 출간된 불법 서적에 관한 질문이 이어졌다. 그런 서적들은 소비자가 이용할 수 있도록 출간된 것이었다. 가격이 책정되고 책값이 지불되었다. 주인과 고객은 마치 일반적인 주인과 고객처럼 행동했다. 그들은 반체제 영웅들이 아니었다. [그러나_옮긴이] 이는 일상적인 저항의 삶이자, '서점'과 출판사 및 작가들에게 만족스런 이윤을 제공하는 것이기도 했다.

● ● ●

또 다른 아파트에서는 "바렌도브스키의 살롱"Walendowski's Salon이라는 이름의 시낭송회가 열렸다. 이곳에서는 좀 더 팽팽한 긴장감을 느낄 수 있었다. 지식인들과 예술가들은 이 유별나게 널찍한 바르샤바의 아파트에 매주 모여 비공식적인 낭송회, 강연회, 토론회를 열었다. 정부는 줄곧 (예외적인 경우도 있긴 했지만) 이 모임에 참석하는 사람들을 괴롭히거나 심지어 체포하기도 했다. 내가 참석했던 날에는 한 유명 여배우가 유명한 반체제 인사인 스타니스와프 바란차크Stanislaw Baranczak의 시를 낭송했다. 그러나 바로 2주 전에만 하더라도, 그 아파트를 나서던 수많은 학생들이 구타를 당하기도 했다.

그럼에도 불구하고 낭송회는 지극히 평온한 분위기에서 진행되었다. 낭송회가 시작되기 전, 사람들은 큰 연회에 참석하고 있거나, 막간 동안 극장 로비에 있는 사람들처럼 사교적으로 행동했다. 오랜 친구들은 사교적인 인사와 한담을 나누었고, 새로 참석한 사람들이 소개되었다. 나는 저명한 반체제 인사들과 그 행사에 처음으로 참여했던 젊은 학생들을 만날 수 있었다. 사람들 사이에서의 관계에는 한 가지 놀랄 만한 점이 있었다. 그곳에 있었던 사람들은 모두 자신들이 마치 어떤 문화 모임에 참석하고 있는 것처럼 행동했다. 유명한 교수나 지식인이 모습을 드러냈을 때, 그보다 덜 유명한 사람들은 부자연스럽지만 태연한 척하면서 유명인들에게 잘 보이려고 노력했고 그들과의 대화에 참여하려 했다. 그들은 유명 인사들의 거동을 주시했고 그것을 모방했다. 으레 있는 일이지만, 낭송회에 참여한 청중들은 낭송된 시구들을 이해하기 위해, 그리고 자신이 그런 언어들을 이해했다는 점을 다른 사람들에게 알리기 위해 힘썼다. 그들의 만남 속에서는 세심하게 계획된 정상상태가 있었는데, 이는 그들 스스로와 서로에게 그들이 정치적 행위(예를 들어, 반공산당적인 행위)에 연루되어 있지 않다는 점을 보여 주도록 의도되었다. 심지어 당국이 공식적인 이데올로기적 규정을 통해 낭송회를 정치적 행위로 정의할지라도 말이다.

• • •

이것들이 내 기억에서 끄집어낸 스냅사진들이다. 여기에는 수천 개의 다른 스냅사진들이 있는데, 이들 역시 1970년대와 1980년대에 걸쳐 사회주의 국가들 내부에서 생성되고 있었던 대안적인 공중과 정치의 상호작용적 구성을 드러낸다.[2] 이런 모든 스냅사진들은 정치적 전환의 이야기를 보여준다. 이런 작은 사건들이 정치적 전환에 공헌했다. 사실, 정치적 전환은 이런 사건들 없이는 일어날 수 없었을 것이다. 이런 스냅사진 속에서, 자유로운 공중의 상호작용적 차원들 간의 관계가 드러나는데, 이런 관계는 정치와 진리 사이의 관계와 매우 많은 관련을 맺고 있었다. 고프먼, 아렌트, 미셸 푸코Michel Foucault는 우리가 이런 차원과 관계를 이해하는 데 도움을 줄 수 있다.

이론적 관점들

고프먼은 20세기의 위대한 사회학자 가운데 한 명이었다. 그는 일상생활에서 사람들이 어떻게 스스로를 표현[연출_옮긴이]presentation하는가와 그런 표현을 통해 어떻게 사회적 현실을 구성하는지 설명하고 분석했다. 그러나 시민사회의 정상적인 삶에 대한 그의 설명 배후에서, 총체적 기관total institution●들 속에서 살아가는 사람들의 모습이 불현듯 제시되는데, 그곳에서 사람들은 스스로를 표현할 수 없게 되고, 그들의 독립적인 자아는 파괴되며, 사회적 현실을 만들어 낼 역량을 박탈당하게 된다.

아렌트는 어두운 시대 속에서 '인간의 조건'에 대해 성찰했던 20세기의 위대한 정치사상가다. 그녀는 과거의 경험을 성찰하고, 가능한 미래를 상상했으며, 그녀와 동시대에 발생했던 혼란들 — 근대적 전제정과 전체주의의 공포, 그녀가 분석하려 했던 전체주의의 기원, 그녀가 설명하려 했던 현상학 등 — 을 이해하고자 했다. 아렌트가 이해했던 전체주의에 대한 대안은 인간의 정치적 역량, 즉 자유의 원리에 근거해 타자와의 현존 속에서 하나의 평등한 존재로 출현하고 말할 수 있는 역량에서 찾을 수 있다. 그녀는 정치권력power of politics과 강권coercion을 명확히 구분했으며, 전자를

●고프먼의 정의에 따르면, 총체적 기관은 ① 모든 생활이 한 장소에서 그리고 하나의 권위 아래에서 이루어지며, ② 일상생활이 동일한 대접을 받고 또 동일한 일을 하도록 요구 받는 집단 속에서 수행되며, ③ 일상생활이 공식적 명령에 따라 부과되는 일련의 행위들을 수행하도록 계획된 일정에 따라 이루어지고, ④ 다양한 일들이 제도의 공식적 목적을 달성하기 위해 고안된 계획에 따라 부과되는 장소를 말한다. 흔히, 교도소와 정신병원 등과 같은 장소를 지칭한다.

사람들이 협력해 행위하는 능력으로 이해했다. 아렌트에게 사람들 사이의 상호작용은, 고프먼에게서와 마찬가지로, "행위가 있는[이루어지는_옮긴이] 장소"를 의미했다.

푸코 역시 우리 시대의 주요한 사상가였다. 그 역시도 일상적인 행위와 상호작용에 관심이 있었다. 그러나 그에게 핵심적인 질문은 '상황적 정의'situational definitions(고프먼)나 '자유'(아렌트)에 관한 것이 아니라 '훈육'에 관한 것이었다. 그는 근대적인 의미에서 어떻게 말과 행위의 권력이 [사람들을_옮긴이] 훈육하고 처벌하는가를 이해하고자 했다. 푸코에게 자유와 계몽은 근대에만 한정된 것이 아니었다. 오히려 근대적인 것이란 진리와 권력의 독특한 레짐을 의미했다. 그는 새로운 종류의 정치 이론을 요청하며, 자유에 대한 연구가 아닌 그 정반대의 연구가 필요함을 제안했다.

그러나 말년에, 푸코는 자신과 계몽Enlightenment 사이의 관계 및 현대에서의 지식인들의 역할에 관심을 갖게 되었다. 이런 문제들을 성찰하면서, 푸코는 그 자신의 자유로운 행위 의지agency를 정치적 행위자로서, 그리고 현대의 사회질서에 대한 비판과 비판적 행위의 의미에 대해, 설명하고자 했던 것처럼 보인다.

이 세 명의 사상가들은 독자적으로 연구했다. 아렌트와 고프먼은 동시대에 살았지만, 그들이 서로의 글을 읽었다는 증거는 없다. 그리고 푸코는 아렌트와 고프먼에 대해 간략하게 언급할 뿐이다. 그러나 그들은 흥미로운 방식으로 서로에게 이야기를 하고 있으며, 그런 주고받음은 우리가 이해하고자 하는 난해한 영역을 조명한다.

작은 것들의 정치를 이해하기 위해 나는 첫째, 자유에 관한 아렌트와 고프먼의 논의를 종합하고, 둘째, 정치 문화에 대해 고프먼과 아렌트의 논의를 푸코와 비교하며, 이런 비교를 통해 셋째, 일상생활의 정치에 대한 고프먼 및 아렌트의 논의와 푸코의 논의 사이에는 뚜렷한 차이가 있다는 점을 제시할 것이다. 이 차이는 정치적으로 매우 중요하다고 할 수 있는데, 우리는 이 차이를 통해 작은 것들의 정치를 좀 더 분명하게 정의할 것이다. 우리는 일상생활의 세 가지 스냅사진들을 상세히 분석함으로써 이런 이론적 단계들을 밟아 나갈 것이다.

이론적 관점에서의 스냅사진들

각각의 스냅사진들 ─ 식탁, 아파트 서점, 반체제 살롱 ─ 에서 권력이 상연된다. 푸코라면 각각의 장소를 "왕의 머리 베기"가 이루어지는 현장으로서 자신이 탐구하는 정치 이론의 주제가 드러나는 곳이라고 말했을 것이다. 그럼에도 불구하고, 사회주의의 진리 레짐은 그 주체들의 일상적 삶 속에 현존한다. 식탁에서 친구들과 친척들은 상대적으로 자유롭게 공식적인 진리와 구분되는 그들의 삶의 이야기를 나누지만, 식탁을 벗어나면, 그들은 그런[공식적인_옮긴이] 진리를 감안해야만 했고, 알고 있어야만 했으며, 논의해야만 했다. 성인들은 가장 최근에 급격하게 진행된 사건들의 의미와 당 정책의 변화에 대해 논의하고, 그것이 어떻게 그들의 삶에 영향을 미칠 것인가를 토론한다. 아이들은 반드시 집에서만 이야기해야 하는 게 무엇인지를 배운다. 사물의 질서의 공식적인 표현은 단지 삶의 일부로서 당연시된다.

친구들과 가족 사이에서 이루어지는 이런 상호작용에 권력이 직접 개입하는 것은 아니지만, 그것은 현존한다. 심지어 권력에 대항하는 의사 표현을 통제하기도 한다. 당 국가 및 그것의 공식적인 요구로부터 거리를 두는 것은 권력으로부터의 거리 두기로 이해할 수 있는데, 이는 논의와 성찰을 위한 공간을 창조한다. 그러나 공식적인 질서에 대한 공중의 순응 역시 식탁을 중심으로 이루어지는 상호작용 속에서 보장된다. 대부분의 사람들은 반체제 인사들을 공식적인 언론에서 선전하듯이 악당으로 이해하고 있다. 사실 그들이 존재하지 않는다 해도 국가는 그들을 만들어 냈을 것이다.[3]

서점과 살롱에는 좀 더 많은 것이 현존한다. 대안적인 문학과 예술, 대안적인 정치적·사회적 프로그램들이 바로 그것들이다. 그러나 이런 대안들 역시 특정 경로를 통해서만 전달되고 감춰진다. 게다가 그와 같은 대안들이 상연되면 정부의 탄압을 받게 될 것이라는 점을 알고 있기에, 사람들은 눈에 띄지 않게 참여한다.

스냅사진에서 나타나는 이런 요소들은 권력과 지식 사이의 밀접한 관계를 강조하는 푸코가 제공했을 법한 설명의 일부분일 수도 있다. 공식적인 지식, 즉 그것의 진리와 권력은 식탁에 둘러앉아 있는 사람들을 훈육했는데, 이는 책방과 살롱에서도 분명하게 드러난다. 그것은 [공식적인 질서와는_옮긴이] 다른 일들이 벌어지는 것에 울타리를 치고, 그런 일들이 감시되고 있다는 점을 보장한다. 따라서 시급히 요청되는 비판적 과제는 진리를 특정 진리 레짐으로부터 분리해 내는 것이다.

아렌트는 매우 다른 관점을 제시한다. 그녀에게, 외양은 현실이고, 나타나지 않는 것은 정치적으로 중요하지 않은 것이다. 가정家庭과 공적 영역은 아테네적 세계에서 서로 다른 장소들이다. 즉, 전자는 필요의 영역인 반면에, 후자는 자유의 영역이다. 그러나 전체주의적 맥락에서는 무엇인가가 달라진다. "전체주의의 기원"은 전체주의적 질서가 공적 공간을 파괴하는 것에 관한 이야기인데, 이런 파괴를 통해 전체주의적 질서에는 공적 공간이 존재하지 않게 된다. 그러나 앞서 살펴본 스냅사진에서는 사적 영역 내에서 공적 역량이 드러난다. 식탁을 벗어나서, 사람들은 공개적으로 나타날 수 없고, 서로에게 이야기할 수 없으며, 그들의 자유를 방어할 수 없다. 그러나 식탁 주위에서는 그렇게 할 수 있다. 그들은 좀 더 넓은 세상에서 어떤 일들이 벌어지고 있는지에 대해 서로 이야기할 수 있고, 비판적으로 논평을 할 수도 있으며, 그들과 동료의 삶에서 대안적인 행위의 과정들을 논의할 수 있다.

서점과 살롱은 비판적인 성찰과 독립적인 창작 활동이 출현할 수 있는 공적 공간을 더욱 발전시킨다. 식탁 주위에서 이루어지는 행위의 일반 원칙이 친밀한 신뢰의 결속을 넘어, 문자의 배포로 이어지며, 발화된 말로 확장된다. 사람들은 서로의 앞에서 이야기하며, 함께 행동할 수 있는 역량을 발전시킨다. 그들은 대안적인 제도를 창조하고 이런 제도들을 발전시킨다. 서점에서 이루어지는 판매자와 구매자의 만남은 폴란드에서 대안적인 공론 영역이 발전하는 데 미약하게나마 공헌했다. 소비에트 블록에서 이루어졌던 거대한 반체제 운동과 관련해, 사람들은 대체로 안드레이 사하로프Andrei Dmitrievich Sakharov, 알렉산드르 솔제니친Aleksandr Isayevich Solzhenitsyn, 이오시프 브로드스키Iosip Aleksandrovich Brodsky, 바츨라프 하벨Václav Havel, 아담 미흐닉Adam Michnik, 야체크 쿠론Jacek Kuron 등과 같이 반체제 운동의 중심 무대에 있었던 영웅들을 생각한다. 그러나 이런 영웅들은 이들의 활동을 지원하는 다른 사람들의 도움을 받았다. 불법 서적의 판매자 및 구매자와 그들이 책을 사고팔던 행위는 이와 같은 영웅들의 활동을 뒷받침했다. 아렌트는 영웅[가시적으로 드러나는 활동을 하는_옮긴이]에 초점을 맞추었지만 영웅들의 행위가 사회적으로 어떻게 구성되는지를 적절히 이해하지 못했다. 그러나 거기에는 영웅들의 행위가 사회적으로 어떻게 구성되는가에 관한 풍부한 사례들이 있었고, 그녀가 가장 큰 관심을 보였던 원리들을 뒷받침했다.

친구들과 친척들이 식탁에서 만났을 때, 그들은 그런 만남의 상황을 공식적인 모임이라기보다는 비공식적인 모임으로 규정했다. 물론 이런 비공식적인 모임에서도 사회적 의례를 확인할 수 있었다. 만나자마자 그들은 서로에게 최근에 유행하는 농담을 건넬 것이었다. 그들은 앞으로 전개될 권력의 동향에 관해 정보를 교환할 것이었다. 그 다음에는 민요와 대중가요, 그리고 1940년대 후반과 1950년대 초반의 스탈린식 선동과 프로파겐다^{agit-prop}를 익살스럽게 번안한 노래들을 부를 것이었다. '정권의 상투적인 선전 문구', 공적 언어, 국가의 공식적인 언어가 언급되면, 사람들은 눈썹을 추켜세우거나 서먹해 했다. 이런 방식을 통해 우정이 형성되었고 일반적인 성향이 구축되었다. 이들 사이에 끈끈한 신뢰가 발전하고 이는 제도적으로 정의된 가면[인격_옮긴이]과는 현저히 다른 정체성과 자아를 형성했다. 이것은 사적 공간에 숨겨진 공적 삶이었다. 이와 같은 공간에서 정당 이데올로기의 틀 밖에서 정의되는 공간, 즉 대항적인 틀이 발전했다. 고프먼의 사회학은 이와 같은 상황을 이해하는 데 도움이 된다.

서점을 통해 우리는 그와 같은 친밀한 환경에서 발견되는 관계들이 가족을 넘어서 사회적 유대를 창조할 만큼 확장되었다는 점을 알 수 있다. 식탁의 모임에서 발전했던 그런 우정의 의례들이 서점을 사회적으로 구성했던 기반이었다. 구매자와 판매자가 식탁에서 만났었을 수도 그렇지 않았을 수도 있었지만, 적어도 그들이 서로 알고 있는 사람들을 언급할 수 있었다. 그들은 빠르고 간략한 방식으로 인사를 교환했으며, 서로 알고 있는 사람들에 관해서 묻고, 친구들 사이의 모임에서 만들어진 상호 신뢰를 확인하면서, 거래에 참여했다. 물론 그런 거래는 불법이었지만, 그들은 가판대에서 신문을 구입하는 것처럼 침착하게 행동하면서 그런 거래가 마치 정상적인 것처럼 가장했다. 그들이 국가에 대항해 공모하고 있었던 것은 아니었다. 그들은 공개적이고 일상적으로 이루어지는 상업적인 거래를 하고 있었다. 자유로운 사회에 살고 있는 것처럼 행동함으로써, 그들은 사회적 상호작용의 일상적인 유형, 즉 자유로운 시민사회의 구성 요소를 사실상 만들어 내고 있었던 것이다.

자유로운 시민사회의 이와 같은 상호작용적 구성은 문학 모임에서 좀더 분명하게 나타났는데, 이런 모임에는 친구들이나 서로 어느 정도의 안면이 있는 사람들뿐만 아니라 낯선 사람들도 참여했다. 서로를 존중하는 의례적인 실천들을 통해, 그런 모임에서 발표를 하거나 낭송을 하는 사람들에 대한 존경이 표현되었고, 다른 사람과 그들의 관계가 설정되었다. 따라서 문화 행사에 참석한 사람들은 사적 공간인 아파트를 공적 극장이자 포럼으로 정의했고, 그들이 마치 그런 공간에 있는 것처럼 자신들을 표현[연출_옮긴이]했기 때문에, 공적 포럼이 실제로 구성되었다. 물론 권력은 거기에도 있었고, 모임에 참석한 사람들은 모두 경찰이 그 행사를 막을 수 있다는 점을 알고 있었다. 그러나 그런 폭력적인 개입이 일어나지 않는 한, 그들 사이에서 이루어지는 상호작용은 아렌트가 묘사했던 종류의 자유로운 공적 공간을 형성했다. 그리고 정확하게 그런 제도들은 1980년대 말에 한 초강대국의 군사적 힘에 의해 유지되던 억압적인 힘을 무너뜨렸다.

문화와 권력 그리고 공적 상호작용

식탁과 불법 서점, 그리고 독립적인 문화 제도들 주변에 모였던 사람들은 스스로를 자유롭고 독립적인 사회적 행위자로 표현함으로써, 아렌트가 묘사했던 것과 같은 자유로운 공적 영역을 만들어 냈다. 자유로운 공적 영역에 대한 아렌트의 묘사는 정치권력 및 정치 문화에 관한 견해를 수반한다

(이는 통상적인 이해와는 확연히 다르고, 푸코의 입장과는 매우 대조적인 것이다).

　푸코는 지식과 권력의 문제 ― 그의 표현에 따르면, 진리 레짐의 문제 ― 를 분석한다. 그의 관점에서, 진리란 제도들과 담론들의 생산이다. 진리는 권력을 생산하고 권력에 의해 통제된다. 진리와 권력 사이에는 어떤 간극도 없지만, 대안적인 진리를 지닌 대안적인 권력이 존재한다. 푸코는 다음과 같이 설명한다. 즉, "문제는 진리를 모든 권력의 체계로부터 해방시키는 것 ― 이는 근거 없는 망상일 터인데, 왜냐하면 진리는 이미 권력이기 때문입니다 ― 이 아니라, 그것을 현재 작동하는 사회적·경제적·문화적 헤게모니의 형태들로부터 떼어 내는 것입니다."[4] 분석적 과제는 진리 레짐을 탐구하는 것이다. 비판적 과제는 "분리시키는" 일을 하는 것이다. 우선은 서점으로, 그다음에는 살롱으로 이동한 식탁 주변의 사람들은 이런 종류의 신체적인 분리에 참여하고 있었다고 이해할 수 있다. 그러나 그것의 가치는 무엇인가? 왜 다른 진리 레짐이 아닌 특정 진리 레짐을 선택하는가? 푸코는 여기에 대해 설명하지 않는다. 그러나 아렌트는 바로 이런 질문에 답하는 데 있어서 중요한 함의를 제시하고 있다.

　아렌트는 근본적으로 상이한 두 가지 유형의 진리, 즉 사실적 진리와 철학적 진리가 있다고 주장하는데, 이 두 가지 유형의 진리는 각각 정치권력과 매우 다른 관계를 맺고 있다. 자유로운 정치(푸코의 기획의 일부분이 아닌)는 사실적 진리(다시 한 번, 푸코의 기획의 일부분이 아닌)에 기반을 두고 있어야만 한다. 철학적 진리는 정치와 근본적으로 분리되어야만 하는데, 푸코는 이와 같은 분리 가능성을 부정한다. 아렌트의 구분은 전체주의의 본성과 그것의 대안을 이해하는 데 큰 도움을 준다. 이런 구분은 학술적인 이유와 규범적인 이유 모두에 있어서 현재의 탐구를 위해 중요하다. 대안의 존재 여부는 공적 자유와 민주주의적 문화의 구성 가능성에 달려 있는

데, 이는 자유로운 공중들 사이에서, 그리고 이들을 통해 구성된다. 푸코가 전체주의와 자유주의를 구분할 수 없었던 반면, 아렌트는 이와 같이 중요한 구분이, 진리와 권력 사이의 관계 속에서, 어떻게 이루어지는지를 밝혀 준다.

두 개의 서로 다른 진리 유형 사이의 명확한 대조를 위해, 아렌트는 제1차 세계대전이 어떻게 시작되었는지에 대해 성찰한다. 전쟁의 원인에는 다양한 해석이 있다. 정치적 동맹의 의도적 혹은 예기치 못한 결과가 그 원인으로 강조될 수 있고, 동맹국Central Powers이나 연합국Allies의 공격적인 의도가 강조될 수도 있다. 위기에 처한 자본주의국가와 제국주의를 핵심적인 것으로 이해할 수 있다. 그러나 독일이 벨기에를 침공했고, 그 반대가 아니라는 점은 분명한 사실이다. 자유로운 정치는 강요된 해석에 기반을 둘 수 없다. 반대되는 견해는 관대하게 다루어져야만 한다. 그러나 자유로운 정치는 또한 벨기에가 독일을 침공한 것이 제1차 세계대전의 시발이었다는 명제와 같은 허위에 기반을 둘 수 없다. 근대적인 자유민주주의는 철학적 진리로부터 정치의 분리를 요구하지만, 사람들이 공적인 장소(정치적으로 상호작용할 수 있는 공통의 세계를 공유하는)에서 만나기 위해서는 사실적 진리에 기반을 두고 있어야만 한다. 근대적 전제정치는 일종의 철학적 진리, 이데올로기, 사실에 대한 [국가의_옮긴이] 공식적 해석에 기반을 두고 있다. 근대적 전제정치에서, 사실적 진리는 원칙적으로 희생시켜도 좋은 것이다. 『전체주의의 기원』*The Origins of Totalitarianism*에서 아렌트는 레온 트로츠키Leon Trotsky를 일종의 전체주의적 범인凡人, everyman이라고 강조하며, 트로츠키가 공산당의 진리에 대한 충성을 표명했다는 점에 주목한다.[5] 그러나 그 역시 (러시아혁명의 주요 인물이었고, 적군Red Army의 사령관이었으며, 레닌 다음의 두 번째 서열이었다는 사실적 진리에도 불구하고) 볼셰비키 혁명의 공식

역사에서 삭제되었다는 점이 전체주의 질서에서 결정적으로 중요하다.[6] 이것이 정치적 올바름, 즉 공식적인 진리의 진정한 문화적 기반이다. 역사에 대한 당의 과학적 이해는 정치적 대립, 논쟁, 논의 등을 대체하며, 테러를 통해 강제된다. 우리가 고찰했던 각각의 민주적 저항의 장면에서 사회적 행위자들은 공식적인 진리에서 벗어나 사실적 진리에 입각해 행동하려 했다. 우리는 어떻게 이것이 특정한 역사적 맥락에서 작동했는가를 다음 두 장에서 살펴보게 될 것이다.

물론, 이와 같은 아렌트의 입장은 푸코의 관점이나 지식 및 문화 사회학의 관점에서 볼 때, 많은 점에서 불만족스러운 것이다. 그녀가 주장하는 사실과 해석의 구분은 현실적으로 유지되기 어렵고, 경험적으로도 구분하기 힘들다. 그러나 이것이 아렌트의 관점에서 중요한 것은 아니다. 오히려, 그런 구분은 추구될 필요가 있고, 따라서 자유로운 공적 삶이 구성될 수 있다는 점이 중요하다. 정치적 질문에 대한 답을 철학적으로 찾는다면 민주적 공중은 구성될 수 없고, 시민들의 상호작용이 국가에 의해 부과된 거짓말에 기반을 두고 있다면, 시민들은 서로의 현존 속에서 자유롭게 상호작용하고, 말하며, 행위할 수 없다.

만일 정치적으로 올바른 인종적 상호작용의 기준이 실제로 [국가에 의해_옮긴이] 부과된다면, 미국에서 인종 정치는 민주적으로 진행될 수 없을 것이다(물론, 정치적 올바름에 대한 비판이 인기가 있음을 감안하면, 이런 일이 일어날 리는 없다). 흑인이 백인을 소유했었다고(그 반대가 아니라) 학생들이 배운다면, 미국에서 인종적 부정의의 유산과의 대결은 민주적으로 이루어질 수 없을 것이다. 자유로운 공적 삶이 존재하기 위해서는, 서로 다른 의견에 기반을 둔 언술과 행위가 이루어질 수 있는 공간이 필요하다. 그러면 이론가나 철학자, 역사가나 과학자가 아니라 인민이 지배할 수 있다. 그러나 인민의 지배는 오직 그들이 어느 정도의 견고한 사실적 토대를 갖고 있는 정치적 세계를 함께 공유할 때에만 이루어질 수 있다.

사실적 진리는 자유로운 정치의 기반이다. 물론 자유로운 정치의 과정 속에서 해석과 의견의 차이가 발생한다. 그러나 사실적인 것이 때때로 해석적인 것으로 변한다고 해도, 해석적인 것이나 독트린이 정치를 대체할 수는 없다. 나아가, 해석적인 것이 때때로 마치 사실적인 것처럼 보인다 해도, 이 점이 자유로운 공중으로 만나고 행위하기 위해서는 사람들이 사실적인 세계를 공유해야만 한다는 아렌트의 입장을 약화시키지는 않는다. 물론 정치적 혼란이 발생하는 부분적인 이유는 사실과 해석이 서로 뒤섞여 있기 때문으로, 구체적인 상호작용의 상황에서는 늘 이런 혼란에 직면하게 된다. 이 점은 고프먼과도 관련되어 있는데, 우리는 이후에 제도와 운동에 대한 분석을 통해 이 점을 자세하게 살펴볼 것이다. 이제 아렌트의 입장을 좀 더 자세히 검토할 필요가 있는데, 이를 통해 우리가 던지는 질문의 역사적 맥락을 이해할 수 있다.

아렌트가 전체주의에 대한 진단을 처음 내놓았을 때, 그녀가 독일의 국가사회주의와 소비에트 공산주의를 동일시한 것에 비판이 집중되었다. 반면 아렌트는, 비록 전통적인 정치적 범주에 따르면, 이 레짐들은 한쪽은 우파, 다른 한쪽은 좌파로서 서로 반대되는 것으로 보이지만, 양자의 이데올로기와 테러의 사용, 통치 양식, 총체적인 통제의 프로젝트 속에서 그들의 유사성이 차이보다 좀 더 중요하다는 점을 강조했다. 양자는 자유로운 공적 삶(그녀의 중심적인 규범적 관점)을 제거하기 위해 체계적으로 조직된 레짐이었다. 『전체주의의 기원』은 목적론이 빠진 "계몽의 변증법"으로 이해할 수 있지만,[7] 그것은 또한 정치적 삶에서의 자유로운 공적 공간의 파괴에 대한 설명으로도 이해할 수 있다. 아렌트는 일종의 공적 삶의 쇠퇴와

멸망을 제시했다. 혹은, 리처드 세넷Richard Sennnett이 말하는 바와 같이, "공적 인간의 멸망"에 관한 이야기를 제시했다.[8] 아렌트는 [정치적 삶의_옮긴이] 쇠락과 멸망의 이야기를 그것이 가장 번성했던 고대에서부터 그것이 가장 쇠락한 전체주의 시기까지의 역사를 통해 독자들에게 제시한다.

아렌트는 고대의 유토피아와 더불어 시작한다. 아렌트에 따르면, 소크라테스 이전의 그리스는 필요를 넘어선 자유가 폴리스에서 번성했던 시대를 대표한다.

> 그리스의 폴리스는 한때 사람들에게 행위할 수 있는 외양의 공간, 즉 자유가 출현할 수 있는 일종의 극장을 제공했던 바로 그런 '정부 형태'였다. …… 만일 우리가 폴리스적 의미에서 정치적인 것을 이해한다면, 그것의 목적이나 존재 이유는 탁월함virtuousity으로서의 자유가 출현할 수 있는 공간을 설립하고 그것을 존재하게 하는 일이 될 것이다. 그것은 자유가 사람들이 청취할 수 있는 말, 감상할 수 있는 행위, 그리고 인간사라는 위대한 이야기책으로 마침내 편입되기에 앞서 회자되고, 기억되며, 이야기로 변하게 되는 사건들 속에서 그 실체를 알아볼 수 있는 모종의 세계적 실재로서 존재하는 영역이다.[9]

아렌트에게 서구의 사상사는 이와 같은 유토피아가 쇠퇴하는 과정으로, 근대에 이르러 이는 파국적 결말[전체주의의 등장_옮긴이]로 나타났다. 정치철학으로의 그리스적 전환은 철학자 ― 현대의 언어로는 지식인 ― 가 정치적 통치를 진리로 대체하려고 시도했었다는 것을 의미했다. 자유freedom를 자유의지free will와 동일시했던 기독교는 자유를 공적 문제가 아닌 사적 문제로 전환시켰다. 아렌트의 관점에서 공적인 것과 사적인 것의 이와 같은 혼동은 주권과 자유를 동일시했던 홉스나 루소와 같은 사상가들에게도 공통적인 것이었다.[10] 이런 혼동은 구조적으로는 사회의 성장 속에서 분명해졌는데, 이런 사회의 성장 속에서 아렌트는 공적인 것과 사적인 것이 원칙상 혼동되고 있다는 점을 목도한다.[11] 심지어 독립적인 민주적·공화주의적 정치형태가 발명된다 할지라도, 근대성은 공적인 것과 사적인 것을 구별하는 정치적 능력의 상실을 강화했다. 아렌트는 특히 에드먼드 버크Edmund Burke가 옹호했던 정당에 대한 앵글로아메리카적 관점에 주목했는데, 여기서 서로 경쟁하는 정당들은 공동선이 무엇인지에 대한 대안적인 개념을 제시했다. [반면_옮긴이] 특정 계급의 이익을 대변하는 유럽 대륙의 정당들과 관련해, 아렌트는 이런 정당 운동이 특수 이익을 공공선과 혼동하는, 즉 부동산 및 자본의 이익과 노동의 이익, 그리고 지방과 도시의 이익을 공중의 이익과 혼동하고 있는 것으로 이해했다.[12] 『전체주의의 기원』의 세 가지 부제목들인, "반유대주의", "제국주의" 그리고 "전체주의"는 각각 그런 이름이 붙은 현상들이 유럽의 문명화 역사에서 중심적인 위치를 차지함에 따라 어떻게 정치적 역량을 파괴하는 방향으로 발전했는지에 대해 분석한다. 이와 같은 급진적인 탈정치화 이야기의 정점에 전체주의적 운동과 레짐들이 있다.

아렌트는 전체주의의 특징으로 문화와 강압, 이데올로기와 테러의 독특한 융합을 든다.[13] 아렌트의 입장이 가진 문제점은 진리와 정치 사이의 관계에 대한 유토피아적인 믿음으로 보이는 것을 요구한다는 점이다. 즉, 해석적 진리는 정치와 근본적으로 분리될 수 있고, 사실적인 진리가 정치의 기반이 될 수 있다는 것이다. 정치를 철학으로 대체하는 데 대한 아렌트의 비판은 설득력이 있고, 지식인과 예술가들이 자신들이 가진 통찰력과 상상력을 민주적인 숙의와 결정으로 착각하지 않도록 하는 데 중요할 수 있지만,[14] 해석적 진리로부터의 정치의 분리에 관한 그녀의 생각은 여전히 비현실적으로 보일 수 있다. 사실 모든 정치 운동은 그 자체의 이데 올로기를 가지고 있다.[15] 나아가, 사실적 진리에 헌신하면서 이와 같은 분리를 어떻게 유지할 수 있을지 불분명하다. 탈근대적 시대에 살고 있는 우리는, 한 개인의 해석이 또 다른 개인의 사실적 진리라는 점을 분명히 인식하고 있다. 실제로 적어도 칼 만하임Karl Mannheim 이후의 지식 사회학은 이와 동일한 방향을 시사한다. 진리 레짐에 대한 푸코의 생각은 경험적인 증거 위에 서 있는 것 같다. 그러나 내가 이미 보여 주려고 시도해 왔던 것처럼, 푸코의 입장에는 규범적 문제가 있다. 그는 트로츠키와 우드로 윌슨 Woodrow Wilson, 전체주의자와 자유주의자를 구분할 수 없다. 나아가, 푸코의 입장을 반박할 수 있는 경험적 기반 역시 존재한다.

바로 여기서 작은 것들이 중요하다. 그것은 외양의 문제, 현실을 지탱하려고 하는 문제다. 푸코가 주장하듯이, 근대성 속에서 진리와 정치, 지식과 권력은 일반적인 관계를 맺고 있지 않다. 오히려 우리가 이미 살펴보았듯이, 사회적 행위자는 구체적인 상호작용의 상황 속에서 그런 관계를 구성한다. 옛 소비에트 블록의 정권들은 지식과 권력의 융합을 통해 사회적 상황을 이데올로기적으로 정의하고 이를 유지하기 위해 노력했다. 그들은 공식적인 진리를 제시했고 사람들이 그런 명령에 따르는 것처럼 보이도록 요구했다. 하지만 사람들은 공식적인 공간에서는 공식적인 이데올로기를 믿는 척했지만, 식탁의 주위에서, 독립적인 책방에서, 살롱에서, 그런 강요된 관계는 의문시되었다.

식탁 주변에서 사람들은 겉치레를 벗어던졌다. 그들은 다른 모습으로 등장했다. 그들은 그들이 관료 집단의 요구로부터 자유롭게 말할 수 있고 함께 행위할 수 있는 곳에서 은밀한 공적 공간을 구성했다. 공식적인 질서에 대항하는 투쟁의 진정한 확산은 이런 자유로운 상호작용의 숨겨진 공간이 공개적으로 등장했을 때 분명해졌다. 바렌도브스키의 살롱에서 분명히 드러났던 태도상의 의례를 포함해, [이와 같은 은밀한 공간에서 나타난_옮긴이] 상호작용의 유형은 공식적인 이데올로기에 의해서가 아니라 이데올로기적 정의로부터의 거리 두기를 통해 생성되었다. 그런 상호작용은 공식적인 모임에서의 상호작용보다는 식탁 주위에서의 상호작용과 좀 더 비슷하게 보였다. 푸코는 이런 발전을 일종의 가치-중립적 방식으로 설명할 것이다. 하나의 진리 레짐, 즉 반체제 인사들의 진리 레짐이 또 다른 진리 레짐으로부터 출현했다고 말이다. 더 나아가 우리는 지구화라는 새로운 헤게모니적 질서의 레짐 역시 구레짐의 진리로부터 그것이 구현했던 실천들을 분리해 내는 과정으로 이해할 수도 있다. 이제, 고프먼이 제기했던 문제를 아렌트의 이론을 통해 좀 더 살펴보도록 하자.

작은 것들의 정치의 정치 문화

푸코와 아렌트의 입장을 통해, 우리는 두 가지 구별되는 정치 문화에 대한 이해, 즉 두 가지 다른 방식의 지식과 권력, 진리와 정치 사이의 관계에 대한 이해를 살펴보았다. 두 사람 모두 정형화된 유형(모든 러시아인들은 강한 중앙 권력을 갈구한다든지, 미국인들은 유연하다든지, 영국인들은 좀 더 형식적이라든지, 혹은 프랑스인들은 좀 더 합리적이라든지) 너머로 우리를 인도하지만, 그들은 서로 매우 다른 정식화를 사용해 그렇게 한다. 푸코에게 정치 문화는 진리 레짐, 즉 권력과 지식이 합쳐지는 독특한 방식에 관한 것이다. 아렌트에게 정치 문화는 어떻게 그리고 얼마만큼이나 권력과 문화가 구분되고 관계를 맺는가에 관한 것이다. 우리가 폴란드에서 나타난 민주적 저항의 스냅사진을 고찰할 때 살펴보았듯이, 푸코와 아렌트의 분석은 정치적 경험의 중요한 측면들에 통찰을 제공한다.

사실 누가 좀 더 정확한 분석을 제시하고 있는지를 판단하기는 쉽지 않다. 푸코는 일반적으로 충분히 인식되지 못한 이야기의 중요한 부분을 드러낸다. 권력은 일상적 삶의 활동 속에서 작동하고 있는 것으로 드러난다. 또한 이를 설명함과 동시에 비판적으로 검토하기 어렵게 하는 형태의 지식이 존재한다. 그러나 아렌트는 또 다른 종류의 진리가 존재하고, 그런 진리는 권력, 혹은 정치와 다른 관계를 맺고 있다는 점을 강력하게 주장한다. 이는 푸코에 대한 비판이기도 하지만, 좀 더 중요하게는 푸코가 간과하고 있는 영역에 대한 강조이기도 하다. 이것의 정치적 함의는 중요하다. 이는 푸코가 인식하지 못한 자유의 영역이 있다는 것을 의미한다. 이것은 전제정을 자유와 대조하는 것을 가능케 하면서, 규범적 판단을 위한 기반을 제공한다.

아렌트는 일반적인 입장을 개진한다. 스냅사진을 통해 우리는 판단 judgment이 어떻게 일상생활에서 벌어지는 상호작용의 일부분이 되었는가를 살펴보았다. 우리는 또한 고프먼의 상호작용적 사회학을 고찰했다. 식탁 주위에 모인 사람들, 책방과 살롱에 있던 사람들은 사실적인 진리와 철학적인 진리를 구별함으로써 그들의 상호작용 속에서 자유를 구성했다. 그들은 작은 것들의 자유로운 정치를 창조했다. 정치와 문화의 이런 차원은 진행 중인 활동, 즉 과정으로 이해되어야만 한다. 그것은 필수 불가결한 혹은 잘 이해된 철학적 입장들로부터 도출되는 것이 아니다. 그것은 활동적으로 구성된다.

이제 우리는 가까운 과거(1968년, 1989년, 2001년, 2004년)에서 발생했던 중요한 운동에서 핵심적인 역할을 했던 이런 창조적 활동으로 되돌아갈 준비가 되었다. 우리는 시간뿐만 아니라 공간을 통해, 대면적인 상호작용에서 가상의 상호작용에 이르기까지, 옛 소비에트 블록의 동유럽에서 테러리즘, 반테러리즘, 반-반反-反테러리즘이라는 전 지구적 환경으로 이동할 것이다. 우리가 이런 과정을 진행함에 따라, 수많은 비교와 대조가 있을 터이지만, 여기에는 좀 더 근본적인 목적이 있다. 그것은 바로 정치와 그 역사적 중요성의 무시된 차원에 대한 올바른 인식이다.

THE

POLITICS

OF

SMALL

THINGS

| 2장 |

1968년

진리의 극장

아렌트는 정치에서 외양appearance이 현실이라는 점을 우리에게 이야기한다. 그리고 고프먼은 우리가 사회적이고 개인적인 현실을 창조하기 위해 외양을 어떻게 유지하는지를 탐구한다. 그는 복잡한 근대사회 속에서 상황을 어떻게 정의할 것인지를 둘러싼 사람들 사이의 경쟁과 상호작용이 프레이밍framing●을 통해 작동한다는 점을 보여 준다. 수용소나 감옥과 같은 총체적 기관에서는 대안적인 프레임이 거의 존재하지 않지만, 고프먼은 이런 기관들에서조차도 수감자가 독립적인 행위와 자아-정의self-definition를 위해 자유 영역을 어떻게 창조하는지 탐구한다. 우리는 프레이밍의 정치가 어떻게 소비에트 사회주의 블록의 일상적인 삶 속에서 제시되었는가를 살펴보았다. 일상적인 삶 속에서는 좀 더 개방적이고 자유로운 방식으로 상호작용이 구성되었고, 아렌트가 말한 바 있는 방식으로 진리와 정치의 문제가 다루어졌다. 이제 이것이 어떻게 역사적으로 출현했는가를 살펴보자. 1968년은 그 핵심에 놓여 있다.

1968년에는 프랑스, 일본, 멕시코, 독일, 미국을 비롯한 세계의 여러

● 고프먼이 발전시킨 대표적인 개념 가운데 하나로, 개인이나 그룹이 어떤 사건이나 현상을 인식하거나 확인하고 그런 것들을 명명하는 것을 가능케 하는 일종의 해석적인 도식을 의미한다.

지역에서 중요한 변화가 일어났다. 미국과 세계 각지에서 베트남전쟁에 대한 반대 운동이 등장하고 있었다. 권위주의적인 정치·문화적 제도들이 세계 곳곳에서 공격을 받았으며 몇몇 곳에서는 개혁이 이루어졌다. 멕시코시티와 같은 곳에서는, 현 상태를 유지하기 위해 잔혹한 억압이 자행되었지만, 그럼에도 불구하고 변화가 시작되었다. 프랑스와 독일에서는 교육제도상의 변화와 같은, 몇몇 변화들이 거의 즉각적으로 발생했다. 다른 장소에서 그런 변화는 수년(전쟁에 대한 미국 여론의 변화) 혹은 수십 년(멕시코 정치의 전환)이 소요되었다. 1968년에 대해서는 많은 연구가 있고, 그중 몇몇은 향수에 젖은 채 당시를 회고하기도 한다. 그러나 내가 보기에, 그 시기에 일어났던 가장 중요한 몇 가지 사건은 그 이론적 중요성에도 불구하고 충분히 검토되지 못했다. 내가 염두에 두고 있는 사건들은 "철의 장막" 뒤에서 벌어졌던 일들이다. 1장에서 제시되었던 스냅사진들은 1968년의 이런 사건들에 의해 형성된 무대 위에서 발생했다.

물론 사람들은 프라하의 봄 당시에 발생했던 비극을 잘 기억하고 있다. 알렉산드르 두프체크Alexander Dubček의 인간의 얼굴을 한 사회주의, 현존 사회주의가 위로부터 개혁될 수 있다는 희망, 좀 더 역동적인 경제가 표현의 자유 및 심지어는 경쟁적 선거와 함께 도입될 수 있을 것이라는 희망 등은 소비에트 탱크의 갑작스런 공격과 더불어 종결되었다. 하지만 바르샤바에서 있었던 사건들과 그것이 미친 영향에 대해서는 그리 잘 알려져 있지 않다. 그런 사건들을 통해, 우리는 중요한 정치 변동의 미시 문화, 즉 사회적 상호작용을 통한 공적 삶의 구성을 자세히 관찰할 수 있다. 그런 상호작용 속에서 진리와 정치 사이에서 나타나는 복잡한 관계가 재인식되고, 자유로운 공적 삶이 전체주의적인 관계에 대한 대안으로 창조된다.[1]

・・・

폴란드에서의 1968년 사건들은 아담 미츠키에비치$^{Adam\ Mickiewicz}$●의 〈선조의 전야제〉$^{Dziady,\ Forefather's\ Eve}$라는 연극의 종연에 의해 점화되었다. 1968년 1월 30일, 폴란드 문화부는 국립 극장에서 상연되고 있었던 카지미에시 데이메크$^{Kazimierz\ Dejmek}$가 제작한 이 19세기 고전극의 공연을 금지했다. 마지막 공연은 청중들로 인산인해를 이루었다. 청중들 중에는 극장과의 연대를 보여 주기 위해 외국에서 온 문화계의 저명인사들도 있었다. 표가 없었던 사람들은 통로와 발코니의 구석에 앉아 연극을 관람했다. 극장은 학생들로 붐볐는데, 이는 학생들의 참여를 독려하기 위해 바르샤바대학교 곳곳에 붙인 공고문 덕택이었다.

이 연극에는 반차르적$^{anti-czarist}$인 대사가 있었다. "우리 폴란드인은 은화 몇 닢에 우리의 영혼을 팔아 버렸고 모스크바가 우리에게 보낸 것은 멍청이들과 얼간이들, 그리고 스파이뿐이야." 청중들은 이 대사에 뜨겁게 반응했다. 이 연극이 의도적으로 소비에트의 지배를 비판하기 위해 기획되었는지는 불분명하지만, 이 대사가 배우와 청중 사이의 상호작용 속에서 당대의 사건에 대한 비평으로 전환되었다는 점은 분명했다. 여기서 우리는, 영화와는 대조적인 연극의 가장 흥미로운 특징 가운데 하나를 관찰할 수 있다. 즉, 공연의 내용과 그 의미가 배우와 청중 사이의 상호작용 속에서 결정된다는 사실이다. 작은 것들의 정치는 극장의 구성적 요소다. 이런 특징은 연극을 독특한 형태의 사회적 예술로 만들고, 작은 것들이 정치 질

● 폴란드의 시인이자 극작가(1798~1855). 〈선조의 전야제〉는 그가 1832년에 완성한 극본으로, 폴란드 민족의 자기희생을 통한 궁극적인 구원이라는 기독교적 주제를 다루고 있다.

서의 변화에 구성적이라는 점을 시사한다.

공연이 끝난 직후, 정치의 경계는 극장 밖으로 확대되었다. 2백여 명의 학생들이 (폴란드 독립의 상징적 인물인) 미츠키에비치의 동상 근처까지 행진하면서 연극의 종연에 반대했다. 그들은 그곳에서 군대와 맞닥뜨렸다. 학생들이 해산을 거부하자, 그 가운데 몇몇이 체포되었다. 2월 29일, 폴란드작가동맹Polish Writers' Union 바르샤바 지부는 학생들의 시위를 비난하는 공산당의 제안에 대한 지지를 거부하며, 거꾸로 〈선조의 전야제〉의 종연을 비난하는 제안을 채택했다.

3월 9일, 4천여 명의 학생들이 연극에 참여했다는 이유로 바르샤바대학교에서 제명된 두 학생의 복학을 요구하면서 시위를 벌였다. 군대와의 폭력적인 충돌이 뒤따랐고, 학생들은 "자유 없이는 학업도 없다" "우리는 〈선조의 전야제〉를 원한다" "작가 만세"와 같은 구호를 연호했다. 수십여 명의 학생들이 대거 체포되었고, 시위는 확산되었다. 학생들은 폴란드 전역에서 군대와 충돌했다. 곳곳에서 학생들은 〈선조의 전야제〉의 종연에 항의했고 그 당시에 무르익어 가고 있었던 프라하의 봄과의 연대를 표명했다.

폴란드 당국과 소비에트 대사관의 반응은 그 공연의 의미를 정의하는 데 결정적이었다. 권력자들은 너무도 분명하게 연극과 이에 대한 청중들의 반응을 부적절하며 반소비에트적인 선언으로 간주했고, 연극의 종연을 명령했다.

배우와 청중 사이의 주고받기를 통한 정치적 의미의 산출과 극장 안팎에서 발생한 사람들의 운동은 공적 공간을 창조적으로 구성했다. 권력자들은 이를 억누르려 했고 어느 정도 성공을 거두기는 했지만, 이는 잠시 동안 만이었다. 이런 사실은 사회적 분화와 그런 분화에 근거한 지속적인 상호작용이 시민사회의 공적 공간을 구성한다는 점을 부각시킨다. 사람들은 시민사회에서 서로 다른 지위에 있다. 그들은 세계를 서로 다르게 이해하며, 그에 따라 상호작용을 하게 된다. 그들은 서로 공적 공간에서 대면한다. 그들이 차이를 깨닫게 됨에 따라, 서로 갈등하게 된다. 그들은 타협을 하기도 하고, 상대방을 압도하기도 하며, 굴복하기도 한다. 그들은 자유로운 시민사회에서 삶을 살아간다. 1968년의 폴란드는 이런 종류의 정상성을 보여 주고 있었다. 무엇인가 새로운 것이 폴란드에서 출현하고 있었는데, 중앙 정치 무대는 오직 잠시 동안 만 그 빛을 바래게 할 수 있었다.

1968년의 사건은 악명 높은 반시온주의, 반자유주의 캠페인으로 막을 내렸다. 폴란드 전역에서 학생들이 줄곧 외쳤던 구호 가운데 하나는 바로 "모차르^Moczar● 퇴진"이었다. 이 구호는 그 사건들의 배후에 있었던 좀 더 거대한 정치적 투쟁을 가리킨다. 실제로 그 과정에는 ① 작가, 학생, 극단 ② 공산당 서기장인 브와디스와프 고무우카^Wladyslaw Gomulka ③ 공산당 내부의 모차르 및 "파르티잔"●●과 같은 극우주의자들 사이의 삼중의 정치적 댄스가 존재했다. 특히 모차르와 "파르티잔"은 반유대주의적, 반시온주의적 캠페인을 전개하면서, 서기장인 고무우카에 도전하고 있었다. 당시만 해도, 자유주의적 성향의 학생들과 작가들 그리고 극단의 도전은 전면적인 탄압을 받았고, 주요 행위는 공산당 내에서 상대적인 온건파와 혁명파 사

● 폴란드 공산주의자나 반시온주의를 강력하게 주창했던 극우 민족주의자다. 1968년 당시 서기장이었던 고무우카와 대립했으며, 친소 강경파의 입장에서 학생운동을 탄압하고 그것을 빌미로 반시온주의를 강력하게 주창했다. 내무부 장관 및 폴란드 최고통치위원회의 의장을 역임했다.

●● 폴란드 공산당 내에서 모차르의 주요 권력 기반이었다. 주로 제2차 세계대전 중에 지하에서 운동을 전개했던 공산주의자들로 구성되어 있었다. 폴란드의 극우 민족주의를 옹호했으며, 반시온주의와 강력한 친소비에트 노선을 유지했다.

이의 갈등을 중심으로 이루어지는 것처럼 보였다. 모차르는 유대인 아내를 둔 고무우카가 충분히 반시온주의적이지 않다고 비난했는데, 이는 그가 폴란드의 반유대주의 카드를 활용하고 있었다는 점을 보여 주었다. 이에 맞서 고무우카는 정치적으로 그리고 문화적으로 지도자급에 있는 유대계 인사들에 대한 숙청을 명령함으로써 모차르의 허를 찔렀다. [이후_옮긴이] 공식적인 언론 보도를 통해, 유대인들이 "추방되었다"는 사실이 알려졌다. 신문 기사를 통해, 사람들은 코바릭^{Kowalik}의 실제 이름이 [유대인을 의미하는_옮긴이] 슈바르츠^{Schwartz}로 밝혀졌고, 이는 그가 충분히 폴란드적이지 않다는 점을 가리킨다는 기사를 읽을 수 있었다. 이후 그런 엘리트들 사이의 투쟁은 저절로 사라졌다. 고무우카는 2년 정도 더 권좌를 유지할 수 있었지만, 1970년에 당의 기술 관료 분파에 의해 타도되었다.

그 당시에 벌어졌던 직접적인 정치적 투쟁들은 일시적으로만 중요한 영향을 미쳤다(소비에트 블록 전체에 걸쳐 공산주의가 붕괴한 이후 회고해 보면, 그 이전에 있었던 당파적 갈등들은 사소했던 것으로 보인다). 반면, 당시만 해도 가시적으로 명확하게 드러나지는 않았지만, 정치 문화에서의 근본적인 변화가 나타나고 있었다. 이런 변화들은 좀 더 지속적으로 중요한 영향을 미쳤다. 다양한 요구들의 결합은, "인간의 얼굴을 한 사회주의" 및 "인본주의적 마르크스주의"와 같은 다양한 형태의 시도를 넘어, 폴란드에서 새로운 독립적인 공중을 창조했다. 이와 같은 논의들의 지속과 1989년을 통한 그것의 비공식적인 그리고 때로는 은밀한 제도화는 폴란드에서 나타난 공산주의에 대한 저항과 다른 곳에서 나타난 공산주의에 대한 저항 사이의 질적인 차이로 나타났다. 그런 상호작용은 극장 밖으로 그리고 궁극적으로는 그 당시의 논쟁들을 넘어서 나아갔다.

공적 자유의 재발견

지난 20여 년에 걸쳐 중요한 변화가 일어났다는 점은 잘 알려져 있지만, 그런 변화를 둘러싼 해석은 대단히 논쟁적이다. 1989년 베를린장벽의 붕괴 이후 냉전은 종식되었다. 소비에트 공산주의도 붕괴했다. 사회주의는 자본주의에 대한 체계적 대안으로서 더는 실행 가능한 것으로 보이지 않는다. 민주주의는, 경쟁 상대가 없는, 근대의 정치적 이상이 되었다. 역사는 끝났다. 지구화가 시작되었다. 미국의 헤게모니는 오늘날 분명한 위험이 되었다 등등. 이런 것들이 그런 변화를 묘사하는 다양한 방식들이다. 이런 각각의 해석에 따라 정치적 입장이 정해지고, 실천적 행위가 뒤따른다. 정치적 스펙트럼은 이런 경쟁하는 해석들을 통해 그리고 이런 해석들과 함께 재구성되었다. 정치적 논쟁의 문화는 오늘날 이와 같은 정치적 풍경 속에서 [당시의_옮긴이] 혁명을 어떻게 설명하느냐에 따라 형성된다. 그러나 그와 같은 논쟁 너머에, 그리고 사실상 그에 앞서, 상호작용적 과정으로서의 공적 자유의 재발견이 놓여 있다.

하나의 원리로서의 공적 자유의 재발견은 최근의 중요한 변화를 이해하는 데 있어서 핵심적이다. 이런 재발견은 1968년 폴란드 국립극장에서의 〈선조의 전야제〉 공연과 더불어 시작되었고, 1970년대에 폴란드에서 먼저 그리고 나중에는 상당수 동유럽 국가들에서 발생한 민주적 저항의 일부가 되었다. 1980년대 폴란드에서 솔리다르노시치 운동의 성장과 함께, 공적 자유는 세계사적인 저항의 힘이 되었는데, 라틴아메리카, 아프리카, 아시아에서의 민주주의 이행뿐만 아니라, 중동부 유럽, 소비에트연방 등지에서의 공산주의 붕괴와 함께 그 정점에 이르렀다. 이런 일련의 연속적인 사건들은 내가 제시하고자 하는 설명의 핵심이 아니다. 핵심은 공적 삶과 그 문화의 상호작용적 구성, 작은 것들의 정치의 중심성이다.

이미 강조한 바와 같이 경쟁하는 해석들이 제시하는 큰 사진이 있다. 물론 식탁 주변에서의 삶과 바르샤바에 위치한 두 개의 아파트 공간에서 나타난 자아 및 타자의 연출[표현_옮긴이]과 같은 스냅사진에서 파악할 수 있듯이, 우리의 정치 세계에서 나타나는 변화와 도전에 대한 개인 간의 경험에 초점을 맞춘 작은 사진도 있다. 거기에는 일상생활이라는 정치적 드라마가 있다. 타자 앞에서, 언어활동과 행위를 통해 공공선을 다룰 수 있는 역량이 당-국가의 통제를 넘어 서서히 퍼져 나갔으며, 특히 가장 중요하게는 이런 역량이 저항 행위의 목적이 되었다. 공적 자유의 원리와 그 원리에 기반을 둔 행위들은 공식적인 이데올로기와 전혀 관련이 없었고, 그것과 분리되어 있었다. 이런 원리와 행위들은 일종의 새롭게 평가된 권력을 구성했는데, 이는 우리의 지정학적 세계에 새로운 모습을 제공했다. 이제 전 지구적인 전환을 향해 나아가는 상대적으로 작은 상호작용의 배경을 고찰해 보자.

배태된 자율성

⟨선조의 전야제⟩라는 논쟁적인 작품을 공연했던 국립극장은 공식적인 진리에 공공연하게 도전했던 수많은 극장들 가운데 하나였다. 실제로 국립극장은 당-국가로부터 공식적인 지원을 받았지만, 공식적인 통제에는 도전을 한 수많은 문화 기관들 가운데 하나였다. 예를 들어, 수많은 청년 극장youth theater도 그러했다.[2] 당-국가로부터의 공식적인 지원에도 불구하고 문화 기관들은 문화적 창작 활동에서의 자율성을 상호작용에 있어 최우선의 규범으로 삼았다. [문화 기관에 종사했던_옮긴이] 사람들은 마치 이런 규범이 실제로 존재하는 것처럼 행동했고, 결과적으로 그런 규범은 실재했다.

〈선조의 전야제〉가 의도적인 도발이었는지의 여부가 불확실한 이유 가운데 하나는 바로 중동부 유럽의 극장과 예술의 문화적 세계에 있는 강한 반정치적 기풍 때문이다. 〈선조의 전야제〉의 연출자였던 데이메크는 그가 의도적으로 반소비에트적 연극을 만들었다는 점을 부인해 왔다. 그는 폴란드의 고등학교에서 읽히고 있었던 고전 가운데 한 작품을 골라 새롭고 독창적인 방식으로 각색했을 뿐으로, 반차르주의적인 대사가 있었다는 점은 사실이지만, 자신의 의도는 훌륭한 연극을 만드는 것이지 반소비에트 홍보물을 만드는 것이 아니었다는 것이다. 자신이 의도적으로 반소비에트 연극을 연출했다고 말하는 것은 자신을 정치 모리배와 혼동하는 것이라는 것이다. 그와 같은 방어 논리에는 행간에 의미를 써넣는 작가들이 주로 사용하는 것으로 잘 알려져 있는 일종의 장치가 있다. 그러나 때때로 쓰인 글자가 아니라 행간을 읽는 것이 [올바른_옮긴이] 독해인 경우도 있다. 따라서 논란은 지속된다.

앞서 언급했던 학생 극장 운동의 활동에 대해 좀 더 검토해 보자. 아카데미아 루후Akademia Ruchu(운동 아카데미the Academy of Movement)는 1970년대 후반과 1980년대에 걸쳐 폴란드에서 있었던 선도적인 실험 극장들 가운데 하나였다. 이 극장은 국가의 공식적인 지원과 통제를 받았다. 그 그룹의 이름이 보여 주는 것처럼, 그것은 운동 속에서 실험했다. 가장 창조적인 작품들 가운데 일부는 거리에서 공연되었는데, 이는 합법적인 경우도 있었지만, 불법적인 경우도 있었다. 이 그룹은 바르샤바 경찰 및 군대와 계속해서 쫓고 쫓기는 게임을 벌였다. 공연은 다양했다. 펄럭이는 다양한 색깔의 옷을 입은 채 인도와 전차tram에서 춤을 추는 상대적으로 [기존의 권위에_옮긴이] 무해한 것도 있었고 길게 늘어진 배급 줄을 풍자하기 위해 정육점 밖에 줄을 서는 것과 같은 도발적인 공연도 있었다.

한번은 거리 공연의 와중에 군인들이 다가왔다. 아카데미아 루후의 연출자였던 보이체흐 크루코브스키Wojciech Krukowski는 군인들에게 공연을 찍고 있던 카메라를 보여 주었다. 그는 그들에게 지금 영화를 제작하고 있다고 설명했다. 군인들은 영화에 대한 검열이 영화를 찍을 때가 아니라 최종 편집이 끝난 이후에 이루어진다는 점을 인정하면서, 교통을 통제하는 등 영화를 계속 찍을 수 있도록 협조했다. 촬영은 수일 동안 계속되었다. 결과적으로 그 군인들은 허락받지 않은 거리 공연의 연기자들이 되었다.

나는 이 일을 크루코브스키로부터 1980년에 처음 들었다. 이후 1994년 그는 그 사건과 관련해 내게 좀 더 자세한 내막을 알려 주었다. 당시 크루코브스키는 바르샤바에 있는 현대 예술 박물관의 연출가였는데, 어느 날 우연히 자신이 속였던 군대의 장교를 만날 기회가 있었다고 했다. 그 장교는 당시 크루코브스키가 자신을 속이며 바보로 만들고 있다는 사실을 내심 은근히 즐기고 있었으며, 극단 측의 속임수를 줄곧 알고 있었음에도 공연을 계속 지원했다고 이야기했다. 연출가 및 청중뿐만 아니라, 이들을 검열하는 사람들도 어떻게 행간을 읽을지 [어떻게 작품을 창작하고 그 의미를 읽어 내며 이에 대응할지를_옮긴이] 알고 있었다. 그는 자신이 아카데미아 루후를 돕고 있다는 사실을 부정할 수 있는 한도 내에서 기꺼이 그 운동을 도왔던 것이다. 그 길거리 연극 공연과 함께, 거리의 사람들과 군인들은 공적 공간을 만들어 냈다. 그런 공적 공간의 가장 중요한 산물은 바로 공식적인 통제로부터의 독립성이었다.

그런 상호작용적 게임은 연극에서만 중요한 것이 아니었다. 사회주의적 질서 내의 모든 사회·문화·정치적 제도들에는 하나의 긴장이 배태되어 있었다. 사회주의적으로 정의된 모든 삶의 영역은 이데올로기적 지시와 통제에 공식적으로 종속되었다. 그러나 사회주의적 비전은 근대적 비전이기도 했다. 제도들은 이데올로기적 역할뿐만 아니라 도구적 기능 역시 수행해야 했다. 농장은 이데올로기적 각본에 따라 집단화되었지만, 그것은 여전히 식량을 생산해야 했다. 거대한 산업은 사회주의와 노동계급의 힘을 상징하는 기념물로 간주되었지만, 그것 역시 여전히 철강과 트랙터, 그리고 탱크를 생산해야 했다. 교육기관들은 여전히 다음 세대에게 실천적인 과제들을 준비시켜야만 했는데, 이는 마치 병원이 젊은이들을 위해 환자와 가족들을 돌보는 것과 같았다. 그런 일상적인 사회적 실천과 이데올로기 간에는 내적 긴장이 있었다. 이와 같은 실천적 요구가 끝나고 이데올로기의 요구가 시작되는 지점이 어디인지는 항상 불분명했으며, 이는 갈등을 초래했다. 따라서 검열과 정치경찰은 공식적인 질서의 필수 불가결한 일부였다. 이것이 바로 그 문제에 대한 구조적이자 거시적인 견해이다. 미시적 견해, 즉 작은 것들의 정치의 견해는 어떻게 이런 상황이 유동적일 수 있고 그렇게 되었는가를 제시한다.

사회적 상호작용은 사회적 실천들에 대한 그리고 이데올로기에 대한 성향 및 헌신 사이의 타협을 요구했다. 부모들은 공식적인 각본에서 벗어난 그들의 견해와 기억을 어떻게 식탁 주위에서 가르칠 것인가를 결정했다. 식탁 주위에서 벌어지는 친구들 사이의 대화는 이보다는 다소 신중했다. 좀 더 공식적인 환경[무대_옮긴이]에서도 교육자, 산업 노동자와 관리자, 과학자, 점원들은 모두 이와 비슷한 타협을 해야만 했다. 그 결과는 국가마다 그리고 시대마다 상당히 다르게 나타났다.[3]

하벨의 고전적인 평론인 "힘없는 사람들의 권력"The Power of Powerless은 사회주의에서 이루어지는 일상생활의 이와 같은 차원 — 하벨이 저항의 잠재력으로 간주하는 — 을 검토하여 제시한다.[4] 이 평론에서 가장 유명한 등장인물은 채소 장수다. 하벨은 만일 그 채소 장수가 가게의 창문에

"만국의 노동자여 단결하라"라는 푯말을 내걸지 않는다면 그에게 무슨 일이 벌어질지에 관해 추론한다. 하벨은 모든 특권을 박탈당하는 것과 같은, 채소 장수가 처할 수 있는 모든 상황을 상정하지만, 또한 만일 그 채소 장수와 주변 사람들이 위로부터 부과된 공식적인 이데올로기적 규정으로부터 벗어나 "진리 속에서 살고자" 함께 노력했다면 어떤 일이 벌어질까에 대해서도 숙고한다. 그는, 이미 1970년대 중반에, 그와 같은 노력이 공산주의의 붕괴를 가져올 것이라고 시사했다. 이것은 유효한 통찰력이었다는 점이 입증되었다.

하벨의 에세이에서 덜 알려진 등장인물은 진리 속에서의 삶이 일상의 삶과 얼마만큼이나 얽혀 있는가를 보여 준다. 하벨은 술을 빚는 방법을 정말 잘 알고 있고, 그의 일에 대해 자부심을 가지고 있었던 장인이 일했던 양조장을 회상한다. 그는 다른 사람들에 비해 승진이 늦었는데, 그 이유는 그가 노동계급의 연대나 사회주의 건설과 같은 당의 지령보다는 그가 빚어내는 술의 질에 좀 더 많은 관심을 기울였기 때문이었다. 그리고 그가 당의 지령과 자신이 빚어내는 술의 질 사이의 타협을 공개적으로 거부했을 때, 그는 자리에서 물러나야 했다. 이데올로기와 정상적인 생산의 실천이 충돌했고, 헌신적인 노동자는 고통을 겪어야 했다.

양조자가 직면했던 선택은 전체주의 사회가 아니더라도 흔히 나타날 수 있는 사내 정치office politics와 하등 다를 바 없는 것이었다. 우리는 회사에서 성공하는 사람들이 대체로 자신의 업무를 충실하게 수행하는 사람이기보다는 회사의 각본에 따라 처신하는 사람들이라는 점을 잘 알고 있다. "사내 행위자"office players는 표현적 업무를 수행하는데, 이는 조직이 기능하도록 하며 그 대가로 그는 보상을 받는다.

하벨은 전체주의적 상황에서 일상적으로 나타나는 이런 동학이 당-국가 체계의 유지에 이바지한다고 이야기한다. 그러나 그는 또한 개인적인 비극을 넘어서는, 두 가지 결과에 관심을 기울인다. 그 문제는 지엽적인 것이 아니라 체계적인 것으로, 사회 전반에 걸쳐 작업의 질에 대한 일반적인 타협이 존재한다는 것이다. 당 이데올로기의 논리는 훌륭한 작업의 논리와는 근본적으로 상이하다. 따라서 그저 그런 사회적 조건[상품의 질 저하_옮긴이]이 불가피하게 발생한다. 그러나 만약 모든 사람들이 이와 같은 표현적 정치라는 기묘한 게임에 참여하지 않는다면, 그리고 좀 더 통상적으로 행동한다면, 이것이 체계적인 문제라는 점에서, 전체주의적 체계는 근본적인 도전에 직면할 것이다. 여기서 바로 고프먼의 공중이라는 개념과 아렌트의 공중이라는 개념이 조우한다.

자아(와 타자)의 표현과 공적 영역

하벨은 사회질서의 상호작용적 구성이라는 고프먼의 주제를 은연중에 발전시키고 있었고, 이런 상호작용적 구성은 1968년과 그 이후에 폴란드에서의 실제 삶 속에서 분명해졌다. 하벨은 그가 살고 있는 독특한 세계에서 사회적 상호작용이 매우 다른 두 방향 ― 전체주의적 체계의 구성을 향한 방향과 전체주의적 체계의 구성을 벗어나는 방향 ― 으로 향할 수 있다는 사실을 인식한다. 정권의 운명을 결정하는 것은 사람들이 일상생활에서 서로에게 그들 스스로를 표현하는 방식이다. 이데올로기와 테러에 의해 유지되는 국가는 미리 정해진 각본에 따라 상호작용할 것을 요구한다. 개인들은 (비록 자유롭게 그럴 수 있는 것은 아니지만) 결속된 행동을 통해 당국이 강요하는 각본을 전복할 수 있기 때문에, 그들이 어떤 선택을 할 것인지가 결정적일 수 있다. 가게 주인은 전 세계 노동자들의 단결을 돕지도 저해하지도 않을 것이다. 그러나 그는 가게 창문에 그런 푯말을 게시함으로써, 자신을 공식적인 각본의 충성스런 종복으로 표현한다. 반면 창문에 푯말을 붙이지 않음으로써, 그는 완전히 다른 방식으로 자신을 표현할 수 있다. 여기서 우리는 어떻게 고프먼의 공적 삶에 대한 이해가 아렌트의 이해에 공헌할 수 있는지, 어떻게 고프먼이 전체주의에 대한 민주적 대안의 기원으로 우리를 인도할 수 있는지 알 수 있다.

하벨의 채소 장수와 양조자, 아카데미아 루후의 거리 공연자, 행인, 군장교, 그리고 국립극장의 연출가와 배우, 청중, 소비에트 대사관과 폴란드 공산당 중앙 위원회 관료들의 상호작용은 모두 "상황을 정의"하는 데서 나타나는 어려움 및 긴장과 관련되어 있다. 고프먼은 다양한 저작들을 통해 상황 정의에 대한 합의가 사회적 삶을 위해 필수적이라는 점을 강조한다. 그는 다양한 상황에 주목한다. 그의 초점은 때때로 합의의 형성과 사회질서의 유지에 맞추어져 있다.[5] 또한 그것은 자아에 관한 것이기도 하다.[6] 그는 때때로 합의가 붕괴되는 과정에 초점을 맞추기도 하지만, 또 다른 경우에서는 붕괴의 극복 과정에 초점을 맞추기도 한다.[7] 나아가 그는 어떻게 근대성의 구조적 복합성이 이와 같은 사회적 상호작용 속에서 작동하며, 이를 통해 사회적 상황의 정의에 대한 합의가 유지될 수 있는지에 관심을 기울인다.[8] 그리고 다른 때에는 이와 같은 복합성이 강압에 의해 단순해지는 상황에서 어떤 일들이 벌어지는가에 초점을 맞추기도 한다.[9] 그의 관점은 개인들의 상호작용 및 인상 관리impression management로부터, 집단들의 상호작용 및 기존의 합의를 유지하는 데 있어 하나의 팀으로서 그것이 작동하는 방식으로 이동하기도 한다. 우리는 여기서 상호작용의 질서를 통해, 그리고 새로운 유형의 자아 및 협력의 표현을 통해 어떻게 중심적인 변화가 뒷받침되었는지를 살펴볼 수 있다.

구정권에서, 일상의 상호작용은 두 개의 경쟁적인 프레임 ― 이데올로 기적 프레임과 비이데올로기적 프레임 ― 에 의존한다. 사람들은 일상의 삶에서 이데올로기적 프레임에 따라 자신을 연출[표현_옮긴이]했지만, 그 프레임으로부터 어느 정도 거리를 두기도 했다. 극장(과 영화, 문학작품, 사회 과학 등)의 제작자와 검열관은 각기 경쟁하는 프레임을 이용하면서 서로 맞서게 되었다. 정권에 반대했던 사람들은 상황을 새롭게 정의하려고 노력했다. 물론, 지배적인 사회적 정의를 바꾸는 것은 만국의 노동자여 단결하라와 같은 푯말을 가게의 창문에 붙이거나 떼는 것처럼 쉬운 일은 아니었다. 고프먼이 관찰한 바와 같이, "'상황에 대한 정의'는 거의 모든 곳에서 발견되지만, 그렇다고 사람들이 상황에 대한 정의를 일상적으로 만들어 내는 것은 아니다. 그들은 자신들이 어떤 상황에 처해 있는지를 정확히 평가한 연후에, 그에 따라 행동할 뿐이다."[10]

지배적인 일상의 질서에 대한 저항 프로젝트는 비이데올로기적인 것을 이데올로기적인 것으로부터 떼어내는 것이었다. 지배적인 질서가 요구하는 역할과의 거리 두기role distancing가 검열관과 게임을 하고, 행간을 쓰고 읽는 데 결정적으로 중요했다. 아카데미아 루후의 길거리 공연에서 연출가와 군 장교의 행위를 상기해 보자. 그 프로젝트는, 이데올로기적인 것과 비이데올로기적인 것 사이에 존재하는 균형에 활력을 불어넣으려는 시도로부터, 공식적인 이데올로기에 의해 규정된 세계로부터 분리 독립하려는 시도로까지 나아갔다.

사회적 행위의 이데올로기적 연출과 독립된 행위 사이에는 늘 긴장이 있었다. 그런 긴장이 어떻게 표현되는지는 시기에 따라 바뀌었다. 가장 엄혹했던 시기에, 독립적인 행위조차 공식적인 언어와 문화를 의무적으로 따라야만 했는데, 이를 위해 역할 거리●와 문화적 양의성cultural ambiguity이 활용되었다. 좀 더 나은 시기에는, 공식적인 각본이 교묘하게 수정되어 적용될 수 있었다. 실제로 사회주의적 휴머니즘과 인간의 얼굴을 한 마르크스주의는 자유주의적 이상을 사회주의적 질서에 소개하는 방식이었다. 그러나 체계적인 도전이 이루어지는 시기에는, 그와 같은 이데올로기적 게임은 기각되고, 이데올로기적 질서로부터의 좀 더 근본적인 분리가 진행되었다.

1955년 바르샤바대학교의 학생 식당에서, 폴란드 최초의 대안적인 청년 극단이 자신의 작품을 공연했다. 대학 기숙사의 지하실과 문화 하우스cultural houses에서, 학생들은 다른 학생들에게 정권의 공약을 읽어 주었다. 눈썹을 찌푸리는 것만으로도, 낭독된 진부한 문구들은 그 정반대의 것[정권에 대한 비판과 조롱_옮긴이]이 되었다. 사실, 눈썹을 움직이지 않고도 비판은 가능했다. 공연의 맥락과 이에 대한 청중의 기대는 그 자체로 공식적인 텍스트들의 불합리성을 부각시켰고, 극장의 사회성을 통해 이와 같은 불합리성에 대한 인식이 공유되었다.

1968년의 사건에서는 무언가 다른 일이 발생했다. 1968년은 〈선조의 전야제〉에 대한 논쟁으로 출발했다. 우리의 관점에서 볼 때, 그 연극의 직접적인 정치적 메시지는 중요한 것이 아니었다. 정치적으로 보았을 때, 그

● 어빙 고프먼에 따르면, 자아란 주어진 무대(상황)에서 자신에게 주어진 역할에 따른 행위를 수행하는 과정에서 만들어진다. 이 점에서 인간의 삶은 마치 연기자가 무대 위에서 연기를 하는 것과 유사하다고 할 수 있다. 인상 관리란 바로 이와 같이 형성된 자아를 안정적으로 유지해 나가는 것을 말한다. 하지만, 개인들은 인상 관리의 측면에서 자신에게 주어진 역할이 자신의 본 모습과 맞지 않다고 상황을 정의하는 경우 그 역할과 일정한 거리를 유지하고자 한다. 예를 들어, 회전목마를 타도록 강요된 다 큰 아이는 회전목마를 타는 것이 자신에게 어울리지 않거나 전혀 위협적이지 않다는 점을 보여 주기 위하여 위험한 자세를 취하곤 하는데, 이런 행동이 바로 역할 거리의 대표적인 사례다.

것은 단지 대안적인 청년 극장에 의해 만들어진 작품에 불과했고, 권력에 대한 부드러운 비꼬기일 뿐이었으며, "폴란드식 사회주의로의 길"이라는 공식적인 관념을 확장한 것이었다. 사실 탈스탈린주의적 혁신[폴란드식 사회주의_옮긴이] 속에서 폴란드 정부는 학교, 영화 그리고 연극 등에서 폴란드적 낭만주의 문예를 장려했다. 의도적이었는지는 알 수 없지만 국립극장은 여기에 반소비에트적인 요소를 좀 더 첨가했을 뿐이었다. 그들은 공식적인 이데올로기를 선택했고, 그것을 자신들의 목적에 적용했다. 이는 반소비에트주의 대신에 반유대주의에 초점을 맞추었던 당내 민족주의자들도 마찬가지였다. 이것은 이데올로기적 해석들 간의, 즉 공식적인 진리를 장악하려고 경쟁하는 시도들 간의 갈등이었다. 극장 안팎에서 벌어졌던 학생들의 시위는 그 시위가 이런 갈등을 둘러싸고 발생했던 한, 그리고 공식적인 언어를 사용해 모호하게 표현된 한, 이와 동일한 것이었다. 그러나 상호작용적 관점에서 살펴보았을 때, 공적 삶의 면대면 구성을 고려하면, 무언가 다른 일이 발생하고 있었다. [학생들이_옮긴이] 공식적인 수사를 사용해 내세웠던 주장은 자유로운 사회주의적 대학이었지, 기존 질서를 바꾸려는 것은 아니었다. 그러나 이후 학생들은 좀 더 근본적인 문제들에 대해 서로 이야기를 나누고 상호작용하기 시작했다. 그들은 검열에 반대하고, 대학에서의 더 많은 자유를 요구했으며, 이런 자유에 대한 헌신(사회주의로 나아가는 좀 더 완벽한 길을 모색하기 위해서가 아니라)을 토대로 서로 만나 이야기를 나누고 함께 행동했다. 그들은 이데올로기적 프레임과 비이데올로기적 프레임 사이의 균형을 맞추려던 시도를 접었다. 인간적인 마르크스주의와 자유주의적 공산주의에 대한 헌신은 이제 헛된 것처럼 보였다. 대신에 그들은 독립적인 상호작용, 비이데올로기적인 자아 표현에 헌신했다.

66

공식적인 것과 비공식적인 것 사이에서 균형을 모색하려는 시도에서 비이데올로기적 대안으로의 이와 같은 변화는 1970년대에 서서히 시작되었으며, 그 후 광범위한 독립적 실천이 되었다. 여러 면에서 일상은 공적인 것을 위한 모델이 되었다. 우리의 이해 속에서, 고프먼적 의미에서의 공적인 것은 아렌트의 공적인 것에 대한 모델로 활용되었다. 이데올로기적인 것으로부터 비이데올로기적인 것으로의 이와 같은 분리는 그런 행위의 참여자와 관찰자에게는 새로운 공적 질서를 대표했다.

그런 분리를 유지하는 일은 쉬운 문제가 아니었다. 그럼에도 사람들은 서로 만나고 함께 행동해, 사회적 상황에 대한 정의를 구축함으로써 자유를 방어하고 정의했다. 새로운 상호작용의 방식은 1968년 극장 공연에서 도입되었다. 동일한 방식으로, 그러나 좀 더 큰 규모로, 그단스크 조선소에서 발생한 1980년대의 파업은 공중의 변화된 관계를 상연함으로써 자유로운 공적 삶을 뒷받침했다. 1970년대에 걸쳐 폴란드에서 민주주의를 요구하는 저항운동이 발전하고 있을 때, 운동에 참여한 사람들이 자신의 이름과 주소를 불법 출판물에 게재한 행위는 그런 저항운동을 정의하는 데 핵심적이었다. 이 운동과 가장 밀접하게 관계되어 있던 지도자에 따르면, "그들은 마치 자신들이 자유로운 사회에 살고 있는 것처럼 행동했고" 그 결과 자유로운 사회가 생겨났다. 그들은 스스로를 다른 사람들에게 독립적인 시민으로 표현했고 그 과정에서 독립적인 공중을 창조했다.[11]

새로운 사회적 질서는 아렌트와 고프먼의 의미에서 공적인 것이었다. 변화의 중심에는 대규모 사회운동이었던 솔리다르노시치가 있었고, 또 그 중심 무대에는 레흐 바웬사Lech Walesa라는 영웅이 있었다(이는 바웬사가 노벨평화상을 수상함으로써 인정받았다). 그러나 그가 이 운동에서 중추적인 역할을 했던 사람들 가운데 한 명이기는 했지만, 그의 영웅적 행동은 그간 혼히 간과되어 왔던 일상의 실천에 기반을 두고 있었다. 이런 일상의 실천에는 프레이밍의 정치와 상황에 대한 정의가 관련되어 있었고, 그런 상황 정의는 아렌트가 "혁명 전통의 잃어버린 보물"이라고 불렀던 것이었다.

진리의 등장

옛 소비에트 블록의 정권들은 상황에 대한 이데올로기적 정의를 유지하고자 했다. 그들은 공식적인 진리를 제시하고 사람들이 그런 진리의 명령에 따르는 것처럼 보일 것을 요구하면서 지식과 권력을 융합했다. 1968년 이래로 지속된 민주화 운동은 대안적인 외양을 제시함으로써 강제적으로 부과된 관계에 도전했다. 하벨은 채소 장수가 "만국의 노동자여 단결하라"와 같은 푯말의 의미를 믿지 않았다면 어떤 일이 벌어질지에 대해서 궁금해하지 않았다. 그것은 중요하지 않은 문제였다. 관건은 사람들이 자신을 공식적인 각본의 충성스런 주체로 보이도록 할 것인지의 여부였다. 폴란드에서 1968년 사건은 공식적인 진리를 둘러싼 게임에서 시작했지만, 공식적인 진리와 이데올로기적으로 정당화된 행위를 넘어서는 방향으로 나아갔다. 그 사건 이후 폴란드에서의 일상적 삶에 대한 세 스냅사진들은 공식적인 진리와 이데올로기적으로 정당화된 행위를 넘어서 나아가는 행위들이 어떻게 일상적인 사회적 생활의 일부가 되었는가를 보여 주었다.

　하벨이 "진리 속의 삶"에 대해 서술했을 때, 그는 영웅적인 전투 속에서 권력에 진리를 말하라고 충고하는 순진한 낭만주의자가 아니었다. 그가 강조했던 진리는 좀 더 현실적이고 평범한 것이었다. 그 진리는 채소 장수와 양조자가 자신들의 일상에 존재하는 사실적인 진리에 기반을 두고 행위하는 것, 즉 과일과 채소를 팔고 맥주를 제조하는 현실로부터 정치의 해석을 분리하는 것이었다. 채소 장수와 양조자는 행위의 프레임을 바꾸고 공식적인 진리와 거리를 두는 것을 통해 현실로부터 정치의 해석을 분리했다. 그들은 공산주의 정권의 이데올로기에 반공주의로 맞서지 않았다. 그들은 이데올로기를 포함하지 않는 하나의 프레임 내에서 상호작용함으로써 공산주의 정권의 이데올로기에 대항했다. 그들은 자신들의 직무에 충실한 방식으로 상호작용했다.

우리가 살펴보았던 것처럼, 공식적인 이데올로기로부터의 거리 두기는 면대면 상호작용의 표현적 기술들을 사용해 극장에서 그리고 1968년을 기점으로 다양한 공간들 속에서 지속적으로 성취되었다. 이런 기술들은 19세기의 반러시아적 연극을 사회주의의 총체적인 질서에 대한 주요한 도전으로 전환시켰다. 그것들은 구질서의 식탁을 자유로운 공적 공간으로 만들었다. 그것들은 많은 사적 공간인 아파트를 독립적인 책방으로 전환시켰고, 몇몇 아파트들을 중심적인 공적 포럼으로 전환시켰다.

이런 각각의 무대에서, 진리와 정치 사이의 복잡한 관계가 표현을 통해 제시되었다. 연극, 개인적 관계, 시낭송회 등에서 진리가 표현되었지만, 반공식적인 해석이 공식적인 이데올로기의 해석에 도전한 것은 아니었다. 대신에 대안적인 정치적 입장들에 대한 개방성, 대안적인 해석들에 대한 일관된 헌신이 저항의 정치를 특징지었다. 그런 개방성의 표현, 다른 사람들 앞에서의 출현, 함께 만나고 행위하는 능력이 1989년의 변화를 가져오게 될 상호작용적 요인들이었다. 이런 것들이 바로 주요한 지정학적 전환을 구성했던 작은 것들이다.

THE

POLITICS

OF

SMALL

THINGS

| 3장 |

1989년

상황에 대한 새로운 정의

사회주의, 곧 소비에트 블록 사회주의 붕괴의 사회·문화·정치적 함의는 이론가들에 의해 아직까지도 충분히 해명되지 못했다. 1989년의 의미와 관련해, 우리는 일반적으로 다음과 같은 커다란 지정학적 쟁점들에 대해 생각한다. 제국의 붕괴, 자본주의의 승리, 이데올로기의 종언, (이데올로기 일반의 종언이 아니더라도) 역사의 종언, 민주주의의 국제적 확산, 시민사회의 승리 등등. 이 모두 중요한 문제들이고, 우리의 주요 관심사이며, 1989년이라는 중요한 사건의 귀결을 둘러싼 쟁점이기도 하다. 우리는 소비에트 블록의 붕괴가 어떻게 우리의 지정학적 풍경을 변화시켜 왔는지를 고민한다. 그리고 오늘날 우리가 자본주의에 대한 체계적인 대안에 대해 생각하는 것이 과연 유의미한 것인지 궁금해 한다(우리가 대안적인 길의 필요성을 인정할 때조차 그러하다). 우리는 민주주의로의 다양한 이행 양식을 연구하고 이에 적합한 민주적 헌법, 제도적 디자인 등에 대해 검토한다. 우리는 자발적인 결사, 사회운동, 그리고 자유로운 공적 삶이 이런 이행의 가능성을 어떻게 열어 놓았고, 어떻게 그런 가능성이 결사, 사회운동, 자유로운 공적 삶을 계속해서 지원하는가를 평가한다.

그러나 최근에 이루어진 전 지구적 변화의 이론적 함의는 이런 거대 규모의 전환과 지정학적 도전을 넘어선다. 정치 문화의 혁신은 바로 이와 같은 사회적 상호작용의 미시 구조들 속에서 점차 명확해지고 있는데, 이는 이와 같은 상호작용이 그들의 상호작용적 맥락에서 공적 공간을 구성함에 따라 그러하다. 우리가 살펴본 것처럼 이것의 토대는 1968년에 시작되었다. 그것은 1989년에 새로운 민주적 구조들을 뒷받침하기 시작했다. 이 장에서는 그와 같은 뒷받침이 어떻게 작동했는가를 검토한다.

상황에 대한 정의

1989년이라는 극적인 순간에 상황을 새롭게 정의하려는 역동적인 움직임이 눈에 띄게 분명해졌다. 1989년 12월 17일 루마니아 니콜라에 차우셰스쿠Nicolae Ceausescu 정권의 보안 부대는 티미쇼아라 시에서 시위대를 공격했다.[1] 그곳에서 라슬로 퇴케시László Tőkés라는 헝가리계 사제의 교구민들은 그의 체포를 막으려 했고, 수많은 학생들을 포함해, 루마니아인 이웃들 역시 그의 체포에 맞서 시위를 벌이고 있었다. 경찰은, 억압적 정권에서 전형적으로 나타나듯, 군중에 발포했고 이는 대량 학살로 이어졌다. 이런 사건들에도 불구하고, 차우셰스쿠는 소비에트 블록 전체에서 일어나고 있었던 근본적인 변화가 자신의 권좌에 영향을 미치지는 않을 것이라고 확신하며 이란을 방문했다. 당시만 해도, 차우셰스쿠라는 공산주의 독재자를 에워싸고 있었던 집단과 일반 대중들 모두 구질서가 이런 사건들에 의해 위협받을 것이라고는 상상하지 못했다. 1989년 이전에도 루마니아에서는 사회적인 저항, 특히 파업이 있었지만, 효과적으로 억압되었다. 오늘날의 관점에서 보면 이미 당시에 지정학적 상황이 변하고 있었고, 과거의 억압적 관행을 통해 체제를 유지하는 것은, 체코슬로바키아, 폴란드, 동독 및 다른 장소에서와 마찬가지로, 루마니아에서도 불가능했다. 하지만 당시만 하더라도 사태가 어떻게 전개될 것인지는 불분명했다.

　우리의 문제는 그것이 어떻게 분명해졌는가를 이해하는 것이며, 이는 당시의 사람들이 상황을 어떻게 정의했는지를 이해하는 것이다. 이란에서 돌아온 차우세스쿠는 기존 질서를 지지하는 관제 시위를 기획했다. 그러나 예상과는 달리 낯선 광경이 벌어지기 시작했다. 이는 텔레비전으로 중개된 집회에서 분명해졌는데, 여기서 상황에 대한 정의가 변화하게 되었다. 독재자가 대규모 청중 앞에서 연설을 시작하자, 처음에는 뒤편에서, 그리고 나중에는 여기저기에서 사람들이 야유를 보내기 시작했다. 친정부 구호가 정부를 조롱하는 구호로 빠르게 바뀌었다. 차우세스쿠는 이런 무질서한 상황에서 황급히 빠져나가야 했다. 공개적인 반란이 일어났고 억압적인 수단을 통해 이를 더는 막을 수 없었다. 군중 속에서 사람들이 서로 상호작용함에 따라, 정권의 정당성을 위해 동원된 시위대는 거꾸로 정권에 대한 지지를 빠른 속도로 철회하기 시작했다. 독재자의 권위가 사람들의 눈앞에서 가시적으로 사라졌던 것이다.

　며칠 후, 억압적 힘들 사이에서 전쟁이 벌어졌다. 루마니아 비밀경찰 세쿠리타테Securitate는 차우세스쿠 정권을 지지하며, 한때 차우세스쿠의 동지였다 축출된 전직 공산당 간부들로 구성된 새로운 권위체[지도부_옮긴이] 및 그들과 연결되어 있었던 군부와 전투를 벌였다. 새로운 권위체의 실제 정체와 그들이 이끌었던 전환의 의미에 대해서는 이후에 많은 의혹이 제기되었다. 다만, 우리의 목적상, 핵심적인 것은 그런 변화가 대중 동원을 통해 뒷받침되었다는 점이다. 이것은 새롭게 공유된 상황을 정의했고 그런 상황 정의에 의해 강화되었다. 차우세스쿠 정권은 종말을 맞이하는 것처럼 보였고, 근본적인 정치적 변화가 가능한 것처럼 보였다. 그 이전까지만 해도 서로 공개적으로 말하지 못했던 사람들이 이제 공개적으로 이야기를 나누게 되었고, 전적으로 새로운 방식으로 함께 행동에 나섰다. 비록 당시에는 혁명적인 변화로 인식되었던 것이 오늘날의 관점에서 보면 과거의 공산주의적 질서의 많은 부분을 보존하려는 시도로 보일 수도 있지만, 그와 같은 변화를 길거리의 사람들에 의한 혁명으로 정의하는 것은 중요한 의미가 있다. 궁극적으로, 이런 정의가 그 자체의 추진력을 가지고 있었다.

내 주장을 좀 더 분명히 하고 싶다. 내가 말하고 있는 것은, 정권에 '아니오'라고 말하는 것이 언제나 가능했다는 것이 아니다. 전체주의적 독재자를 정당화하는 행사가 대중 봉기로 전환되도록 한 상황 외적인 요인들이 없었다고 주장하는 것도 아니다. 내가 주장하고자 하는 것은 구조적 조건들이 변화를 이끌기 위해서는, 상황을 정의하는 데 있어서 나타난 변화가 공유되고 공개되며, 그런 공유된 변화에 입각해 행위가 이루어져야만 한다는 것이다. 정권의 통제에 맞서 일제히 행동하고 상호작용하는 대규모의 사람들이 전환적인 정치적 권력을 구성했다.

이와 같은 일들이 일어나고 있었다는 것은 텔레비전을 통해 이들의 행위와 상호작용이 방송됨으로써 더욱 분명해졌다. 루마니아의 봉기에서 방송국이 중심 무대로 즉각 주목을 끌게 되었다.[2] 새로운 권력자들과 구질서의 방어자들 사이의 가장 격렬한 전투는 텔레비전 방송국 주변에서 벌어졌다. 거리에서 이루어진 상호작용 속에서 구질서의 종언이 정의되었지만, 그런 상호작용은 텔레비전 방송을 통해 전국으로 확대되었고 그 결과 변화는 현실적인 것이 되었다.

그러나 이런 변화에는 중요한 한계가 존재했는데, 이 점은 변화의 절정, 즉 차우셰스쿠와 그의 부인 엘레나의 재판과 처형 과정에서 가장 분명하고도 악명 높게 드러났다. 12월 26일에 간략한 성명이 있었다. "특별 군사 법정"이 차우셰스쿠와 그의 부인을 재판했다. 몇 시간 뒤에(새벽 1시 30분), 텔레비전은 첫 번째 재판 화면을 방영했고 판결을 발표했다. "사형이 선고되었고 집행되었다." 판결은 그 당시에 익명의 집행부였던 '구국전선평의회'Council of National Salvation의 이름으로 선언되었다. 하루 종일, 재판과 처형된 지도자의 신체가 텔레비전에서 반복적으로 방영되었다. 새로운 정치적 상황은 이런 보도를 통해 정의되고 있었지만, 무엇이 그런 상황을 형성했는지는 매우 불명확했다.

1989년 초에 폴란드, 헝가리, 체코슬로바키아에서 나타난 중요한 변화와 비교해 볼 때, 루마니아에서 전개되었던 변화의 방식은 불안정한 것이었다. 상황을 새롭게 정의하는 데 공헌한 상호작용은 민주주의에 대한 긍정이라기보다는 권위주의에 대한 부정으로 표현되었다. 대규모 집회에서의 야유는 단순한 거부를 표현했다. 비록 정치적 판단의 근거들이 명확히 표명되지 않았고, 따라서 불명확했지만, '아니오'라는 반대는 독재자를 향해 있었다. [민주주의에 대한_옮긴이] 분명한 긍정에 입각해 표현된 판단 없이 [독재자에 대한 단순한 거부만으로는_옮긴이] 하벨적 의미에서의 진리 속의 삶은 존재할 수 없었다. 거짓말의 반대가 반드시 진리인 것은 아니다. 독재에 대한 반대가 반드시 민주주의를 가져오는 것도 아니다. 진리 레짐으로부터의 푸코적인 분리가 아렌트적인 의미에서의 정치로부터 진리의 거리 두기를 필연적으로 의미하는 것은 아니다. 이런 간단한 명제는 루마니아에서 벌어진 이후의 과정에서 극적으로 드러났다.

우리는 왜 루마니아에서는 사태가 그처럼 거칠게 진행되었는지에 대한 다양한 구조적 설명을 참조할 수 있다. 독재는 특히나 억압적이었고, 경제 역시 매우 낙후되어 있었으며, 저항 세력 중에도 수상쩍은 사람들이 많았다. 대중 시위자들 사이의 상호작용 속에서, 이런 구조적 요인들은 상황을 정의하는 데 있어서 한계로 작용했다. 그들은 오직 근대적 전제정치, 즉 전체주의의 폭력적인 형태에 대한 저항을 분명하게 표현하고 보여 줄 수 있을 뿐이었다. 그들은 일관되고 차별화된 방식으로 민주주의적 목표에 이바지할 수 있도록 정치의 힘을 결집시킬 수 없었다.

이는 1989년 겨울 루마니아에서 일어난 사건의 중요성을 과소평가하는 것이 아니다. 나는 여기서 분명하지만 간과된 무언가를 지적하고 있다. 이론적으로 나는 고프먼의 상호작용적 사회학의 통찰을 아렌트의 정치 이론과 종합할 필요가 있다는 점을 강조하고 있다. 그런 종합은 체코슬로바키아, 폴란드, 루마니아의 정치적 경험 속에서 1989년의 몇 가지 특수한 유산들을 조명하는 데, 특히 그런 유산들은 일련의 서로 다른 환경들 속에서 드러난다.

권력과 자유에 대한 사회적 정의: 체코슬로바키아와 폴란드

루마니아에서 나타난 전환의 경로는 분명 체코슬로바키아나 폴란드에서 나타난 전환의 경로와 달랐다. 하지만 왜 달랐을까? 전환의 순간에 어떤 일들이 일어났을까? 이 질문에 답하기 위해서는 이 국가들에서 상황이 새롭게 정의되었던 방식을 면밀히 검토할 필요가 있다. 체코슬로바키아와 폴란드에서, 상황에 대한 정의는 전체주의에 대한 단순한 부정 이상으로 이루어졌다. 거기에는 현저하게 다른 목소리들을 내고 있으며 상황을 매우 다르게 정의하는 사람들이 있었고, 이런 목소리들과 상황 정의의 힘은 역사성을 지니고 있었다. 이 국가들에서는 루마니아에서 현저하게 부족했던, 상호작용적으로 구성된 대안적인 공중이 있었다. 그곳에서 상황 정의는 공유되고 지속된 문화적·정치적·사회적 경험에 기반을 두고 있었다.

• • •

체코슬로바키아에서 1989년의 변화를 이끈 사건들은 매우 빠르고 극적으로 발생했지만, 그런 사건들에는 사회적 배경이 있었다.[3] 77 헌장Charter 77 운동과 부당하게 억압받는 사람들을 변호하는 위원회VONS; Committee for the Defense of the Unjustly Persecuted는 10년 이상 정치적 삶의 주변부에서 저항 세미나를 진행했고, 활발한 정치적 논쟁, 그리고 이론적 논의를 조율하면서 대안을 유지했다. 또한 가톨릭교회에 기반을 둔 중요한 사회적 동원이 있었다. 이 운동은 15만 명의 체크인과 슬로바크인에 의해 성 메토디오Saint Methodius 의 선종 1,100주년인 1985년에 시작되어, 공식적으로 인가된 정치 질서와 거리를 둔 채 발전하고 있었다. 77 헌장과 본스VONS의 저항 활동을 통해 정권이 부과한 질서에 대한 정교한 대안들이 논의되었다. 가톨릭 운동을 통해 상당수의 주민들이 정권이 부과한 것과는 다른 공적인 삶을 경험했다. 그러나 하벨, 리타 클리모바Rita Klimova, 얀 차르노구르스키Jan Carnogursky, 페트르 피트하르트Petr Pithart, 파벨 브라틴카Pavel Bratinka와 같은 인사들의 저항 활동은 일반인과 격리되어 있었고, 가톨릭 운동은 궁극적으로는 소규모 신앙 그룹의 관심들에만 초점을 맞추고 있었다(적어도 몇몇은 폴란드에서의 사례이기도 하다).

그러나 1989년에 이르러 이런 공적 참여는 고립적이고 분절적인 상황에서 벗어나게 된다. 학생들은 스스로를 조직하기 시작했다. 토론 그룹은 공식적인 것과 저항적인 것 사이의 경계에서 활동했고, 사미즈다트samizdat •

● 구소비에트 블록에서 광범위하게 벌어졌던 반정부 활동 가운데 하나로, 개인들이 출판이 금지된 서적이나 유인물을 만들어 동료에게 전달하고 그것을 읽은 동료는 다른 동료에게 전달하는 활동을 의미했다.

의 확산은 이전에 존재하던 질서에 직접적으로 도전하기 위한 기반을 준비했다. 11월 17일 나치에 의해 살해되었던 체코 학생인 얀 오프레탈Jan Opletal•의 순교 50주년을 기념하여, 공식적으로 지원을 받았던 청년 조직에 의해 조직되었던 시위는 반정권 시위로 전환되었다.

예상보다 훨씬 많은 사람들이 묘지에서 열린 기념식에 참여했고, 그 기념식은 당시의 공산주의 질서에 대항하는 시위로 바뀌었다. 그 집회에 참여했던 사람들은 묘지를 벗어나, 1918년, 1948년, 1968년과 마찬가지로 20세기 체코슬로바키아 정치사에서 위대한 순간들이 펼쳐졌던 무대인 바츨라프 광장을 향해 행진했다. 그들은 자유와 변화를 요구했고, 경찰의 폭력적인 억압에 직면하게 되었다. 곧이어 파업이 발생했고, 이 파업은 카렐대학교의 학생들로부터 전국의 학생들, 극장에서의 배우와 관객, 저항 서클, 그리고 궁극적으로는 산업 노동자들에게까지 빠르게 확산되었다. 3일 후에, 체코 사회의 다양한 요소들이 함께 모여 시민 포럼Civic Forum을 형성하게 되었다. 여기에는 시위에 참여했던 학생들과 배우들, 77 헌장의 회원들, 본스, 시민적 자유를 위한 운동Movement for Civic Freedoms, 부활Rebirth(제명된 공산주의자들의 클럽), 정권의 꼭두각시 정당들로부터 온 인사들이 개인 자격으로 참여하고 있었다. 그들이 서로 상황을 정의하는 방식 — 격렬한 토론과 공동 행동에 대한 합의를 통해 — 과 그들이 정권과 상호작용했던 방식이 체코슬로바키아에서 전환적 사건들의 경로를 형성했다.

• 프라하의 카렐대학교의 의학과 학생이었다. 체코슬로바키아가 독일에 점령당했을 때인 1939년에 반나치 시위에 참여했다가 독일군의 발포에 의해 총상을 입고 며칠 뒤 사망했다. 그의 장례식인 11월 15일에는 또 다른 반나치 시위가 있었으며, 이 일로 인하여 체코슬로바키아의 모든 대학에 휴교령이 떨어지기도 했다. 체코의 많은 도시에서 그를 추모하여 그의 이름을 딴 거리를 볼 수 있다. 그의 장례식과 또 다른 반나치 시위를 기념하여 국제학생연맹은 11월 17일을 국제 학생의 날로 제정하기도 했다.

시민 포럼의 형성 및 당-국가와 시민 포럼 사이에서 이루어진 협상 과정에 대한 분석에서 더 나아가, 우리는 무엇이 상황을 정의했는지, 그런 상황 정의가 체코슬로바키아와 루마니아의 전환적 상황에서 어떻게 다르게 나타났는지에 관해 좀 더 특별한 관심을 기울여야 한다. 비록 오랜 기간 동안, 체코슬로바키아와 루마니아 정권은 폴란드와 헝가리 정권에 비해 더욱 억압적이었지만, 1989년에는 체코슬로바키아와 루마니아에서 다른 일이 벌어졌다. 정권의 대응 방식에서도 차이가 있었지만, 좀 더 중요한 차이는 저항 세력들이 상황을 어떻게 정의했느냐에 있었다. 루마니아에서 최초의 대규모 대중 동원은 [차우셰스쿠 정권을 향해_옮긴이] '아니오'를 외칠 수 있었지만, [시위대에 뿌려진_옮긴이] 연설문의 주체는 비밀스러웠고 불분명했으며, 궁극적으로 그 연설문은 폭력적이었다. 체코슬로바키아에서 '아니오'는 다양한 행위자들, 즉 공산주의자들, 반공산주의자들, 인간의 얼굴을 한 사회주의에 대한 꿈을 여전히 간직하고 있었던 사람들뿐만 아니라 모든 이념에 반대했던 사람들, 젊은 학생들 그리고 노련한 저항운동 지도자들 등으로 구성된 시민 포럼에 의해 분명하게 표명되었다. 민주주의의 영웅으로 널리 인정을 받았던 뛰어난 정치가 하벨의 지도력은 이런 모든 집단들을 응집시켰다. 그의 지도력 아래에서, 자유로운 상호작용적 공중이 형성되었다.

저항 세력들이 논쟁을 벌이고 저항의 정치가 형성되었던 프라하 극장인 매직 렌턴Magic Lantern에는 해학과 낭만이 있었다. 핵심적인 저항 활동가들은 공산주의 지배 기간 동안 매우 다양한 방식으로 활동했고, 공산주의 지배가 끝난 이후에도 그런 차이는 유지되었다. 그러나 그들은 각자의 정체성을 상실하지 않은 채, 정권과의 협상에서 공동으로 행위할 수 있었다. 그들은 당시의 상황을 민주적 전환의 상황으로 정의했고, 그들 간의 상호작용이 프라하 거리와 전국에 걸쳐 반복적으로 일어남에 따라, 그런 전환은 결국 민주적인 것이 되었다.

하벨은 자신이 이끌었던 민주적 사건들을 이해하는 데 길잡이가 될 수 있는 고전적인 텍스트를 제공했다. 우리가 2장에서 살펴본 것처럼, "힘없는 사람들의 권력"에서 그는 가게 창문에 만국의 노동자여 단결하라는 푯말을 내걸지 않은 채소 장수의 이야기를 들려준다.[4] 하벨은 가게 주인에게 그 푯말 자체의 의미는 중요하지 않았지만, 그것을 내걸지 않았을 때 그에게 일어날 수 있는 엄청난 일들에 관해 독자와 함께 검토한다. 그는 직장을 잃을 뿐만 아니라, 그의 가족도 고통을 겪을 것이었다. 그는 친구를 잃을 것이고, 부인과 결별할지도 모를 일이었다. 그러나 하벨은 만일 가게 주인이 주변의 다른 사람들과 함께, "진리 속에서 살게" 된다면 어떤 일이 벌어질 것인지에 대해서도 고찰했다. 그는 그들의 세계가 전환될 것이라고 추론했다. 전체주의는 종언을 고했을 것이다. 1989년에, 삶이 이론적 추론을 따라갔다. 진리 속에서 살고 있던 사람들의 네트워크, 혹은 고프먼의 용어로는, 전환적인 사회적 상황을 정의했던 사람들의 네트워크가 전체주의에 대한 민주적 대안을 정치적으로 만들어 냈다. 진리 속에서 살아가는 것을 경험했던 사람들과 좀 더 신중하게 처신했던 사람들에 의해 확립된 이런 새로운 상황 정의의 네트워크들은 대안적인 전환의 수단에 대해 공개적으로 논쟁할 수 있는 역량이 체코슬로바키아에 있었다는 것을 의미했다. 루마니아에서 이런 역량은 나중에야 발전했다.

반면, 체코슬로바키아에서 자유로운 정치의 경험은 폴란드에 비해 제한적이었다. 1968년의 저항 및 프라하의 봄에 대한 억압 이후 하벨과 같은 반체제 인사들은 물론이고 자유주의적 공산주의자들 역시 체계적인 억압에 직면하게 되었다. 당 국가는 성공적으로 사회를 원자화했다. 역사적으로 중요했던 반체제 인사들의 세계는 일반 시민들에게는 보이지 않게 되었다. 이것이 폴란드에서의 상황과 현저하게 다른 점이었다.

● ● ●

폴란드에서의 변화는 오랜 기간에 걸쳐 발전했고 제도화되었다. 저항 지식인들은 매우 정교한 대안적 문화 체계를 발전시켰고, 다수의 사람들이 솔리다르노시치와 연결되어 있었다. 사람들은 오래전부터 소비에트 전체주의에 대놓고 '아니오'라고 표현해 왔다. 그것은 1956년 1968년 1970년, 1976년, 1980년대를 통해 표명되었다. 그러나 여기에는 단순한 부정 이상의 의미가 담겨 있었다. 폴란드에서도 체코슬로바키아에서와 마찬가지로 대안적인 입장들이 제시되었지만, 이런 대안들은 좀 더 긴 역사적 배경을 가지고 있었고, 체계적이며 의도적으로 발전되었다. 루마니아에서의 상황 정의는 단일했다. 체코슬로바키아에서 상황에 대한 정의는 다양했지만, 많은 경우 즉흥적이었다. 폴란드에서 상호작용적 공중은 [특정_옮긴이] 공간에서 상황적으로 존재했을 뿐만 아니라 역사적으로도 오랫동안 존재했다.

아담 미흐닉은 1970년대 후반에 저항 활동이 초점을 맞추어야 할 과제를 훌륭하게 정식화했다. 즉, 그것은 마치 자유로운 사회에 살고 있는 것처럼 행위하는 것이었다.[5] 미흐닉은 만일 사람들이 자유로운 사회에서 살고 있는 것처럼 행위한다면 그 과정을 통해 그들은 자유로운 공적 공간을 구성할 것이라고 생각했다. 미흐닉은 우리가 1장에서 살펴보았던 가족과 친구의 사적 공간에서 발전하고 있었던 것의 이론적 함의를 이끌어 냈던 것이다. 이런 전략은 우리가 2장에서 살펴보았듯이 상대적으로 규모가 작은 저항 지식인 서클로부터 솔리다르노시치라는 광범위한 사회적 운동으로 퍼져 나갔다.

이런 저항 전략이, 부정을 넘어서는, 거대한 잠재력을 가지고 있다는 점은 교황 요한 바오로 2세의 첫 폴란드 방문에 맞춰 발생한 사회적 동원 과정에서도 드러났다. 폴란드 출신 교황과 함께 영성식에 참여했던 사람들은 자신들을 공산당 당국과는 다른 [신념을 가진_옮긴이] 존재로 간주했다. 그들은 스스로 [자신들의 신념에 따라_옮긴이] 위엄 있게 행동했고, 정권은 이들을 막을 수 없다는 점을 받아들여야만 했다. 몇몇은 이 속에서 [공산주의 폴란드가 아닌_옮긴이] 진정한 가톨릭 폴란드를 보았다. 다른 사람들은, 그 내용은 덜 구체적이긴 했지만, 당 국가와는 독립적인, 즉 자율적으로 조직된 사회를 보았다. 상황 정의는 다양했지만, 공통적으로 그것은 자유라는 특징을 띠고 있었다.

폴란드는 관료제와의 지난한 투쟁의 역사를 갖고 있었다. 또한 오랜 기간에 걸쳐 소비에트가 부과한 질서에 저항해 왔다. 이런 역사들이 폴란드의 정치적 풍경을 형성했다. 제2차 세계대전 직후, 폴란드식 스탈린주의의 공고화를 거쳐, 1956년의 폴란드 10월 혁명, 1968년 3월의 사건들과 1970년, 1976년, 1980년 12월의 파업을 통한 솔리다르노시치 투쟁에 이르기까지 폴란드에서는 다양한 정치적 성향들과 집단이 형성되었다. 이런 상황으로 말미암아, 한동안 당-국가와의 전투에서 솔리다르노시치가 모든 저항 세력의 구심점 역할을 하기는 했지만, 공통의 적이 사라진 이후에 저항 세력들은 빠르게 분열되었다. 자유로운 사회에 살고 있는 것처럼 행동하는 것이 중요한 공적 사건들 속에서 극적으로 그리고 상징적으로 자유를 만들어 냈다. 교황의 방문, 전국적인 파업, 공산주의자들과 자유 노조 간의 협정, 독립적인 노동자 운동의 공개적인 활동, 그리고 전체주의적 정권을 종식시킨 상대적으로 자유로운 첫 선거 등은 가장 가시적인 사건들이었다. 조금은 덜 가시적인 행위들도 있었다. 지하신문, 잡지, 책의 출간, 불법 세미나의 개최, 노동조합의 결성 그리고 그 절정에는 원탁 협상을 통한 민주주의 이행 프로젝트 시행 등이 그것들이다. 원탁 협상은 민주화 이전에도 있었던 정치적 형태였고, 상황에 대한 새로운 정의가 출현하는 데 있어서도 핵심적인 것이었다.[6] 그러나 폴란드의 전환기에 원탁 협상이 수행한 특별한 역할에 주목할 필요가 있다. 이런 원탁 협상을 통해 폴란드에서는 선거를 통해 근본적인 정치적 전환을 민주적으로 선택할 수 있는 조건이 확립되었는데, 이는 일반 공중이 자유로운 공중이 될 수 있도록 했다. 자유로운 사회에 사는 것처럼 행위하는 것이 실제로 그런 사회를 가져왔고, 그런 사회는 더 이상 주변에만 머물러 있지 않게 되었다.

이것은 자유로운 정치의 또 다른 구성 요소들을 가리킨다. 루마니아의 사례는 [정권에 대한 단순한_옮긴이] 부정이 가진 힘과 그 한계를 드러낸다. 체코의 사례는 진리 속에서의 삶에서 나타나는 행위들의 연계를 통해, 전체주의적인 정권에 맞서고 그것에 승리하는 데 이르기까지, 그런 행위들이 어떻게 함께 모여 자기 성찰적이고 전략적으로 유능한 권력을 형성할 수 있었는지를 보여 준다. 폴란드에서, 우리는 자유의 원리에 기반을 두고 협력적으로 조직된 행위들이 어떻게 자유로운 공중을 구성했는지를 목격하는데, 이런 자유로운 공중은 [민주주의의_옮긴이] 신속한 제도화를 가능케 했다.

자유로운 공적 활동들

이 장에서 나의 과제는, 민주주의로 이행한 국가들을 부적절하게 비교하는 것이 아니라, 상호작용적으로 구성된 작은 것들의 정치가 서로 다른 배경을 가진 세 국가의 탈공산화 과정에 어떤 영향을 미쳤는가를 강조하는 것이다. 자유로운 정치적 행위를 위한 준비 작업이 루마니아나 체코슬로바키아를 비롯한 옛 소비에트 블록의 다른 어떤 곳보다 1989년 폴란드에서 더 잘 준비되어 있었다는 점은 분명하다. 하지만 또한 폴란드가 누릴 수 있었던 이와 같은 이점이 상대적으로 오래 지속되지 못했다는 점 역시 분명하다. 이는 후발 주자들이 누리는 이점과도 관련이 있다. 따라서 대체로 나머지 중동부 유럽에서의 첫 자유선거는 폴란드에서의 자유선거만큼이나 제한적이지 않았다. 나아가, 전체주의적 맥락에서 유지되었던 상대적으로 자유로운 공적 활동의 이득은 좀 더 자유주의적인 환경에서 손쉽게 달성될 수도 있다.

예를 들어, 폴란드에서 이루어진 저항적인 자유 언론의 발전을 현재 러시아에서의 그것과 비교해 보자. 오늘날 러시아의 언론이 매우 심각한 외압에 직면해 있다는 사실에도 불구하고, 그것은 공산주의 체제에서 동유럽에 존재했던 언론에 비해서는 여전히 좀 더 자유롭다. 폴란드에서는 공산주의 시기에 상대적으로 발전된 시민사회를 가지고 있었는데, 이는 탈공산화 초기에 이점으로 작용했다. 이는 특히 급진적인 경제 개혁 프로그램의 성공에 핵심적이었다. 공중들 사이에서 새로운 정권은 정통성을 갖고 있었으며, 새로운 정권은 이를 성공적으로 활용했다. 그러나 이와 같은 이야기는 이미 잘 알려져 있고, 내 생각에는 이행의 전략 및 경제, 국가, 시민사회의 상대적 중요성을 둘러싼 잘못된 논쟁을 유도한다.[7]

그 대신 내가 전체주의에 대한 민주주의적 대안을 구성하려는 투쟁을 개괄함으로써 달성하고자 하는 목표는 작은 것들의 정치가 지닌 상호작용적 차원을 가늠해 보는 것이다. 즉, 상황에 대한 정치적 정의가 네트워크를 통해 어떻게 구성되는지를 살펴보는 것이다. 루마니아에서, 우리는 상황 정의의 역동성을 보았다. 체코슬로바키아에서, 우리는 서로 다르게 상황을 정의하려 했던 사람들이 어떻게 전체주의에 대항하는 민주적인 정의를 촉진했는가를 살펴보았다. 나는 민주주의로의 전환을 뒷받침하는 데 있어서 일시적인 국면 각각이 지닌 중요성을 강조하기 위해 폴란드의 경험을 살펴보았다. 오랜 세월에 걸친 정치적 행위의 경험은 자유로운 민주적 행위를 강화하고, 상황에 대한 정의에 깊이, 넓이, 그리고 다양성을 제공한다. 심지어 그런 경험은 [상황에 대한 새로운 정치적_옮긴이] 정의를 강화할 뿐만 아니라, 그것을 능동적으로 창조한다. 그런 상황 정의들은, 완전하게 구성된 자유로운 공적 영역을 창조하는 과정에서, 오랜 기간에 걸쳐 누적된 것이다.

거대한 전환에서의 작은 것들

부쿠레슈티, 프라하, 바르샤바의 거리에서, 사람들은 스스로 자유롭게 행위할 수 있는 공간을 구성했다. 그들의 행위에 핵심적인 것이 바로 내가 여기서 작은 것들의 정치라고 부르는 것이다. 그러나 그들이 자유롭게 행위할 수 있는 능력을 제약하는 조건은 서로 달랐고, 자유로운 행동의 결과 역시 달랐다. 그런 차이는 정치 문화에 대한 푸코의 입장에 비해 아렌트의 입장이 이론적 장점을 가지고 있다는 점을 분명히 한다. 세 도시의 거리에서, 이전에 존재했던 사회주의의 진리 레짐과 행위는 분리되었다. 이는 세 사례에서 공통적이었다. 그러나 진리와 정치를 연결하는 방식에는 차이가 있었다. 루마니아의 경우, 독재자와 그의 부인에 대한 재판이 분명히 보여주는 것처럼, 진리와 정치 사이의 관계는 여전히 매우 밀접하게 연결되어 있었다. 체코슬로바키아에서는 즉흥적인 다원성이 새로운 정치 세력을 해석으로부터 분리해 사실적인 것에 근거를 두도록 했다. 폴란드의 경우 상호작용적 공중은, 사실적인 진리를 추구했던 과거의 역사와 당시에 벌어지고 있던 사건들의 해석을 둘러싼 경쟁과 더불어 이미 제도화되어 있었다.

이것이 최종 분석에서 국가권력이나 경제가 아니라 시민사회가 최근의 중요한 변화에서 핵심이었다는 점을 증명하는가? 분명히 밝혀 둘 점은, 이것이 나의 주장은 아니라는 것이다. 내가 말하고 싶은 것은, 비록 명확하게 포착하기는 어렵지만, 작은 것들의 정치(흔히 시민사회의 중요성이라는 통념으로 요약되는)가 권력의 중요한 기반을 제공한다는 것이지 권력의 궁극적인 원천은 아니라는 점이다. 이런 좀 더 작은 주장은 우리가 현대사회에서 나타나고 있는 난점들을 이해하려면 염두에 두고 있어야 한다. 작은 것들의 정치는 경제와 국가권력만큼 명백한 권력의 원천은 아니지만, 권력이 형성되는 곳에는 언제나 존재한다. 작은 것들의 정치가 구성하는 사건들은 자살 폭탄과 군사적 행위만큼 텔레비전으로 방송되지는 않는다. 그러나 비록 잘 드러나지는 않지만, 작은 것들의 정치는 우리가 2001년 9월 11일 공격의 여파로 테러와의 전쟁에서 직면하고 있는 몇 가지 주요 문제들을 해명하는 데 도움이 된다. 작은 것들의 정치는 대체로 종종 인식되지 않는 방식으로 정치적 풍경을 넓힌다. 1989년에 발생한 전환에서 작은 것들의 정치가 지닌 중요성은, 테러가 힘없는 자들이 이용할 수 있는 유일한 전략이라는 관점이 거짓이고, 테러와의 전쟁이 반드시 혹은 우선적으로 무력을 수반해야만 한다고 상상하는 사람들이 그릇된 관점을 가지고 있음을 잘 보여 준다.

다음 장들에서, 나는 이런 주장들을 실증하려 할 것이다. 그러나 그 전에, 우리는 작은 것들의 정치의 관점에서 동유럽 사회주의권의 대전환 와중에 벌어졌던 사태를 제대로 인식할 필요가 있다. 나는 대전환이 1968년과 1989년 사이에 발생했다는 점을 제시해 왔고, 탈전체주의의 미시적 기원이라고 이름 붙일 수 있는 것을 강조해 왔다. 우리는 세 가지 핵심적인 요소들을 살펴보았다. "진리 속에서의 삶", 식탁의 확장, 공중의 형성 등이 그것이다.

"진리 속에서의 삶" | 1968년에 기존에 존재했던 사회주의 정치 문화 형성체와의 가장 근본적인 단절이 이루어진 곳은 "마르크스주의적 인본주의"와 "인간의 얼굴을 한 사회주의"가 시도되고 그것이 소비에트 탱크에 의해 좌절되었던 체코슬로바키아가 아니라 폴란드였다. 그곳에서 자유화는 실패했지만, 하벨의 표현하듯 진리 속에서의 삶이라는 관념에 기반을 두고 구축된 정치가 시작되었다. 핵심은 자유와 정의의 문제에 관심이 있었던 사람들이 자신들의 목적을 추구하는 과정에서 공식적인 언어를 더는 사용하지 않았다는 사실이다. 그들은 '만국의 노동자여 단결하라'라는 푯말을 창문에서 끌어내렸으며, 정권의 모호하고 기만적인 표현을 사용해 자신들의 주장을 정당화하지 않고 인본주의와 인간의 얼굴을 한 정치를 추구했다. 그들은 공산주의를 반공주의로 공격하는 방식으로 자신들의 정치적 원리를 추구하지 않았다. 그 대신 그들은 이데올로기적 담론(해석을 진리로 제시했던, 그리고 이를 사실로 대체하려 했던)으로부터 벗어나는 것을 통해 그렇게 했다.

식탁의 확장 | 우리가 살펴보았듯이, 사람들은 사회주의 정권의 요구로부터의 그와 같은 거리 두기를 통해 식탁 주위에 정상적이고 일상적인 삶을 구축했다. 사람들은 식탁이라는 일상의 삶에서 진솔하게 자신을 표현했을 뿐만 아니라, 좀 더 넓은 장소와 다른 맥락에서 식탁에서와 마찬가지의 활동을 가능케 했던 상호작용의 공간을 구성하려고 노력하기 시작했다. 루마니아에서와는 달리 폴란드와 체코슬로바키아에서는 대안적인 출

판물을 발행하고, 소규모의 세미나를 통해 금지된 사실과 해석을 논의했던 사람들의 연결망이 형성되었다. 내가 여기서 강조해 왔던 점은 그들이 무슨 일을 했느냐가 아니라, 그런 일을 할 수 있었던 장소를 구축하는 데 일조했던 행위의 중요성이다.

공중의 구성 | 우리가 1장에 제시된 스냅사진들을 검토하면서 살펴보았듯이, 대안적인 공중은 이런 실천으로부터 형성되었고, 커다란 정치적 중요성을 지니고 있었다. 체코슬로바키아와 같이 이런 공간이 작은 서클들로 제한되어 있는 곳에서조차, 체계적인 전환의 시기에 그것들은 평화롭고 분명한 변화를 야기하는 데 있어 핵심적인 역할을 수행했다. 그런 공적 공간의 부재는 루마니아에서 폭력과 변화의 불확실성을 낳았다. 그러나 그런 대안들이 좀 더 넓은 장소에서 오랜 시간에 걸쳐 발전해 왔던 곳에서, 그것들은 전환의 과정에서 주요한 역할을 수행했고, 민주주의의 공고화를 위한 자원이 되었다. 바로 폴란드의 사례였다.

사실, 폴란드에서의 공적 삶의 제도화된 네트워크와 체코슬로바키아에서의 좀 더 즉흥적인 네트워크를 구성했던 공중들은 그 어떤 [새로운_옮긴이] 대안적인 공중들이라기보다는, 사회주의 시기 때부터 줄곧 있었던 공중들이었다. 아렌트는 전체주의가 공적 삶을 파괴한다고 이야기했다. 그녀에 따르면 전체주의적 질서의 결정적인 특징은 공적 영역의 부재이다. 전체주의적 상상과 실천에는 사람들이 다른 사람들의 현존 속에서 평등하고 자유로운 행위자로서 말하고 행위하며, [전체주의 질서로부터_옮긴이] 독립적으로 서로 협력해 행위할 수 있는 장소를 구축하고, 아렌트적 의미의 정치권력을 창조할 수 있는 그 어떤 장소가 없었다. 그러나 사람들은 여전히 이런 역량을 지니고 있었고, 고프먼이 총체적인 제도의 숨겨진 삶이라고 불렀던 것을 창조할 수 있었다는 점이 식탁 주위에서 명백해졌다.

거대한 전환은 많은 면에서 그런 공적 능력의 확장에 의해 형성되었다.

새로운 세기를 향해

몇몇 사람들은, 앞서 언급했던 진리 속의 삶, 힘없는 사람들의 권력 그리고 작은 것들의 정치에 대한 이야기가 단지 20세기 후반에 벌어졌던 억압에 대한 저항에나 유효할 뿐인, 과거의 일이라고 주장할 수도 있을 것이다. 지난 수십 년 동안 공산주의에 대항해 민주주의로의 이행을 성취한 민주적 저항에는 무언가 특별한 것, 즉 역사적으로 특수한 상황에서의 특별한 발명이 있었다는 점은 분명하다. 나아가, 이 과정에서 주변부 작은 국가의 대통령이었던 하벨은 주요한 세계 지도자가 될 수 있었다. 그러나 그것이 우리의 시대와 어떻게 연결되어 있는지는 여전히 분명치 않다. 비록 내가 미국에서의 냉소주의와 민주주의 사회에서 지식인 문제들을 검토하면서 동유럽의 사회주의의 경험과 우리 시대가 서로 어떤 관계에 있는지를 설명할 수는 있었지만, 여전히 그때는 그때고, 지금은 지금이라는 인식 역시 광범위하게 퍼져 있다.[8] 우리는 지구화와 신자유주의, 테러와 반테러의 시대, 즉 새로운 군사적 위협에 직면한 절박한 시대에 살고 있다. 이런 상황에서 당면한 정치적 삶의 윤곽을 정의하기 위해 식탁 주변에 모이는 사람들의 이야기는 진기한 것처럼 보일 수 있다. 사실, 내가 하고자 했던 작업 역시 개인들의 삶의 경험과 비교역사사회학에서의 구체적인 연구를 서로 접맥시키는 것이었지, 어떤 정치적 경험이나 발명invention에 그것을 일반적으로 적용할 수 있는 가능성을 찾고자 한 것이 아니었다.

그러나 우리가 목격하고 있는 것은 지배적인 전 지구적 질서에 반대하는 급진적인 비판 세력이 테러로 눈을 돌리고 있고, 미국이라는 헤게모니적 힘이 자신에 동의하지 않는 모든 세력을 처벌하고, 미국과 함께하지 않는 상대방을 적으로 선언하면서 [테러에 대하여_옮긴이] 군사적으로 대응하고 있다는 점이다. 내가 보기에 이런 정치적 스펙트럼에서 간과되고 있는 것이 바로 작은 것들의 정치가 지닌 가치이다. 우리는 작은 것들의 정치가 1968년에 출현한 잠재적인 힘이었으며, 이 힘이 1989년의 기념비적 변화로 발전하고 그것에 공헌했다는 점을 논의했다. 이제 우리는 관심을 돌려 작은 것들의 정치가 새로운 세기의 거대한 도전에 대해 비판적 관점을 제공하고 문명의 충돌, 지하드jihad, 테러와의 전쟁, 지구화에 대항한 전투라는 극한 갈등에 대안을 제공한다는 점을 살펴볼 것이다. 우리가 살펴볼 것처럼, 작은 것들의 정치는 2001년 9월 11일의 사건에 대한 자세한 성찰로부터 출현할 수 있다. 그 대안들은 다음 장들에서 검토하게 될 것이다.

우리는 테러와의 전쟁에서 각기 다른 편에 속해 있는 핵심적인 행위자들이 20세기의 종언과 9·11을 어떻게 서로 다르게 설명하는지, 그리고 그들이 서로 다른 권력론이라는 측면에서 어떻게 서로 맞서고 있는지를 검토할 것이다. 2001년 9월 11일의 사건의 의미를 자세하게 검토함으로써, 우리는 테러리스트, 반테러리스트, 반-반테러리스트들이 받아들이는 거대한 이야기들narratives과 역사 이론들을 살펴보게 될 것이다. 전쟁, 거대한 이야기, 그리고 좀 더 제한된 인간 행위로 구성된, 20세기와 21세기 간의 가교를 검토함으로써, 우리는 좀 더 작은 이야기들과 행위들이 대안을 제시하는 방식을 검토할 것이다.

THE

POLITICS

OF

SMALL

THINGS

| 4장 |

2001년

갈등하는 이야기들

21세기는 뉴욕의 아름다운 가을 아침으로 시작했다. 9·11 이전까지, 프랑스혁명에서 제1차 세계대전에 이르는 19세기는 길게 보인 반면에, 러시아혁명에서 소비에트와 나치의 전체주의를 거쳐 공산주의의 붕괴에 이르는 20세기는 짧아 보였다. 그리고 탈냉전과 지구화의 시대인 21세기는 거창하게 시작했다.[1] 하지만 9·11 이후 21세기는 이내 초라해지는 것처럼 보였다. 또한 20세기는 이전처럼 짧아보이지 않게 되었고, 세계는 이제 전 지구적 테러의 위협과 그것에 대항한 투쟁에 의해 정의되었다.

2001년 9월 11일. 이 날 어떤 일이 있었는지 사람들은 잘 알고 있다. 지구화된 미디어를 통해 그 사건은 전 세계로 생중계되었다. 인도, 남아프리카, 이집트, 그리고 미국에 있던 사람들은 그 사건이 일어나는 것을 실시간으로 지켜보았다. 그러나 사실에 대한 해석은 논쟁적이다. 테러리스트의 공격과 그 행위를 어떻게 해석하느냐에 따라서, 그 사건의 결과 역시 달라질 수 있다. 이런 사실, 해석, 갈등, 그리고 이해의 [새로운_옮긴이] 배열은 역사적 상상력에서의 근본적인 변화를 나타낸다.

아직까지는 거리를 둔 [객관적인_옮긴이] 시각이 존재하지 않는다. 내가 이 책을 서술하는 동안에도, 이 사건이 전 지구적인 정치 질서에 어떤 변화를 가져왔는가는 여전히 불확실하다. 그러나 이미 몇몇 변화들은 분명해지고 있다. 즉, 구래의 냉전적 적대는 사장되었다. 카슈미르^{Kashmir}에서 가자^{Gaza}에 이르는 지역 갈등과 긴장은 지구화되었다. 세속화 테제는 매우 잘못된 것처럼 보인다. 종교가 민주적인 정치 행위이건, 대단히 반민주적 정치 행위이건, 정치 행위에 대한 길잡이로 떠오르고 있고, [테러리스트에 의한_옮긴이] 전체주의적 유혹의 신성화는 정치적 레퍼토리의 극명한 부분이 되었다.[2] 군사적 행위의 목적으로서 민간인을 표적으로 삼는 것은 [9·11 사건을 통해_옮긴이] 그 극단에 이르게 되었다. 오늘날 "부수적인 피해"는 테러의 명시적 목적이 되었다. "테러와의 전쟁"이 수사적으로 선언되었으며, 폭탄이 투하되고 군대가 투입되었다. 그러나 이런 행위는 여전히 혼돈에 둘러싸여 있다. 현재의 곤란한 상황을 야기한 것이 무엇인지, 어떻게 우리가 그것들을 극복할 수 있을지는 매우 불확실하다.

새로운 시대구분에 관해 생각해 보는 것이 도움이 될 수 있을 것이다. 새로운 세기가 어떻게 장기 20세기와 관계를 맺고 있는가? 서로 갈등하며 경합하는 다양한 세력들이 생각하는 권력론은 무엇인가? 새로운 전체주의적 유혹은 고전적인 전체주의 및 그 적들과 어떻게 연결되어 있는가? 여기에는 서로 경쟁하는 커다란 답들과 작지만 강력한 답들이 있다. 즉, 테러리스트와 반테러리스트 그리고 반-반테러리스트들이 제시하는 커다란 답뿐만 아니라, 좀 더 작은 [하지만 강력한_옮긴이] 관점과 대안들 역시 있다.

신성화된 전체주의적 열정: 테러리스트 이야기

9·11 공격 직후, 논쟁이 뒤따랐다. 테러와 이슬람 사이의 관계는 무엇인가? 여기에는 대부분의 비평가들이 공유하는 공식적인 입장이 있는데, 이는 조지 W. 부시^{George Walker Bush} 대통령이 워싱턴의 이슬람 센터에서 행한

연설에 잘 요약되어 있다. "무고한 사람들에 대한 이런 폭력 행위는 이슬람 신앙의 근본적인 교의를 위반한 것입니다. …… 테러의 얼굴은 이슬람의 참된 신앙이 아닙니다. 이것은 이슬람이 의미하는 바가 아닙니다. 이슬람은 평화입니다. 테러리스트들은 평화를 대변하지 않습니다. 그들은 악evil과 전쟁을 대변합니다."[3] 아프가니스탄 전쟁에 반대했던 학생들은 이런 공식적인 입장을 되풀이하면서도(즉, "이슬람은 문제가 아니다"), 그들은 "전쟁은 해법이 아니다"라고 되받았다.

그러나 이런 규범적 합의에도 불구하고, 여기에는 하나의 문제가 있다. 즉, 9·11 공격자들은 모두 무슬림들이었다는 사실 말이다. 게다가, 팔레스타인과 카슈미르로부터 필리핀과 인도네시아를 거쳐 북부와 남부 아프리카에 이르기까지 테러는 이슬람적 수사를 통해 정당화되는 전 세계적 현상이다. 이런 현상을 목도하면서, 이탈리아 수상인 실비오 베를루스코니Silvio Berlusconi는 서구 문명이 이슬람 문명에 비해 우월하다고 결론짓는다. "우리는 우리의 문명이 우월하다는 점을 확신해야 합니다. 우리의 문명은 사람들에게 번영을 가져다주었고 인권과 종교에 대해 존중하는 가치 체계로 구성되어 있습니다. 이와 같은 존중은 분명 이슬람 국가에는 존재하지 않습니다."[4] 그의 성명은 광범위한 비난을 받았고, 이후 그는 문제가 되었던 부분을 철회해야 했다. 사실 반유대주의로부터 제국주의와 전체주의에 이르기까지 근대에 등장했던 최악의 참상들은 서구의 발명품들이었다. 도덕적으로 우월하다는 주장은 매우 수상쩍은 것이다. 그러나 이슬람과 최근 벌어지고 있는 테러 사이의 관계는 여전히 남아 있다. 살만 루시디Salman Rushdie는 이런 어려운 상황에 주시한다.

'이것은 이슬람과 관련이 없다.' 세계의 지도자들은 수 주 동안 이런 주문을 되풀이해 왔는데, 부분적으로 이는 서구에 살고 있는 무고한 무슬림에 대한 보복 공격을 막고자 하는 고결한 희망에서, 부분적으로는 만일 미국이 대테러 동맹을 유지하고자 한다면, 이슬람과 테러가 어떤 식이든지 연결되어 있다고 시사해서는 안 되기 때문이다.

이처럼 [이슬람과 테러 사이의_옮긴이] 관계를 부인하는 데 따르는 난점은 그것이 사실이 아니라는 것이다. 만일 테러가 이슬람과 관련이 없다면, 왜 전 세계적으로 무슬림이 오사마 빈 라덴Osama bin Laden과 알 카에다Al Qaeda를 지지하는 시위를 벌이는가? 물라mullah[무슬림 율법학자_옮긴이]의 지하드 촉구에 대한 응답으로, 칼과 도끼로 무장한 1만여 명의 남성들이 파키스탄과 아프가니스탄 국경으로 몰려드는 이유는 무엇인가? 왜 전쟁의 첫 번째 영국인 사상자들이 탈레반 편에서 싸우다 전사한 세 명의 무슬림 남성이었는가?

왜 '유대인'이 세계무역센터와 국방부에 대한 공격을 계획했다는 늘상 반복해서 통용되는 반유대주의에 기초한 이슬람의 중상모략이, 무슬림은 그런 공격을 할 수 있는 기술적 노하우가 없다거나 그런 위업을 달성할 수 없다는, 탈레반이 기이하게 스스로를 비하하는 설명과 맞물려 있는가?[5]

테러와 이슬람 사이의 관계에 대한 문제를 정면으로 다루는 것은 매우 어려운 일이다. 사소한 실수도 용납되어서는 안 된다. 이슬람이 전 세계에 걸쳐 오늘날 벌어지고 있는 테러의 이데올로기적 근거를 제공하고 있다는 사실이 모든 무슬림들이 그와 같은 테러와 어느 정도 연관되어 있다거나, 테러에 책임이 있다는 것을 의미하지는 않는다. 세계무역센터와 국방부에 대한 테러 공격에 능동적으로 연루되어 있고 심지어는 그것을 지지하는 것은 분명 무슬림 가운데서도 극소수에 불과하다. 테러가 중동 특히 이스라엘을 공공연한 목표로 했을 때, 그리고 인도와 갈등 관계에 있는 파키스탄이 용인하는 무슬림들의 테러가 일상적으로 벌어지는 카슈미르와 같은 분쟁 지역에 있는 목표물을 대상으로 했을 때 테러에 대한 공감은 광범위하게 확산될 수도 있다. 그러나 이런 테러 행위는 [스페인의_옮긴이] 바스크 분리주의자들, [프랑스의_옮긴이] 코르시카 분리주의자들, 아일랜드 공화군 Irish Republican Army, 그리고 다른 많은 정치 운동들의 테러 행위와 크게 다른 것은 아니다. 테러는 근대 세계 전반에 걸쳐 하나의 무기가 되어 왔다. 이슬람만 테러를 독점적으로 사용하는 것은 아니다. 그러나 현재 무언가 다른 점이 있는 것 같다.

크리스토퍼 히친스Christopher Hitchens는 특유의 논쟁적인 어조로 다음과 같이 핵심적인 차이를 강조한다.

와하비 교의가 주입된 알카에다 분파에게는 오직 가장 순수하고 광신적인 것만이 고려할 가치가 있다. 이 광신적 종교 집단의 가르침과 성명서는 관대한 사람, 도량이 넓은 사람, 배교자나 다양한 기독교 분파의 교인들을 학살하고 경멸해야만 한다고 우리에게 알려 주고 있다. 그리고 이런 생각은 무신론자와 세속론자는 물론이고, 기독교도와 유대인들이 등장하기 이전에 이미 형성되었다. 이전과 마찬가지로, [테러의_옮긴이] 행위는 그 "근본 원인"을 고지하고 드러낸다. 그런 불만과 적의는 웨스트뱅크 점령은 말할 것도 없고, 심지어 밸푸어 선언Balfour Declaration보다도 앞선 것이다. 그것들은 하나의 국가로서 이라크의 탄생보다도 앞선 것이다. …… 그리고 이것은 이제 정확하게 우리의 문제다. 탈레반과 그 대리인들은 자신의 사회를 가난과 굴종의 사회로 만드는 데 만족하지 않는다. 그들은 전염병을 퍼뜨리고 그 죄 때문에 지옥에 갈 것이라는 소리를 듣지만, 그렇게 하도록 계시를 받았다는 자기기만에 사로잡혀 있다. 따라서 우리가 취해야만 하는 첫 단계는 우리가 적을 만났고 그 적은 우리가 아닌 다른 사람이라는 점을 말하기에 충분한 자존심과 자신감을 갖는 것이다. 누군가 다른 사람과 공존하는 것은 내가 생각하기에 다행히 가능하지 않다(내가 '다행히'라고 말하는 것은 나 역시 그런 공존이 바람직하지 않다고 확신하기 때문이다).[6]

히친스는 그 적을 "이슬람 파시즘"으로 정의한다. 그가 이 용어를 사용하는 이유는 "[테러_옮긴이] 행위가 …… 그 '근본 원인'이 무엇인지 알려 주고" 폭력적인 행위가 커뮤니케이션의 독특한 형태이기 때문이다. 히친스는 좌파 진영의 저명한 저술가로서 소비에트 공산주의를 '파시즘'으로 부르는 것을 달가워하지 않는 인물이다. 그럼에도 불구하고, 우리가 빈 라덴주의bin Ladenism에서 파악할 수 것은 전체주의적 사고방식이다. 20세기의 전체주의적 질서인 파시즘과 공산주의 모두에서, 힘은 이성을 규정했고, 진리와 권력은 융합되었다. 정치와 진리에 대한 아렌트의 연구(푸코의 지식 및 권력 개념과 대조적인)를 염두에 두면, 과거, 현재, 미래 간의 관계를 단순한 이념에 기반을 두고 설명하는 이런 유형의 공식적인 진리에는 무언가 특별한 것이 있다. 테러는 공식적인 진리를 강화한다. 히친스가 『네이션』*The Nation* 등의 지면에서 이어진 논쟁을 통해 보여 주듯이, 이와 동일한 배열configuration[테러가 공식적인 진리를 강화하는_옮긴이]이 다시 정치적 장면의 일부가 된다. 그러나 이런 전체주의적 도식에는 새로운 요소들이 있다.

빈 라덴은 힘이 가진 매력을 잘 이해하고 있다. 9·11 직후에 제작된 비디오에서 그는 "사람들이 강한 말horse과 약한 말을 보았을 때, 본성상 그들은 강한 말을 좋아할 것"이라고 말했다. 그리고 그는 폭력에 마법적 힘을 부여한다.

그런 젊은이들은 [청취 불가] 뉴욕과 워싱턴에서 행위로 말했습니다. — 다른 모든 연설을 무색케 했던 연설이 세계의 모든 장소에서 행해졌습니다. 그런 연설은 아랍인과 비아랍인뿐만 아니라 심지어 중국인도 이해할 수 있는 것이었습니다. 무엇보다도 미디어가 이야기했습니다. 몇몇 미디어는 중심부 가운데 하나인 네덜란드에서, 군사 작전 이후에 이슬람으로 개종한 사람의 수가 지난 11년 동안 이슬람으로 개종했던 사람의 수보다 많았다고 보도했습니다. 나는 미국에서 학교를 운영하고 있는 이슬람 라디오에서 누군가가 다음과 같이 말하는 것을 들었습니다. "우리는 이슬람에 관해 배우기 위해 이슬람 책들에 관해 문의하는 사람들의 수요를 따라잡을 수가 없습니다."[7]

폭력이 가진 소통적 힘에 대한 그의 집착은 하나의 단순한 이념으로부터 연역된 완전한 역사 이론과 결부되어 있다. 그는 미국에 대한 지하드를 다음과 같이 설명한다.

우리는 미국 정부에 맞서 지하드를 선언했습니다. 이는 미국 정부가 직접적으로 또는 이스라엘의 [팔레스타인] 점령에 대한 원조를 제공함으로써 매우 부정의하고, 가증스러우며, 범법적인 행위를 저질렀기 때문입니다. …… 미국 정부는 이런 가증할 만한 범죄를 저지름으로써 인도주의적인 감정을 포기했습니다. 미국 정부는 도를 넘어섰고, 이전의 그 어떤 힘이나 그 어떤 제국주의적 힘에서도 볼 수 없었던 방식으로 행동했습니다. 유대인에게 종속되어 있는 미국 정권의 교만과 오만함은 그들이 [아라비아를] 점령하는 데까지 이르렀습니다. 이런 침략과 불의한 행동에 맞서, 우리는 미국에 대해 지하드를 선언했습니다. 성전을 수행하는 것은 우리의 종교적 의무로, 신의 말씀을 드높이 찬양하는 것입니다. 이를 통해 우리는 모든 무슬림 국가에서 미국인들을 쫓아낼

것입니다.[8]

악의 세력인 미국은 악의 대리인인 유대인에 의해 조정된다. 또 다른 설명에서 빈 라덴은 십자군과 기독교 문명을 악의 세력으로 제시하기도 하는데, 이는 베를루스코니에게서 나타난 세계관의 거울 이미지다. 이는 테러에 대한 정치적 명령을 만들어 내는데, 이 명령은 종교적 헌신에 기반을 두고 있다. 이슬람의 과거의 영광은 미래의 영광과 연결되어 있다. 카리파 Khalifa[움나umna의 이슬람 지도자_옮긴이]의 부활은 테러 행위를 통해 보증된다. 따라서 이슬람 신자들의 통일된 공동체인 움나는 서구가 무너진 후에, 예언자 무하마드Muhammad의 법의 지배 아래에서 이룩될 것이다.[9] 따라서 테러는 전체주의적 지도자의 정당성을 명확히 보여 주면서, 그런 종교적-정치적 헌신을 단언한다. 9·11 공격 이후에, 한 숭배자가 빈 라덴에게 다음과 같이 보고한다. "이런 거대한 사건이 일어나기 전까지 많은 사람들이 당신을 의심했고, 오직 소수의 사람들만이 당신을 추종했습니다. 이제 많은 사람들이 당신과 함께하고자 합니다."[10]

한편으로, 빈 라덴주의의 연설과 행위는 이슬람적인 것으로, 이는 카리파의 영광을 재연하려는 시도로 이해할 수 있다. 하지만 다른 한편으로는 반미주의가 도사리고 있는데, 이는 다양한 관심을 지닌 다양한 집단의 사람들을 한 명의 카리스마적 지도자와 그가 제시하는 목표에 대한 헌신으로 단결시킨다. 이를 파키스탄 군부 정권의 대통령인 페르베즈 무사라프Perez Musharaf는 다음과 같이 요약한다.

오사마 빈 라덴에 대한 서구의 악마화는 도덕적 가치의 붕괴가 할리우드 영화와 텔레비전 시리즈에 기인한다고 생각하는 무슬림으로부터, 이스라엘 점령

군에 의해 살해되고 있는 팔레스타인 사람들에 대한 미국의 부족한 지원과 러시아가 체첸Chechnya의 무슬림에게 저지른 만행에 이르기까지, 그리고 서구가 보스니아와 코소보의 무슬림에게 했던 행동과 카슈미르에서 인도에 의한 무슬림의 억압에 이르기까지, 이 모든 것에 분노했던 무슬림들이 그를 숭배하도록 만들었다. …… 오사마 빈 라덴이 숭배의 대상이 된 데에는 긴 항목의 불만들이 있는데, 이런 불만들은 강력한 박해 콤플렉스를 야기했다. 그는 무슬림 극단주의의 존경을 받는 영웅이다.[11]

하나의 슈퍼 파워만이 존재하는 세계에서 반미주의는 쉽게 나타나고, 그것의 대부분은 미국의 결함에 대한 합리적인 비판에 근거를 두고 있다.[12] 빈 라덴의 경우, 미국의 모든 것에 대한 그의 총체적인 증오가 특정한 지지자에게 호소력을 가지고 있다.

빈 라덴 조직에 대한 이데올로기적·정치적 헌신에는 독특한 사회구조가 존재하는데, 이는 20세기에 있었던 여타의 운동들이 가진 사회구조와 매우 유사하다. 빈 라덴은 9·11 이후에 방송된 비디오에서 다음과 같이 선언했다.

그 작전에 참여했던 형제들은 순교 작전이 있다는 것을 알고 있었고, 우리는 각자에게 미국으로 가라고 했지만, 그들은 구체적으로 그 작전이 무엇인지는 알지 못했습니다. 그러나 그들은 훈련을 받았고 우리는 그들이 미국에 가서 비행기에 오르기 직전까지도 그들에게 작전을 알려 주지 않았습니다. [청취 불가] …… 비행기를 조종하도록 훈련받은 자들은 다른 이들을 알지 못했습니다. 한 그룹은 다른 그룹을 알지 못했습니다.

이 비디오테이프를 공개하기에 앞서, 부시 행정부는 이 가운데 일부를 인용하며 빈 라덴이 자살 임무로 죽을 것이라는 점을 알지 못했던 요원들을 파견했다는 것을 암시하는 부분이라고 공개적으로 지적했다. 그러나 이런 해석은 빈 라덴이 찬양하고 있는 좀 더 인상적인 구조를 간과한 잘못된 해석이다.

아렌트는 이런 구조를 다음과 같이 묘사한다.

전제정 및 권위주의 체제 양자와 비교해 볼 때, 전체주의적 지배와 조직에 어울리는 이미지는 지도자가 중앙의 빈 공간을 차지하고 있는 양파의 구조인 듯하다. 그는 무엇을 하든 ― 정치형태를 권위주의적 위계로 편입시키든 전제적인 통치자처럼 백성을 억압하든 ― 밖이나 상부가 아닌 내부에서 한다. 전체주의 운동의 구성 요소들은 …… 각각의 요소들이 한쪽 방향으로는 외관을 구성하고 다른 한쪽 방향으로는 중심을 구성하여 한 층위를 위해서는 정상적인 외부 세계의 역할을 담당하고, 다른 층위를 위해서는 급진적 극단주의 역할을 수행한다. 이런 체계의 최대 이점은 전체주의 운동이 전체주의적 지배라는 조건 아래서조차도 체계의 각 층위에 정상적인 세계에 대한 허구와, 자신의 세계는 그것과 다르고 그것보다 훨씬 급진적이라는 의식을 함께 제공한다는 점이다. 따라서 정당의 당원들과 신념의 강도라는 측면에서만 다를 뿐인 전위 조직의 동조자들이 전체주의 운동 전체를 에워싸고 있고, 그들은 광신과 극단주의의 결여를 보충이라도 하려는 듯 외부 세계에 정상성의 기만적인 외관을 제공한다. 이와 동시에 그들은 전체주의 운동에 대해서는 정상의 세계를 대표한다. 전체주의적 운동원들은 자신이 확신의 정도에서만 다른 사람들과 차이가 난다고 믿기 때문에 자신의 세계를 실제로 그것을 둘러싸고 있는 세계와 분리하고 있는 심연을 인식할 필요를 전혀 느끼지 못한다. 이 양파 구조는

실제 세계의 사실성에 대항하여 체계가 조직적인 차원에서 충격에 견딜 수 있도록 만들어 준다.[13]

빈 라덴의 테러 네트워크에는 "알아야 할 필요가 있는" 전략적 특성 이상의 것이 있다. 여기에는 경험적 현실과 이데올로기 사이의 통상적이지 않은 관계가 있는데, 이런 관계는 독특한 조직 구조를 통해 제도화되어 있다. 운동의 중심부에 급진적인 신봉자들이 있는데, 이들은 삶의 경험으로부터 나온 요구보다는 이데올로기가 제시하는 환상적인 요구에 의해 움직인다. 운동의 주변부에는 동조자들, 즉 일반 사람들이 있는데, 이들은 그 운동이 내건 주장이 매력적이라는 점을 발견하지만, 여전히 정상적인 존재로 살아간다. 그 사이에는, 이데올로기적 순수성과 일상적인 삶의 관심사가 다양한 형태로 뒤섞여 있는 사람들이 있다. 20세기 전체주의 운동에서, 중심과 주변부 사이의 연결은 정당과 전위 조직을 통해 이루어졌다. 정당 엘리트들은 이데올로기에 헌신하며, 일상적인 삶의 평범한 관심으로부터 가장 멀리 떨어져 있었다. 전위 조직의 일반 조직원들은 일상적인 삶의 관심과 친밀한 관계를 맺고 있었고, 이데올로기적 순수성과는 단지 간접적으로만 연결되어 있었다. 전위 조직과 그 조직원들이 새로운 운동이 일상적인 삶의 관심사들과 관련이 있다는 점을 외부인들[일반 시민들_옮긴이]에게 설득했다면, 정당 엘리트들은 그런 문제들을 마법과도 같이 일거에 해결할 수 있는 해법이 있다는 점을 외부인들에게 설파했다. 이런 것들이 결합해, 정치적 삶을 무언가 전례 없는 어떤 것으로 전환시켰다. 테러리스트가 자신들의 행위를 상세히 알고 있지 못했다는 점은 이런 전체주의적 조직화의 새로운 징후manifestation로 이해할 수 있다.

과거의 전체주의에서, 그 조직은 정당 이데올로기를 명확히 표명했다.

거기에는 근대적이며 과학이라고 인식된 하나의 공식적인 진리가 있었다. 새로운 전체주의에서, 그런 진리는 탈근대적이고 신성화된 것이다. 그 조직은 구조라기보다는 네트워크처럼 좀 더 유동적으로 보인다. 전위 조직을 가진 위계적인 정당 구조 대신에, 느슨하게 소속된 테러 조직들이 있다. 이런 조직과 나란히 존재하는 모스크mosques와 학교는 신자와 학생들에게 테러리스트들이 내건 대의명분에 따라 지하드에 참여하도록 장려한다. 이런 기관들에서 공개적으로 표명하는 테러에 대한 지지의 정도는 다양하며, 일반 공중에게 발표되는 성명서보다는 기관 내부에서 좀 더 노골적으로 이루어지는 것처럼 보인다. 학교와 더불어, 종교 운동들은 다양한 복지 기능을 제공하는데, 이들은 아프고 가난한 사람들을 돕는 것과 테러와 테러리스트들을 지원하는 것을 엄격히 구분하지 않는다.

실제로 팔레스타인 그룹인 하마스HAMAS는 처음에는 사회복지 운동으로 출발했고 나중에야 테러리스트 조직이 되었다. 웨스트뱅크와 가자지구에 대한 이스라엘의 점령과 불의의 희생자들을 지원하는 개인과 기업들은 그들의 지원이 또한 자살 폭탄을 지원하는 데에도 쓰인다는 점을 잘 알지 못할 것이다. 파키스탄의 이슬람 학교와 카슈미르의 사회복지 프로젝트, 보스니아와 체첸의 인권 조직들을 지원하는 사람들은 그들 스스로 비난할 수도 있을 행위들을 지원하고 있을 수도 있다. 9·11에 참여했던 실제의 자살 폭탄 테러리스트들은 그들의 희생이 전체적인 계획과 지하드의 메시지에 어떻게 부합하는지에 관해 무지했다. 그들이 알고 있었던 것은 단지 그들의 운명, 즉 약속된 구원일 뿐이었다.

급진적인 이슬람 운동은 스스로를 전통적인 이슬람의 진정한 담지자로 제시한다. 신학적으로 이런 주장에 대해 평가할 능력이 나에겐 없지만, 사회학적으로는 분명히 그렇지 않다. 심지어 전통적인 메시지를 전달하는 담지자들을 비교해 보아도 분명 차이가 있다. 이슬람 근본주의의 구세대는 학자들로 구성되어 있었다. 새로운 세대는 대체로 다양한 종류의 기술자들로 구성되어 있다.[14] 메시지는 이슬람 공적 영역의 한 종류라 할 수 있는 신학적 논쟁을 통해 전달되는 것이 아니라,[15] 미디어 사운드와 이미지를 통해서 전달된다. 그 운동은 전자 미디어 운동을 통해 출현한 것으로서 과거의 전체주의 운동에 비해 훨씬 현대적이다. 1997년 5월 12일 CNN 방송에서, 미래의 계획에 관한 질문을 받았을 때, 빈 라덴은 다음과 같이 말했다. "신이 허락하신다면, 당신은 미디어를 통해 그 계획을 보고 듣게 될 것입니다."[16] 전자 미디어는 행위의 무대. 특정한 행위가 미디어 사건으로서 어떻게 나타나는가가 그것의 정치적 현실을 정의한다.

신병을 모집하는 알카에다의 음성 녹음테이프가 문자로 쓰인 공고문을 대체한다. 예를 들어, 그것은 다음과 같이 말한다. "이렌[아라비아반도를 점령한_옮긴이] 미국인들이 …… 어디든 갈 수 있는 유대인 여성을 우리의 성지로 데려왔다."[17] 이 테이프는 손에서 손으로 전달되지만, 또한 인터넷을 통해서도 전달될 수 있다. 이는 이란과 이집트를 비롯해, 무슬림 세계에서 정교하게 발전된 방식의 전 지구적 변이라 할 수 있다. 설교자는 테이프를 통해 신자에게 설교하고, 이란에서 그것을 들은 사람들은 커다란 지지층을 형성했는데, 이런 지지층은 공동 행동을 통해 왕정을 무너뜨릴 수 있었다. 반미 테러의 경우, 그와 같은 설교에 의해 움직였던 열성적인 활동가들에 의해 수행된 행위는 전 지구적 텔레비전과 라디오 네트워크를 통해 방송되어 국제적으로 광범위한 청중에게 전달되었다. 테러리스트 네트워크 내의 광신자들뿐만 아니라, 그들을 지지하는 종교 단체와 학교 그리고 그 운동에 동정적인 사람들 역시 중요하다. 그들이 바로 자카르타의 거리에서 빈 라덴의 이미지가 그려진 티셔츠를, 파키스탄의 라호르에서 그의 이름으로 된 향수를, 혹은 아프가니스탄의 칸다하르에서 빈 라덴 사탕을 구입하는 사람들이다.[18] 위계적인 조직 대신에 테러리스트 네트워크가, 정당 세포와 전위 조직 대신에 학교와 복지 기관들이, 정당의 전위 조직과 동료들 대신에, 가상의 동조자와 문화 소비자들이 현재의 전체주의적 운동이 취하고 있는 사회적 형태다. 그런 운동이 탈근대적인 전체주의적 국가를 형성하는 데로 나아갈 수 있을지는 불확실하다. 아마도 탈레반은 [이를 가늠할 수 있는_옮긴이] 하나의 사례였을 것이다.

비록 이런 형태가 20세기 전체주의 운동의 사회적 형태와 다를지라도, 이와 비슷하게 전체주의적 목적에 공헌하는데, 이는 사회학자들이 사회적 탈분화dedifferentiation● 프로젝트라고 어색하게 명명한 것이다. 인터넷을 통해 배급되고 전 지구적 미디어 기업에 의해 보도되는 비디오와 오디오 테이프는 작은 신문에 프린트된 정치적 선언과는 사뭇 다른 것이다. 그러나 지난 세기에서나 이번 세기에서, 이와 같은 사회적 형태들은 모두 복잡한 사회에 하나의 통일된 문화적 코드를 부과한다는 점에서 공통점을 가지고 있다. 이론상, 나치 독일에서 사회적 삶은 인종 과학을 중심으로 이루어졌고, 소련에서는 계급을 중심으로 이루어졌다. 국가 정당의 힘을 통해, 이론적인 것이 복잡한 현실에 부과되었고, 억압·검열·이데올로기적으로 추

● 생물학적으로 탈분화란 일단 분화한 세포가 그 특징을 잃고 미분화된 상태로 되돌아가는 것을 말한다. 이와 비슷한 맥락에서, 사회적 탈분화란 서구의 근대적 발전 과정에서 체계적으로 분화된 하부체계들(sub-systems)과 각각의 하부체계들에 속한 조직들이 한편으로는 분화라고 하는 틀을 유지하고 있으면서도, 다른 한편으로는 그 본래의 기능만을 수행하는 것이 아니라, 다른 하부체계의 내용이나 기능 역시 수행하는 현상을 의미한다. 즉, 각 부문의 기능이 분화됨과 동시에 복합화되는 현상을 말하는 것이다. 예를 들어, 정당 세포와 전위 조직의 기능을 학교와 복지 기관들이 하고 있다면, 학교와 복지 기관들은 각각 교육체계와 복지 체계라는 세분화된 기능을 수행하지만, 다른 한편으로는 정치 체계의 기능 역시 수행하는 것이다.

동된 명령과 통제를 산출했다. 동일한 방식을 이슬람 운동들에서도 찾아 볼 수 있는데, 이 방식은 외양상 전통적이지만 현실적으로 근대적인 전제 정의 모습을 띠고 있다. 여기에는 전통적인 형태와 근대적 형태의 동시성 이 있는데, 이는 독특한 탈근대적 구성이다. 전통적인 형태의 이슬람이 근 대화 문명을 조직하는 수단으로 제시된다. 이런 조직화를 방해하는 모든 것은 적일 뿐이다. 적이 극복될 때, 정의正義가 도래하게 될 것이다.

국가와 종교의 분화는 기독교 문명과 이슬람 문명을 구분하는 것이라 고 한다. 예수와 초기 기독교 신자들이 [당대의_옮긴이] 정치권력에 순응해 야 했던 종교적 반대파였다면, 예언자 마호메트Mahomet는 종교 지도자이자 정치 지도자였다. 정치와 종교의 통일은 오토만제국의 특징이자, 현대 사 우디아라비아의 지배자들과 그들의 적인 빈 라덴 모두의 특징이기도 하 다.[19] 그러나 국가와 종교의 관계 및 그 기원의 비교를 통해 기독교 문명과 이슬람 문명의 역사를 본질적이고 필연적으로 대조할 수 있다고 주장하는 것은 서구에서 나타나는 신정주의적 경향과 이슬람 문명에서의 민주적 가 능성 모두를 간과하는 것이다.[20] 베를루스코니와 같은 반이슬람적 "오리 엔탈주의자"와 빈 라덴과 같은 이슬람 전체주의자는 서구에서의 신정주의 적 경향과 이슬람 문명에서의 민주적 가능성 모두를 간과한다.

소비에트 제국과 근대 전체주의의 붕괴에 대해 빈 라덴은 전체주의적 형태를 실천적으로 재생산하는 방식으로 대응한다. 그를 비롯해 이슬람 근본주의자들은 아프가니스탄에서 소련의 패배를 이슬람 부활의 위대한 서막으로 상상한다. 여기서 군사력은 신의 섭리에 의한 힘이다. 종교적·정치적·군사적 투쟁은 통일된다. 그 운동은 마치 공산주의와 파시즘의 전 체주의처럼 조직되는데, 이제는 과학이 아니라 종교가 전체주의의 내용이 되고, 좀 더 현대적인 미디어 형태들이 그 조직화에 이용된다. 그리고 중심적으로는 20세기의 전체주의자들과 마찬가지로, 이슬람 전체주의자들은 그들의 이데올로기의 진리를 테러의 힘을 통해 드러낸다. 이 점에서 이들과 파시즘 및 나치즘 사이에는 특별한 유사성이 있다는 히친스의 주장은 설득력이 있다. 그런 운동들은 스스로를 공산주의에 대한 해답으로 상상했다. 자유주의는 실패했고, 공산주의는 서구 문명을 위협했다. 이제 근대 자유주의는 실패했고, 아랍과 무슬림 국가들은 패배와 부도덕을 경험하고 있다. 공산주의는 이슬람 문명을 위협했지만, 패배했다. 이제 투쟁은 이교도들에게로 확장되고 있다. 이것이 바로 21세기와 연결되어 있는 장기 20세기에 대한 [이슬람 근본주의의_옮긴이] 설명이자, 부시-블레어의 반테러주의가 대결하고자 하는 것이었다.

공식적인 이야기: 반테러의 이야기

부시는 미국의 공식적인 입장을 개괄적으로 제시했다. 그는 9·11 공격 이후 열린 양원 합동 의회 연설에서 중요한 역사적 가설을 제시했다. 그는 다음과 같이 선언했다.

> 테러리스트는 20세기에 나타난 모든 흉악한 이데올로기의 후계자입니다. 그들은 그들의 급진적인 환상을 위해 인간의 삶을 희생시킴으로써 — 권력에 대한 의지를 제외한 모든 가치를 포기함으로써 — 파시즘, 나치즘, 그리고 전체주의의 길을 따르고 있습니다. 그리고 그들은 그 길이 끝나는 곳까지 계속해서 그 길을 따를 것입니다. 역사 속에서 폐기된 거짓말들의 묘비 없는 무덤으로.[21]

몇몇 외교적 수사를 통해, 부시는 20세기와 21세기 투쟁 사이의 유사성을 끌어내고 동일한 결과를 예측하고 있었다.[22] 미국이 그런 투쟁을 이끌었고, 공산주의와 나치즘을 압도했던 것처럼, 미국은 "전 지구적으로 확대된 테러"와의 투쟁을 이끌 것이고 다시 한 번 그것을 압도할 것이다. 이런 역사 이해 속에서, 미국과 그 동맹국들은 다시 한 번 악의 제국, 혹은 적어도 악마와 같은 적을 상대하고 있다. 9월 11일, 부시는 다음과 같이 말했다. "오늘 우리는 최악의 인간 본성인 악을 보았습니다."[23]

　　토니 블레어[Anthony C. L. Blair]는 차후의 행위들의 의미를 지적하면서, 부시의 입장을 반향하고 증폭했다.

> 이 공격은 미국에 대한 공격일 뿐만 아니라 전 세계에 대한 공격이기도 합니다. 우리는 전적으로 통일된 모습으로, 그 공격에 책임이 있는 자들에게 정의를 구현하고, 시련을 겪은 미국인들을 지원해야 합니다. …… 세계는 이제 민주주의 세계 전체를 위협하는 국제 테러의 완전한 악마성과 능력을 알게 되었습니다. 이 공격에 책임이 있는 테러리스트들은 그 어떤 인간성도, 자비도, 정의감도 느끼고 있지 않습니다. …… 모든 신앙인들과 민주적 신념을 지닌 모든 사람들은 공통의 대의를 가지고 있습니다. 그것은 테러 조직을 색출하고 가능한 신속히 그것을 제거하는 것입니다.[24]

이것이 악에 대항한 전 지구적 투쟁에서의 다음 수순이다. 여기서 악은, 세계 종교와 문명으로서의 이슬람과는 다른, 이슬람 테러로서 제시된다. 여기에 맞선 투쟁은 민주주의, 관용, 신념을 위한 투쟁으로 제시된다.

　　부시는 그런 투쟁을 종교적 용어로 묘사하는 경향이 있다. 그는 의회와 국민에 대한 그의 연설을 끝마치면서 다음과 같이 선언했다. "자유와 공포, 정의와 잔학 행위는 항상 전쟁 상태에 있었고 우리는 신이 그 둘 사이에서 중립적이지 않다는 점을 알고 있습니다."[25] 2001년 9월 14일 워싱턴 국립성당National Cathedral에서, 국가 기도 추모일National Day of Prayer and Remembrance을 기념하여 행한 연설에서, 그는 정치 지도자라기보다는 마치 성직자인 것처럼 연설했다.

> 신의 표식이 언제나 우리가 갈구하는 대로 나타나는 것은 아닙니다. 우리는 비극 속에서 그의 목적이 항상 우리의 것은 아니라는 점을 배웁니다. 그러나 우리의 가정에서건, 교회에서건, 사적으로 고통 받고 있는 사람들은 기도 가운데 알게 되고, 듣게 되며, 이해하게 됩니다. …… 우리가 확신을 가지게 됨에 따라, 죽음이나 삶, 천사들이나 권세자들, 현재의 일이나 장래의 일, 높음이나 깊음, 그 어떤 것도 우리를 신의 사랑으로부터 갈라놓을 수 없습니다. 세상을 떠난 이들에게 자비를 베푸시고, 우리를 평안케 해주시며, 우리를 인도해 주시기 바랍니다.[26]

자유와 민주주의를 위한, 그리고 악으로 이해된 광신주의에 맞선 싸움이 무신론적 공산주의에 대항한 자유와 민주주의의 싸움을 대체했다. 부시가 강력하게 시사하는 바와 같이, 이런 싸움은 신이 지원하는 것이다.

슈퍼 파워의 군사적 힘에 의해 뒷받침되는 정의로운 정치적 입장은 부시와 블레어의 공통된 입장의 힘을 구성했다. 그것은 공식적으로 냉전 시기에 나타났던 병렬을 재생산한다. 즉, 냉전 시기에 그것은 자유세계 대 악(공산주의)의 제국이었고, 현재는 자유세계 혹은 문명화된 세계 대 사악한(이슬람) 적이 되었다.

비판적 이야기들

이와 같은 새로운 십자군에는 많은 문제가 있다.[27] "테러와의 전쟁"을 지지하는 사람들조차도 공식적인 이야기 속에서 문제점을 발견한다. 몇몇에게, 그것은 어조tone의 문제다. 특히 세속적으로 생각하는 사람들에게 그러하다. 좌파와 우파의 다른 이들에게는 전술과 전략이라는 쟁점들이 있다.

좌파 진영에서도 마이클 왈저Michael Walzer는 테러와의 전쟁이라는 개념에 동의한다. 그러나 그의 동의는 그 문구에 대한 특수한 이해에 기반을 두고 있다. 만약 "전쟁"이 "투쟁, 헌신, 인내"를 은유하는 것이라면, 왈저에게 그 용어의 사용 및 적용은 아무런 문제도 없을 것이다. 그러나 만약 그것이 거대한 전투, 참호전, 폭격, 군사행동이라면, 그는 그것에 의혹을 품을 것이다. 왈저의 관점에서 테러와의 전쟁은 치안, 정보 수집, 그리고 외교를 포함하는 "전쟁"이어야 한다. 그것은 테러리스트에 대한 첩보 활동, 테러리스트를 지원하는 사람들에 대한 자금 조사, 그리고 "테러와 관련된 모든 주장 및 변명과 싸우고 그것들을 거부하기 위한" 지적 투쟁을 포함하는 면대면 전투로서의 전쟁이어야 한다.[28]

우파 진영으로부터의 전술적·전략적 비판 역시 있다. 왈저가 은유적인 전쟁을 옹호하는 반면에, 윌리엄 크리스톨William Kristol은 문자 그대로의 전쟁을 요구해 왔다. 로버트 캐이건Robert Kagan과 함께 쓴 일련의 기사에서, 크리스톨은 외교와 다자주의적 동맹의 구축에 반대했다. 그는 그 대신에 일방주의적인 군사 작전을 옹호하며, 조심스럽지만, 분명하게 민족적 입장을 견지했다. 그는 단호하고 구속받지 않는 군사적 행위를 요구했고 행정부와 대통령 사이의 간극을 국무부 장관인 콜린 파웰Colin L. Powell(크리스톨이 보기에 악당)과 국방부 장관인 도널드 럼스펠드Donald H. Rumsfeld(크리스톨이 보기에 영웅) 간의 의인화된 갈등으로 묘사했다. 의회와 국민에 대한 대통령의 연설 직후에, 크리스톨은 "부시 대 파웰"이라는 제목의 글을 게재했다. "콜린 파웰은 빈곤과의 전쟁을 원한다. 대통령은 좀 더 나아가야만 한다. 빈 라덴은 단지 그 첫걸음일 뿐이다. 탈레반, 시리아 그리고 이라크를 각각 차례대로 처리해야 한다. 동요할 시간이 없다." 파웰이 (블레어와 많은 다른 세계 지도자들을 반향하면서) 세계무역센터에 대한 공격이 실제로는 문명 세계에 대한 공격이라고 제안했을 때, 크리스톨은 이에 반대했다. "대통령은 다른 국가에게 우리와 함께하자고 요청했다. 그러나 그는 미국의 명예란 무엇보다도 '우리의 조국이 입은 상처'에 대한 미국의 즉각적인 대응을 요구한다는 점을 다음과 같이 분명히 했다. '저는 굴복하지도, 쉬지도 않을 것입니다. 저는 미국 국민의 자유와 안전을 위한 이 투쟁을 완수할 때까지 결코 약해지지 않을 것입니다.'"[29] 크리스톨과 같은 우파 비평가들은 전쟁이 지지부진하게 진행되는 것을 한탄했고, 갈등의 확산을 찬양했으며, 그것을 요구했다.[30] 그들은 [부시 행정부가 내건 테러와의_옮긴이] 전쟁에 강력히 찬성했지만, 전쟁이 얼마나 굳건히 진행되고 있는지에 대해서는 의구심을 표했다

좌파와 우파로부터의 이런 비판은 공식적인 이야기에 대한 근본적인 질문을 제기하지 않는다. 그런 비평들은 서로 다른 방식으로 비판적이기는 하지만, 테러와의 전쟁의 필요성을 받아들인다. 그리고 양자 모두 테러를 자유민주주의에 대한 새로운 역사적 도전으로 이해한다. 왈저와 좀 더 일반적으로 민주적 좌파는 정의의 보편적인 가치라는 관점에서 그런 위협을 바라본다. 크리스톨과 좀 더 일반적으로 민주적 우파는 민족적인 관점에서 그런 위협을 바라본다. 그러나 두 입장은 테러와의 전쟁에서 교전국으로서의 미국의 힘에 관해서는 현저히 다르게 생각한다. 우파에게, 군사력, 민족주의, 그리고 올바름은 통일되어 있다. 좌파에게, 이런 차원들 각

각은 주의를 요한다. 그들이 말하는 이야기들은 유사한 것처럼 보이지만, 구체적인 면에서는 다르고, 이런 차이는 매우 다른 정치적 입장을 산출한다. 이 점에서, 새로운 세기의 반테러 합의는 지난 세기의 반공산주의 합의와 유사하다. 즉, 두 합의 모두 중요한 긴장을 수반하고 있다. 크리스톨이 강조하는 공식적인 이야기와 정책은 군사적이고 일방적인 것을 우선시할 것이고, 이라크전쟁은 하나의 필연적인 결과일 것이다. 왈저의 강조점에 따라 공식적인 이야기를 읽으면, 대테러 정책은 문화적이고 정치적인 것이 될 것이다. 결과적으로 이라크전쟁에 대한 반대가 뒤따를 것이다.

반테러주의에 대한 급진적 비판의 목소리들: 반지구화 이야기

그러나 공식적인 역사적 이야기에 근본적으로 도전하는 이들이 있다. 몇몇 주변부의 사람들이 세계무역센터와 펜타곤에 대한 공격을 진보적 행위로 찬양하면서 빈 라덴에 동조한 반면, 자유민주주의 국가의 주요 정치인이나 지식인이 공개적으로 빈 라덴에 동조하는 경우는 거의 없다. 그러나 상당수의 사람들이 그와 같은 공격에 동정과 이해를 표했고, 그 공격을 하나의 대안적인 역사적 이야기 속에 위치시켰다. 그리고 테러에 대한 군사적 대응이 득세함에 따라, 이런 연민과 이해도 늘어났다.

남아프리카 공화국의 한 청년인 마카올라 느데벨Makhaola Ndebele의 공격에 대한 첫 반응은 믿을 수 없다는 것이었지만, 이내 그의 반응은 "그 사건의 거대함 덕택에 흥분으로 바뀌었다. '미국이 공격당했다!' 나중에 얼마나 많은 사람들이 죽었고, 현실이 어떤지를 알게 되었지만, 나의 흥분은 계속되었다. '그들에게도 결국 일이 벌어졌다.' 그들은 그들이 난공불락이라고 생각했겠지만 ……. 미국에 그것은 인과응보였다"[31] 이와 같은 견해는 전 세계적으로 퍼져 나갔고, 심지어 미국에서도 나타났다. 그와 같은 견해는 감정을 넘어, [사태에 대한 또 다른_옮긴이] 분석과 대안들로 발전했다.

세계무역센터와 펜타곤 공격에 대한 한 토론회에서, 촘스키는 다음과 같이 선언했다. "테러리스트의 공격은 주요한 잔학 행위였습니다. [그러나_옮긴이] 그들의 행위는 그 규모 면에서는 다른 행위들에 미치지 못할 것입니다 — 예를 들어, 수단에 대한 클린턴 행정부의 일방적 폭격은 수단의 제약 공급 시설의 절반가량을 파괴했고, 확인되지 않은 수의 사람들을 죽였습니다(어느 누구도 얼마만큼의 사람들이 죽었는지 알지 못하고 있는데, 그 이유는 미국이 유엔의 조사를 방해했고 어느 누구도 그것을 파악하는 데 관심이 없기 때문입니다). 잘 알려진 좀 더 나쁜 사례들은 말할 필요도 없습니다."[32] 촘스키가 그 공격을 찬양하거나 지지한 것은 아니었다. 하지만 촘스키는 테러 공격을 수단에서의 미국의 행위(그 어떤 반발도 불러일으키지 않았던)와 비교함으로써, 테러의 잔혹성을 최소화하는 방식으로, 미국이 악의 세력의 희생자라는 관념에 의문을 제기한다.

이와 같은 맥락은 아룬다티 로이Arundhati Roy의 묘사에서도 나타난다.

9월 11일 공격은 무시무시하게 잘못된 세계로부터의 끔찍한 방문 카드였다. 메시지는 빈 라덴이 썼을 수도 있고(누가 알겠는가?), 그의 특사에 의해 전달되었을지도 모르지만, 이전에 미국이 저질렀던 전쟁의 희생자들이 썼을 수도 있었을 것이다. 수백만 명이 한국, 베트남, 캄보디아에서 죽었고, 미국의 지원을 받은 이스라엘이 1982년 레바논을 침공했을 때 17,500명이 죽었으며, 사막의 폭풍 작전Operation Desert Storm에서는 20만 명의 이라크인이 죽었고, 수천 명의 팔레스타인이 이스라엘의 웨스트뱅크 점령에 대항한 싸움에서 전사했다. 그리고 수백만 명의 사람들이 유고슬라비아, 소말리아, 아이티, 칠레, 니

카라과, 엘살바도르, 도미니카공화국, 파나마에서 미국 정부가 지원하고 훈련
시켰으며, 자금과 무기를 제공했던 테러리스트와 독재자, 그리고 학살자의 손
에 죽임을 당했다. 그리고 이것은 전체 목록의 단지 일부분일 뿐이다.

그다음에 그녀는 현재의 상황에 대해 개관했다.

아프가니스탄의 황량한 지형 덕택에 아프가니스탄과 전쟁을 치른 소련의 공
산주의는 붕괴하게 되었고 이는 미국이 지배하는 단극 체제의 도약대가 되었
다. 그것은 신자본주의와 [초국적_옮긴이] 기업이 주도하는 지구화를 위한 공
간을 만들었는데, 이는 다시 미국에 의해 지배되었다. 그리고 이제 아프가니
스탄은 미국을 위해 [소련과_옮긴이] 전쟁을 치렀고 승리했던 군인들의 무덤
이 될 터이다.[33]

이후의 기사에서 그녀는 정치적 함의에 대해 다음과 같이 지적했다.

미국이 지지하는 자유는 무엇인가? 미국 내에서는 언론, 종교, 사상의 자유 그
리고 예술적 표현, 식습관, 성적 선호(어느 정도는)의 자유를 비롯해 모범이
될 만한 수많은 멋진 것들을 지지한다. [반면_옮긴이] 그 영토 밖에서는 지배
할 자유, 굴욕을 줄 자유, 정복할 자유 — 일반적으로 미국의 진정한 종교인
"자유 시장"에 복무할 자유를 지지한다. 따라서 미국 정부가 전쟁을 "무한 정
의 작전"Operation Infinite Justice이나 "자유 수호 작전"Operation Enduring Freedom이라고
이름을 붙일 때, 제3세계에 있는 우리들은 테러에 대해서 느끼는 두려움 이상
의 공포를 느낀다.[34]

이것이 바로 반지구화의 대안적이고 비판적 이야기이다. 9·11 공격의 광기를 지지하지는 않지만, 이는 지구화와 미 제국에 대한 비판적 대응으로 이해할 수 있다. 20세기에 우리는 미국의 이익에 공헌하는 초국적 대기업에 의한 자본주의의 승리를 목도했고, 이는 미국의 군사력에 의해 지탱되었다. 테러와의 전쟁은 단지 지구화 프로젝트의 한 투영일 뿐이다. 미국은 이슬람인들을 소비에트 공산주의와의 투쟁에서 일종의 대리인으로 사용했다. 이제 그 대리인이 성가시게 되었기 때문에, 미국은 유일한 슈퍼파워로서의 자신의 지위를 유지하기 위해, 테러를 일소하기 위한 목적으로 동맹을 구성하고 있다.

대안들?

테러리스트, 반테러리스트, 반-반테러리스트 각각은 서로 다른 역사 이론과 역사적 전환에 대한 이론 및 권력론을 가정한다. 테러리스트들은 전형적인 전체주의적 방식으로 권력을 구성한다. 힘과 이성, 테러와 이데올로기는 융합된다. 그들은 아프가니스탄에서 보여 주었듯이, 그들의 군사력이 붉은 군대를 물리치는 데 핵심적인 역할을 수행했고 이는 소련의 붕괴에 결정적이었다는 방식으로 자신의 힘을 이해한다. 그들은 이런 힘을 일종의 신의 의지로 이해했는데, 그들의 현재 행위는 이런 신의 의지에 따른 것이다. 부시 행정부는 다른 방식으로 공산주의의 패배를 바라본다. 그것은 악의 제국에 대항한 위대한 미국의 승리였다. 군사적 힘과 경제적 힘의 조합을 통해 자유가 승리했다. 이제 또 다른 적인 전 지구적 테러에 맞서, 그런 조합은 또다시 승리를 가져올 것이다. 부시가 주도하는 반테러주의 주장들은 때때로 테러리스트의 전체주의적 주장과 유사한 측면이 있는데,

이는 특히 신이 우리 편이라는 주장에서 그러하다. 적과의 그런 유사성은 지난 세기의 공산주의와 반공주의, 파시즘과 반파시즘의 유사성을 상기시 킨다. 이 점은 프랑수아 퓌레François Furet가 강조했듯이, 반공주의의 가장 급진적인 형태인 나치즘과 공산주의 사이의 충돌에서 가장 두드러졌다.[35]

지구화에 비판적인 사람들은 이와 같은 테러리스트과 반테러리스트 모두에 반대하지만, 기본적으로는 반테러리스트의 입장에 서있는 것처럼 보인다. 그들에게 핵심적인 것은 냉전의 승리, 또는 적어도 그 가치에 대 한 의문이다. 그들은 이데올로기적 과장의 거짓을 폭로하고 이슬람주의자 들과 냉전 세력들의 과거 승리를 지구화의 부상에 비해 부차적인 것으로 바라보는 경향이 있다. 그들은 오늘날의 테러의 위협에 관해서 침묵하고, 가까운 과거에 있었던 전체주의의 중요성에 거의 관심을 기울이지 않는다.

테러리스트, 반테러리스트, 그리고 지구화에 반대하는 세력들은 큰 이 야기를 말한다. 그들이 9·11을 이해하는 방식은 광범위한 역사적 맥락 속 에서 그들의 주요 관심사에 초점을 맞추어 과거와 미래를 일관된 체계로 정리하는 것이다. 우리가 이미 1968년과 1989년의 중요한 사례들에서 살 펴보았듯이, 작은 것들의 정치가 중요한 역할을 수행했다는 점은 간과되 었다.

테러와의 전쟁을 지지하는 사람들은 9·11 공격을 자유와 민주주의적 이상에 대한 공격으로 이해하는 반면에, 반-반테러리스트들은 그런 공격 을 미국의 패권 정책에 대한 대응으로 이해한다. 따라서 하워드 진Howard Zinn은 다음과 같이 충고한다. "우리는 베트남, 라틴아메리카, 이라크 등 전 세계 각지에서 미국의 군사행동에 의해 희생된 사람들이 느끼는 분노에 관해 생각할 필요가 있다."[36]

희생자들에게 초점을 맞추는 수준으로의 진의 전환은, 비록 그가 언급한 희생자들이 테러리스트의 행위와 어떤 관련이 있는지 분명히 이야기하고 있지는 않지만, 많은 점에서 귀를 기울일 만한 가치가 있다. 이와 관련해, 아룬다티 로이의 비판자 가운데 한 명은 개별적인 테러리스트의 동기가 영원히 알려지지 않을 것이라는 그녀의 주장과, 9·11 공격에 대한 설명으로서 미국의 지배 아래에서 희생당한 사람들이 느꼈을 분노의 중요성에 관한 그녀의 주장에 흥미로운 반론을 제기한다. 영국 하트퍼드셔대학교의 교수인 데니스 브라운Dennis Brown은 테러리스트 가운데 한 명의 소지품에서 발견된 글 — "신이여 저의 모든 죄를 사하시고, 모든 방법으로 당신을 영광되게 하도록 허락하소서" — 을 인용하며 다음과 같이 해석한다. "수천 명의 영혼을 앗아간 홀로코스트에 앞선, 한 기도자의 소름 끼치는 신성모독. 비행기 납치범의 이런 반反신성이 매우 작은 마음의 신이다. 로이는 그녀가 알고 있는 작은 것들에 관해 충실히 서술해야 한다."[37] 분명, 브라운은 로이를 비판할 목적이었다. 그러나 내가 보기에 그는 자신이 의도했던 것 이상의 무언가를 시사하고 있다. 즉, 그가 시사하는 점은 테러의 시대에 작은 것들의 중요성을 살펴봐야 할 필요성이다.

작은 것들 vs 거대한 이야기

『작은 것들의 신』The God of Small Things이라는 소설에서 로이는 친밀한 인간관계 속에서 형성되는 셀 수 없이 복잡한 관계들로 구성된 세계를 제시한다. 그 이야기의 배경인 케랄라 주는 인도 남부에 위치한 지역으로 테러와의 전쟁의 중심 무대로부터 그렇게 멀리 떨어져 있지 않은 곳이다. 카스트제도, 마르크스주의적 정치 프로젝트, 식민주의의 유산, 대중문화의 천박함, 인종주의, 가부장주의, 그리고 많은 다른 큰 주제들이 그런 것들을 표현하는 작은 것들을 통해 의미 있는 것으로 간주된다. 로이는 과거와 현재의 연결을 문제 삼으며 한 명을 제외한 모든 등장인물의 성격을 도덕적으로 모호하게 묘사한다. "작은 것들의 신"은 구체적이고 세부적인 일에는 능통하지만 비극적인 운명에 처한 영웅적인 인물이자 천민이다. 그의 아버지인 벨리아 파아펜Vellya Paapen은 그의 "작은 아들을 두려워했다. 그러나 무엇 때문에 그 아들이 두려운지는 알 수 없었다. 분명히 그의 말이나 행동 때문은 아니었다. 두려운 것은 그가 하는 말이 아니라 말을 하는 방식, 행동이 아니라 행동을 하는 방식이었다. 어쩌면 그것은 당돌한 자신감 때문이었는지도 몰랐다. 고개를 치켜세우고 걸어가는 그의 모습에서 나타났던"[38] 태도와 행동 방식은 그 자체로 불의에 대한 모독이었다. 그는 장인 목수이자 감독이 되었다. 그는 정치 활동가였고 자신보다 높은 신분에 속한 여인의 불법 연인이었다. 그의 행위는 받아들여질 수 없는 것이었지만, 그의 존재는 근본적인 도전을 의미했고 기쁨이 없는 사회에서 기쁨의 원천이었다.

불법 연인에 관하여, 로이는 다음과 같이 서술한다. "그들은 본능적으로 작은 것들에만 매달렸다. 큰 것들은 줄곧 그 안에 숨어 있었다. 그들은 자기네들이 아무 데도 갈 수 없다는 것을 알고 있었다. 그들에게는 미래도, 아무것도 없었다. 그래서 그들은 작은 것들에만 매달렸다."[39] 로이의 소설은 우아하고 아주 짜임새 있는 것이다. 그것은 질문에 답하는 것이 아니라 질문을 제기하는 것이다(밀란 쿤데라Milan Kundera가 강조할 법하다).[40] 그러나 로이는 작은 것들 ― 면대면 상호작용의 세계 ― 의 중요성을 강조한다. 그녀의 등장인물들은 탈식민적 낙후 지역에 거주한다. 카스트와 가부장제의 전통적인 억압, 인종주의와 식민적 유산이라는 근대적 억압, 마르크스주의와 민족주의라는 거짓 약속, 그리고 국제 자본과 그 문화 산업의 편재, 이 모든 것이 그들의 삶 속에 현존한다. 그러나 그들의 행복과 비극은 문맥으로 작동하는 큰 구조와 과정에 의해 결정되는 것이 아니라, 서로 간의 상호작용과, 항상 성공적인 것은 아니지만 독립과 존엄의 작은 공간을 창조하려는 등장인물들의 시도에 의해 결정된다.

작은 것들의 정치는 그런 공간을 구성하는 것에 관한 것이다. 중요한 것은 규모가 아니라 독립성이다. 이 점은 9·11과 그 도전을 다른 방식으로 생각해 볼 수 있는 기회를 제공한다. 그것은 새롭게 신성화된 열정, 공식적인 이야기, 그리고 대안적인 지구화의 이야기를 고려하는 또 다른 방식을 제안한다. 진행 중인 사회적 제도들의 삶 속에서, 그리고 사회운동을 만들어 가는 과정 속에서, 정치적 자유와 창조성의 공간은 사회적 상호작용 속에서 구성되는데, 우리는 여기에 관심을 기울여야만 한다.

THE

POLITICS

OF

SMALL

THINGS

| 5장 |

2004년

작은 것들+인터넷=대안들

아룬다티 로이의 『작의 것들의 신』
의 남자 주인공과 그의 연인은 그들의 개인적 존엄과 행복을 구현하기 위
해 그들 주변의 공간을 구성한다. 그들은 그들 사이의 관계를 전통적으로
규정했던 카스트 질서로부터 자유로운 그들만의 자율적 세계를 창조한다.
로이는 비극적 이야기를 말하고 있지만, 연인 간의 공간에서, 일상적 삶의
작은 상호작용 속에 배태되어 있는 자유의 잠재력을 드러낸다. 이는 테러
주의와 반테러주의에 대한 대안을 이해하기 위해서는 활동가로서의 로이
보다는 소설가로서의 로이를 참조해야 함을 시사한다. 이것이 고프먼과
아렌트가 함께 조명한 바로 그 공간이다. 이제 우리는 작은 것들의 정치의
새로운 형태, 즉 인터넷이라는 가상적인 공간에서 나타나는 정치적 행동
주의를 고찰할 것이다. 이것은 작은 것들의 정치가 특정한 정치·역사적
그리고 미디어의 맥락에서 출현한다는 사실에 대한 이해를 필요로 한다.

　　정치적 영역에서, 근대적인 형태의 전제정치에 대한 가장 창조적이며
중요한 대안은 우리가 특히 폴란드에서 살펴보았듯이 소비에트 블록에서
구성되었던 사람들 사이의 공간(로이의 연인 사이에 만들어졌던 공간과 같은)이
었다. 사람들이 마치 자유로운 사회에서 살고 있는 것처럼 행위하자, 자유
로운 사회가 실제로 도래했다. 상황에 대한 새로운 정의가 확립되었다. 우
리는 2장에서 중요한 정치적 영역으로서 그런 공간이 어떻게 창조되었는

지를, 그리고 3장에서는 폴란드에서의 그와 같은 공간의 풍부한 발전, 체코슬로바키아에서의 그것의 부분적인 발전, 그리고 루마니아에서의 그와 같은 공간의 거의 완전한 부재가 각 국가의 탈공산주의적 경험에 어떻게 영향을 미쳤는지를 살펴보았다.

작은 것들의 정치는 공산주의의 붕괴에 핵심적인 역할을 수행했다. 테러리스트 그룹인 무자헤딘mujahideen은 아프가니스탄에서 활동한 이슬람 투사들 덕분에 공산주의가 붕괴했다고 설명한다. 반테러리스트의 경우, 트루먼에서 로널드 레이건Ronald Reagan과 아버지 부시에 이르기까지, 미국이 주도했던 반공산주의 국가들이 공산주의 붕괴에 핵심적인 역할을 했다고 설명한다. 그러나 소비에트 블록의 내부에서 바라보면, 작은 것들의 정치가 공산주의의 붕괴는 물론이고, 이행의 민주적 특성을 설명하는 데 크게 도움이 된다. 이제 우리는 세계무역센터의 그림자에 가려 잘 보이지 않았던, 그래서 중심 무대에서 벗어나 있었던, 작은 것들의 정치가 어떻게 이슬람 테러주의와 미국이 정의한 반테러주의 사이의 전 지구적 갈등이라는 지배적인 서사에 대한 대안을 시사하는지 검토할 것이다. 나는 작은 것들의 정치가, 옛 소비에트 블록에서와 마찬가지로, 2001년 9월 11일 공격의 여파 속에서 대안적인 정치를 위한 방법을 제시할 것이라고 믿는다. 그러나 이 점을 인식하기 위해서는 우리가 새로운 지정학적 질서 속에서 살고 있을 뿐만 아니라 [인터넷과 같은_옮긴이] 새로운 미디어 레짐 속에 있다는 점 역시 이해해야 한다.

반테러주의라는 논리를 통해 부시와 블레어는 이라크전쟁에 뛰어들었는데, 이는 아프가니스탄 전쟁보다 더 많은 논란을 전 지구적으로 초래했다. 그 이유는 반테러주의의 내용과 전쟁 사이의 연계가 논리적으로 모호했기 때문이다. 전쟁이라는 은유가 군사적 행동이라는 구체적인 행동으로 나타남에 따라, 테러와의 전쟁이라는 공식적인 이야기의 정당성이 전 세계적으로 훼손되었다. 9월 11일 공격 직후 나타난 미국에 대한 광범위한 연민은, 이내 반감으로 바뀌었다. 크리스톨과 같은 우파 진영에서는 초기의 [강경_옮긴이] 정책에 대한 비판적 지지가 우세했다. 왈저와 같은 좌파 진영은 테러주의와 반테러주의 이데올로기 사이에서 분열되기는 했으나, 힘의 균형을 감안해, 대체로 전쟁으로 나아가는 반테러주의의 논리를 좀 더 위험한 것으로 간주했다. 선제적 전쟁이라는 새로운 정책을 추구하고, 국제기구들을 무시하며, 일방적 외교정책을 추구하려는 부시 행정부의 의도는 전 세계적으로 대중적인 반미주의의 부활을 가져왔다.

침착성을 상실하고 있는 미국에 대한 비판에는 많은 것들이 들어 있다. 물론, 미국의 입장을 비판하는 주장들 속에는 피해망상적인 내용뿐만 아니라, 반자유주의적이며 반민주적인 함의를 가진 내용들도 상당수 있다. 그러나 반전운동이 발전해 온 방식(특정 반전운동가의 특정 입장을 뛰어넘어)은 테러 네트워크 및 그에 대한 미국의 대응 방식에 대한 하나의 대안을 제시한다. 내가 이전 장에서 증명하려고 했던 바와 같이, 만일 빈 라덴주의가 전체주의의 탈근대적 변이라면, 반전운동 및 하워드 딘의 대통령 입후보와 가장 밀접하게 관련되어 있는 정치 캠페인에서의 혁신은 탈근대적인 민주적 대안, 즉 작은 것들의 정치라는 주제에 대한 탈근대적 변이를 보여 주는 것으로 이해되어야 한다. 〈무브온〉과 〈밋업〉* 두 개의 웹사이트를 통해 매개된 사회적 네트워크와 행위들은 작은 것들의 정치의 새로

● 〈무브온〉은 1998년 미하원의 클린턴 대통령에 대한 탄핵에 대응하기 위해 설립된 자유주의적, 진보적 비영리단체다. 〈밋업〉은 2001년에 만들어졌으며, 취미나 관심이 비슷한 사람들끼리 거주 지역에 따라 소규모 오프라인 미팅을 조직하도록 도와주는 사이트다.

운 형태를 분명하게 식별할 수 있는 가상의 장소였다.

반전운동과 〈무브온〉

반전운동은 인터넷을 통해서 창조되었다. 반전운동의 전 지구적 확산과 협력은 신속하고도 집약적으로 이루어졌다. 2003년 2월 15일에 전 지구적으로 반전 시위가 벌어졌다. 9·11 테러의 진원지인 뉴욕에서는 40만 명의 사람들이 시위에 참여했고, 전 세계적으로도 거의 1천만 명의 사람들이 참여했다. 그 시위는 지구화의 또 다른 측면, 즉 슈퍼 파워에 민주적으로 도전할 수 있는 역량을 보여 주었다. 이런 시위는 테러와 이데올로기적인 반테러주의에 대한 대안을 제시했다. 임박한 전쟁에 맞서 소수의 사람들이 인터넷을 통해 시민들을 전 지구적으로 조직화했다. 이것은 작은 것들의 정치를 위한 네트워크, 즉 지구화라는 제국과 테러의 전체주의적 운동에 대한 탈근대적 대안이었다. 〈평화와 정의를 위한 연합〉United for Peace and Justice의 웹사이트와 〈무브온〉은 이런 집합 행위를 위한 중요한 가상공간들이었다.

첫 번째 전 지구적 시위가 있은 지 한 달 후인 3월 16일, 어떻게 웹이 매우 독창적인 방식으로 사용될 수 있는가를 보여 주는 또 다른 시위가 있었다. 130여 개국에 걸쳐 1백만 명의 사람들이 6천 개 이상의 행사에 참여했다. 이 시위는 다섯 명의 활동가가 6일 동안 조직한 것이었다. 참여자 가운데 한 명인 앤드류 보이드Andrew Boyd는 다음과 같이 자신의 활동을 묘사한다.

[시위가 있었던_옮긴이] 3월의 일요일 바로 전날에, 나는 〈무브온〉 웹사이트에 접속해, 내가 살고 있는 브루클린의 파크 슬로프Park Slope의 우편번호를 입력한 후, 그곳에서 세 건의 시위가 예정되어 있다는 것을 확인했다. 그중 한시위는 전쟁을 찬성하는 상원 의원 척 슈머Chuck Schumer의 아파트 앞에서 벌어질 예정이었다. 웹사이트는 얼마나 많은 이웃이 각각의 시위에 참여하겠다고서명했는지를 알려 주었다. 이미 수백 명의 사람들이 서명했고, 거기에 나도동참했다.

일요일 저녁에, 나는 1천5백여 명의 이웃과 함께했다. 누군가 나에게 양초를건네주었고, 불을 밝혀 주었다. 시위 중간에 랍비와 목사가 군중에게 이야기를 했지만, 누가 그 시위를 주도하는지는 불분명했는데, 이는 전혀 문제가 되지 않았다. 시위에는 그 어떤 사전 회합도, 전단도, 피켓도, 전화 연락도 없었다. 우리가 거기에 있었던 것은 우리가 신뢰했던 이메일 덕분이었다.[1]

이 시위는 〈무브온〉이 주도한 수많은 반전운동 가운데 하나였다. 〈무브온〉은 또한 텔레비전과 신문에 반전 광고를 게재하기 위해 온라인을 통해수백만 달러를 모금했다. 〈무브온〉은 전쟁에 반대하는 1백만 명의 서명을받아 그것을 유엔안전보장이사회에 보내기도 했다. 〈무브온〉은 클린턴대통령의 탄핵 캠페인에 대응하기 위해 설립되었고, 그 이후로는 선거와의회정치에 관여하고 있었는데, 이제는 그 관심을 반전운동으로 전환했다. 그것은 정치 조직화의 새로운 형태이자, 테러리스트 네트워크 및 그런네트워크에 대한 [미국의_옮긴이] 패권적 대응에 대한 지구화된 대안이었다. 그 캠페인의 지도자인 엘리 패리저Eli Pariser는 다음과 같이 언급했다. "무브온은 탈근대적 조직화 모델이라고 말할 수 있습니다. …… 그것은 옵트인방식*이고, 탈집중화되어 있으며, 집에서도 이용할 수 있습니다."[2]

〈밋업〉과 새로운 형태의 선거 정치

〈무브온〉이 사용했던 모임 조직 소프트웨어 ── 이를 통해 보이드와 그의 이웃들은 전 지구적 반전 시위에 참여할 수 있었다 ── 는 〈밋업〉에 의해 상업적인 목적으로 발전했다. 이 소프트웨어는 또한 민주당 대통령 후보 경선에서 하워드 딘 후보에 대한 지지를 끌어올리는 데 핵심적인 역할을 했다. 비록 그 운동의 목적이 달성되지는 못했지만, 그 결과보다는 이런 조직화 역량이 좀 더 중요할지 모른다. 실제로 전 지구적인 시위는 전쟁이 일어나는 것을 막지 못했지만, 이 힘은 민주당 내에서 많은 변화를 가져왔다고 할 수 있다.

미국 정치에 대한 기존의 전통적인 이해에 따르면, 하워드 딘은 2004년 민주당 대통령 후보 경선에서 결코 승리할 수 없었다. 그는 뉴잉글랜드라는 작은 주 출신으로, [연방 정부 수준에서의_옮긴이] 그 어떤 국정 경험도 없었다. 이라크전쟁에 대한 강력한 반대 입장과 민주당을 움직이는 막후 실력자들과의 거리감, 그리고 주요 정당 기부자로부터의 기부금의 부족은 하워드 딘이 최소한의 자금으로 경선을 치러야 할 것처럼 보였다. 하워드 딘 자신도 그렇게 생각했다. 전쟁을 수행하고 있는 현직 대통령에 대한 그의 가혹한 비판은 민주당 지도부에 대한 좀 더 가혹한 비판으로 이어지기도 했는데, 통상적인 지혜에 따르면, 이는 그가 다른 후보자들에 비해 너무 뒤었기 때문에 예비 선거에서 주요 후보가 될 수 없을 것이라는 점을 시사했다. 그러나 그는 상대적으로 짧은 시간에 민주당 예비 경선에서 선두 주자가 되었다. 그는 대통령 선거 정치에서 인터넷의 힘을 이용한 최초

● 옵트인(opt-in) 방식이란 미리 받아 보겠다고 허락한 사람에게만 이메일을 보내도록 하는 일이나 또는 그런 방식을 지칭한다.

의 주요 후보로 광범위하게 이해되었다. 프랭클린 D. 루즈벨트Franklin D. Roosevelt가 최초의 라디오 대통령이었고, 존 F. 케네디John F. Kennedy가 최초의 텔레비전 대통령이었다면, 잠시 동안이긴 했지만 딘은 최초의 인터넷 대통령이 될 수 있을 것처럼 보였다. 물론, 하워드 딘은 대통령이 되지 못했다. 하지만 딘을 유명하게 만든 새로운 유형의 정치적 힘은 중요한 정치적 혁신, 즉 작은 것들의 정치의 전자적 형태였다. 딘과 함께, 인터넷은 정치적 메시지를 전달하는 주요 매체가 되었다. 그가 비록 경선에서 승리하지는 못했지만, 딘이 중요한 행위자로 부상했다는 사실은 중요한 시사점을 제시한다.

완전한 형식을 갖추지는 못했지만, 〈무브온〉, 딘의 캠페인 그리고 〈밋업〉 사이에는 분명한 연계가 있었다. 2003년 여름, 〈무브온〉은 웹사이트에서 일종의 예비 선거를 개최했다. 여기에 31만7천여 명이 투표에 참여했다. 딘은 차점자인 데니스 쿠치니크Dennis Kucinich●에 비해 두 배나 많은 44퍼센트의 득표를 기록했다. 작은 주 출신의 중도 성향 주지사가 좌파 웹사이트에서 유명한 좌파 하원 의원을 압도했다. 〈무브온〉이 특정한 후보자를 지지하기 위해서는 50퍼센트 이상의 득표자가 있어야 했기 때문에 〈무브온〉은 그 어떤 후보자도 지지하지 않았다. 그럼에도 그 사이트와 딘의 입후보 사이에는 연계가 형성되고 있었다.

이와 같은 연계는 〈무브온〉의 조직가나 딘 캠페인의 활동가들에 의해서가 아니라 인터넷 활동가들에 의해 처음으로 형성되었다. 딘의 캠페인

● 오하이오 주 출신의 민주당 연방 하원 의원이다. 1977~79년까지 클리블랜드 시장을 역임했고, 1997년에 연방 하원 의원에 당선되었다. 민주당 내에서 가장 강한 자유주의적 시각을 가진 의원으로 평가받고 있다. 민주당 내의 온건파와는 달리 이라크 침공에 대해 강력하게 반대해 왔다.

과 연결된 블로거들은, 넷Net의 웹로그에 글을 올린 사람들이었는데, 이들은 〈무브온〉에 우호적인 블로거들과 연결되어 있었다. 이런 연결을 통해, 딘의 지지자들은 〈무브온〉의 여론조사에 쉽게 참여할 수 있었다. 이 과정은 간단했다. 그들은 참여를 권유받았고, 그들이 참여함으로써 딘은 결국 승리했다. 이런 방식의 참여와 승리는 캠페인 전략의 일환이 아니라 일반 사람들 간의 개인적 상호작용, 이 경우에는 가상적 상호작용의 결과였다.

그것은 작은 것들의 정치의 창조였다. 사람들은 인터넷에서 서로 만났다. 그들은 자신의 글을 올렸고, 서로에게 반응했으며, 서로를 알게 되었고, 그들의 행위를 조율했다. 그들은 상황을 재정의했고, 상황은 그들의 정의에 따라 변화했다. 딘은 [이 점을_옮긴이] 다음과 같이 인정한다. "우리는 우연히 이것에 빠져 버렸습니다. …… 나는 우리가 이것을 이해할 만큼 충분히 영리했었다고 말할 수 있었으면 좋겠습니다. 그러나 공동체가 우리를 가르쳤습니다. 그들은 〈밋업〉을 통해 주도권을 잡았습니다. 그들은 우리가 조직을 만들기도 전에 우리를 위해 우리의 조직을 세웠습니다."[3]

여기서 딘은 그 과정의 다음 단계이자 핵심적인 부분, 즉 가상적 상호작용과 현실적인 상호작용 사이의 관계를 언급하고 있다. 〈무브온〉이 인터넷에서 이루어지는 논의를 현실에서의 행동으로 발전시켰을 때, 그것은 사회운동의 근육을 발전시켰다. 이런 움직임은 처음에는 클린턴에 대한 탄핵 소송에 반대하는 탄원서에 서명한 사람들을 모으고 특정 쟁점에 대해 하원 의원과 후보자들에 대한 압력을 행사하는 것으로 시작되었다. 그러나 이라크전쟁이 임박한 현실이 되자, 이 힘은 지역적 상호작용들을 전국적이자 국제적인 상호작용들로, 즉 가상적으로 연결되어 있던 상호작용들을 전 세계적으로 통합하면서 정치적 시위를 조직해 나아갔다. 딘의 캠페인은 가상적인 것과 현실적인 것 사이의 이런 상호작용적 연결을 토대로 조직되었다. 〈밋업〉은 그 캠페인의 중심에 있었다.

자세히 들여다본 새로운 정치

2004년 1월의 첫 번째 수요일 저녁 7시에 뉴욕 외곽의 작은 도시에서 〈밋업〉에 의해 조직된 한 모임이 예정되어 있었다. 이것은 그 지역에서 예정되어 있었던 네 개의 모임 가운데 하나였고 미국 전역과 전 세계적으로 열렸던 1천6백여 개의 모임 가운데 하나였다. 열다섯 명의 사람들이 서비스노동자국제조합Service Employees International Union(하워드 딘을 지지했던 노조)의 지역 본부에서 만났다. 대부분은 오랜 친구처럼 서로 인사를 나누었다. 그들은 지난여름부터 이 모임에 참여하고 있었다. 새로운 참석자들도 있었는데, 사람들은 이들에게 딘을 알고 싶어서 왔는지 혹은 딘을 위해 일하려고 왔는지 물었다. 그들은 딘을 지지하는 정도가 약했기 때문에 모호하게 대답했다. 모임의 목적이 아이오와와 뉴멕시코 예비 경선에 참여가 예상되는 사람들에게 딘을 지지하도록 편지를 쓰는 것이기 때문에 그와 같은 질문을 했다는 설명이 부언되었다. 그들은 편지를 쓰는 데 동의했다.

모든 사람들이 긴 탁자 주위에 모였다. 자동차 홍보 부착물, 현수막, 전단, 그리고 다른 캠페인 재료들이 사람들에게 배포되었다. 사람들은 서로 이야기를 나누었고 두 명의 리더가 선거 캠페인과 편지 쓰기 활동을 조직했다. 이 과정에서 기존 미디어의 논조에 대한 험담은 필수 조건이었다. 한 남성은 자신이 보기에 『뉴욕 타임스』의 칼럼에서 유일하게 자유주의적 좌파인 폴 크루그먼Paul Krugman이 그 지역에서 행한 연설에 관해 이야기했다.

논의는 외교정책으로도 이어졌다. 한 참여자는 다른 참여자에게 민주당의 외교정책이 공화당의 외교정책과 어떻게 다른지 질문했다. [민주당의 _옮긴이] 다자주의에 대한 믿음이 핵심적인 차이라는 점에 대해서 참석자들은 일반적으로 동의하는 것처럼 보였다.

또 다른 참여자는 하워드 딘이 어떤 사람인지 일반 사람들은 잘 알지 못한다는 점에 우려를 표명했다. 유권자들은 자신이 지지하도록 요청 받은 사람이 어떤 인물인지 알기 원한다는 것이다. 그녀는 딘이 아직까지 사람들 사이에서 그렇게 많이 알려지지는 않은 것처럼 보인다고 말했다. 당시는 하워드 딘이 예비 경선에서 승리할 것이라는 전망이 흔들리고 있을 때였다. 아이오와 예비선거 직전, 딘은 다른 후보자들로부터 파상적인 공격을 받고 있었고, 그들은 이 점에 대해 공통적으로 우려하고 있었다.

그곳에 모인 사람들은 다양한 수준에서, 그리고 서로 다른 방식들로 하워드 딘을 지지했다. 그러나 그들은 하나의 공통된 견해를 공유했다. 즉, 그들의 목표는 대통령 선거에서 부시에게 승리하는 것이었다. 그들은 미국의 현 상황을 매우 부정적으로 평가하고 있었다. 그들은 다른 민주당 후보자들에게 열려 있었고, 가장 긴급한 과제인 누가 부시를 물리치는 데 가장 적합한 인물인가를 고려하면서, 다른 경쟁자들의 바람직한 점에 대해서도 서로 논의했다.

비록 다른 후보자들에게 열려 있었다 해도, 그들은 자신들이 관여하고 있는 그 과정에 전적으로 헌신적이었다. 모임이 열리고 있을 당시 버몬트 주의 벌링턴에 있던 딘의 선거운동본부로부터 전화가 걸려 왔다. 향후 몇 주에 걸쳐 있을 뉴햄프셔 유세를 위해 버스가 대절될 것이며 모든 비용은 선거운동본부가 지불할 것이라는 내용이었다. 만약 사람들이 아이오와에도 갈 수 있다면, 그 역시 선거운동본부가 비용을 지불할 것이고 그들이 머물 장소도 준비하겠다는 것이었다. 딘의 선거운동본부에서 전화를 걸었던 사람은 다른 질문이 있는지 물었다. 숙소의 준비, 교통편의 상세한 정보, 그리고 식사에 관한 몇 가지 질문이 있었다.

그 모임에 참석했던 사람들은 편지를 쓰면서 서로 잡담을 나누었다. 각각은 아이오와에 한 명, 뉴멕시코에 한 명씩의 유권자에게 손으로 직접 편지를 쓰고 있었다. 그들이 맡은 임무는 유권자들이 이 두 개의 주에서 있을 예비 경선에 참여하도록 독려하는 것이었다. 편지를 어떻게 써야 하는가에 대한 지침이 있었지만, 사람들은 스스로 편지를 작성했다. 수만 장의 편지가 그날 밤에 전국적으로 작성되고 있었다. 딘은 그의 모금 솜씨와 관련해 많은 주목을 받았다. 그러나 그것은 새로운 방식의 정치가 가장 분명하게 드러났던 것 가운데 하나였을 뿐이다.

편지를 작성한 사람들은 〈밋업〉과 인터넷을 통해 만났지만 면대면 상호작용을 통해 서로 알게 되었다. 그들은 또한 전화를 통해 선거운동본부의 지침을 전달받기도 했다. 예컨대, 그들은 편지를 쓰는 지침을 캠페인 본부로부터 전달받기도 했다. 하지만 그들은 손수 그리고 자신들의 언어로 편지를 썼다. 정보화 시대라는 최근의 혁신을 통해 사람들은 사회적 삶의 가장 기초적인 형태 속에서 서로 연결되었다. 그들은 근대적인 기술과 사회조직을 통해, 전화와 정당 조직을 통해, 그리고 산업 시대 이전부터 있었던 통신 형태 ─ 우편 체계와 손으로 직접 쓴 편지 ─ 를 통해 서로 연결되어 있었다. 편지를 쓰면서 나누었던 비공식적인 대화를 포함해, 각각의 요소들은 중요한 역할을 했다.

그날 오갔던 대화는 정치에 관한 것이었다. 사람들은 선거운동 과정에 관심을 갖게 된 계기와 이에 관여하면서 느꼈던 감흥을 서로 나누었다. 탁자를 중심으로 참여자들은 돌아가며 자신을 소개했다. 그들 가운데는, 지역 정치인, 오랜 경륜이 있는 급진적 활동가, 사무직 노동자와 그녀의 친구, 대학생, 예술가, 그리고 나를 포함한 두 명의 교수가 있었다. 대부분은 이전에 선거 정치에 참여해 본 적이 없는 사람들이었다. 그들은 하워드 딘이라는 후보자보다는 딘의 캠페인에 대해 더욱 흥미를 느끼고 있었다. 그들은 깊은 우려의 시기에 정치적 삶에 참여하고 있었고, 그런 경험을 통해 분명히 힘을 얻었다. 그들은 무언가 상대적으로 평범한 것을 하고 있었지만, 그들이 스스로 이 일에 참여했다는 사실과 전국적으로 비슷한 생각을 하는 사람들 또한 비슷한 일을 하고 있으며, 나아가 이것이 미국 정치에 영향을 미치고 있다는 점에 매우 즐거워했다. 그들은 무언가 새로운 일이 벌어지고 있고, 자신들이 그 과정에 참여하고 있다고 생각했다.

이런 정치적 활기와 역량 강화의 느낌은 면대면 〈밋업〉 모임에서는 물론이고, 좀 더 광범위하고 다양한 웹사이트들에서도 가상적으로 공유되고 있었다. 딘을 지지했던 활동가들은 다양한 참여의 공간을 활용했다. 이메일 소식지와 메일 교환, 선거 자금 모금과 새로운 정보의 제공, 앞으로 예정된 〈밋업〉 모임과 캠페인 행사에의 초대를 비롯해, 활동가들은 함께 모여 예비 경선과 슈퍼볼 그리고 대통령의 국정 연설 등을 시청하며 교제를 쌓고, 선거 자금을 모금하며, 앞으로의 활동 전략을 짰다. 그들은 서로 간에, 그리고 선거운동본부와의 정서적 유대를 형성했다. 활동가들은 선거 전략과 실질적인 쟁점들에 대한 비평, 후보자의 성과와 입장에 대한 논평, 대중매체에 대한 비평을 게시판에 올리고 읽었다. 이와 같은 활동들은 캠페인에 의해서, 그리고 아마도 수백 개의 다른 소스들(상당수가 공식적인 캠페인 웹사이트와 연결되어 있었다)을 통해 조직되었다. 다양한 미디어 포맷과 물리적 공간을 가로지르는 친밀한 상호작용의 공동체가 만들어졌다. 이와 같은 합목적적 행위와 사회적 유대는 새로운 종류의 정치적 힘을 형성했다.

새로운 정치, 구미디어

선거 자금 모금과 실제 선거운동 과정에 미친 영향 이외에도, 이런 새로운 정치적 힘은 기존의 방송과 인쇄 매체가 작동하는 방식에 효과적으로 영향을 미쳤다. 새로운 상호작용적 차원이 정치 세계에 추가되었다. 연결은 되어 있었지만 공식적으로는 선거운동의 일부분이 아니었던 그룹들은 다양한 방식으로 스스로를 조직했다. 〈딘의 신속대응네트워크〉Dean Rapid Response Network와 같은 조직은 후보자에 대한 미디어 보도를 감시하고 그것에 대응했다. 〈야후〉의 그룹들은 전국과 개별 주의 미디어를 감시했고 후보자에 관한 기사와 방송에 대한 요약 및 링크를 이메일을 통해 회원들에게 발송했다. 단지 미디어에 실린 정보만을 제공하는 내용도 있었지만, 미디어의 보도에 대해 부정적으로 혹은 긍정적으로 대처하는 방법을 알려주는 내용도 있었다. 회원들은 언론사에 이메일과 편지를 보내는 방식으로 대응했고, 그런 대응들은 네트워크의 게시판에서 공유되었다. 이와 같은 감시 활동은 조잡하고 공격적이며 부정적인 보도가 만들어지는 것을 어렵게 했다. 나아가 부정적인 편견을 피하고 좀 더 우호적으로 보도할 동기를 부여하기도 했다. 좀 더 가시적으로는, 글을 올리고 그 글을 읽는 사람들 사이에서 상호작용적 공동체가 만들어졌다. 그들은 일방적인 방송-청취 관계를 교환관계로 바꾸는 가상적 공중이 되었다. 언론사들은 이들의 공동 대응을 의식하지 않을 수 없었다.

1월 초에 딘의 캠페인은 흔들리기 시작했다. 그는 분명한 선두 주자였고, 다른 후보자들은 그를 공격하고 있었다. 그는 매우 비판적인 미디어 검증을 받고 있었고, 그의 웅변 스타일은 전례 없이 부정적으로 평가되었다. 그에 대한 언론 보도 가운데 하나는 특히나 거칠었고 그의 이미지에 손상을 입히는 것처럼 보였다. '전국공영라디오'National Public Radio; NPR와의 인터뷰에서, 딘은 부시 대통령이 9·11 공격을 사전에 알고 있었는지에 관해 언급했다. CNN의 폴라 잔Paula Zahn은 이를 다음과 같이 보도했다. "NPR 라디오 쇼에 출현한 딘은 다음과 같이 말했습니다. 그리고 이것이 바로 딘 주지사의 견해입니다. '내가 여태껏 들었던 가장 흥미로운 이론은,' 그가 대답하길, '부시가 사전에 사우디로부터 경고를 받았다는 것입니다.'"4 "그가 대답하길"이라고 딘의 말을 끊으면서, 잔은 딘이 말했던 내용 가운데 핵심적인 부분, 즉 "단지 이론이라고밖에 생각할 수 없고 증명될 수는 없는 것이지만"이라는 부분을 생략했다. 따라서 딘이 NPR의 인터뷰에서 말했던 완전한 문장은 다음과 같은 것이었다. "내가 여태껏 들었던 가장 흥미로운 이론은, 단지 이론이라고밖에 생각할 수 없고 증명될 수는 없는 것이지만, 그가 사전에 사우디로부터 경고를 받았다는 것입니다." 딘은 부시가 그 공격을 사전에 알고 있었다는 점을 확신하지 못하고 있었다. 하지만 그는 부시 행정부에 비판적인 사람들이 9·11 공격에 대해 어떻게 생각하고 있는지 부주의하게 말해 버린 것이다. 후보자가 전국으로 방송되는 미디어에서 그렇게 말하는 것은 분명 현명한 처신이 아니었을 것이다. 그러나 방송은 그 내용의 일부를 삭제함으로써 그 의미를 크게 변화시켰다. 잔이 생략했던 문구는, 딘이 그 이론으로부터 어느 정도 분명한 거리를 두고 있었다는 점을 보여 준다. 따라서 이를 생략한 것은 선택적 왜곡의 사례다. 편집된 문장은 딘이 대통령에 적합하지 않으며, 그의 캠페인이 초점을 읽어 버렸다는 항간의 이야기들과 맞아떨어졌다. 〈딘의 신속대응네트워크〉에서 활발하게 활동했던 리즈 허버트Liz Herbert는 CNN 보도를 게시판에 올렸다. 이후에 네트워크의 자원봉사자들은 CNN의 보도 및 이와 관련된 다른 미디어 보도들에 적극적으로 대응했다. 각 주와 전국을 기반으로 한 그룹들에서, 네트워크의 자원봉사자들로 구성된 공동체는 중요한 방식으로 미디어에 개입할 수 있었다. 주요 미디어 방송국들은 정치적 행위자들이 영향을 받았던 것과 마찬가지로 이런 개입에 의해 영향을 받았다.

〈폭스 뉴스〉Fox News가 공정하고 균형 잡힌 보도를 한다는 스스로의 주장에 대해 자유주의자들은 이를 즉각 부정할 것이다. 〈폭스 뉴스〉의 토크쇼는 확실히 우파적이다. 자유주의자의 관점에서 보면, 〈폭스 뉴스〉의 보도는 편향되어 있다. 즉, 소유주 및 최고 경영자와 마찬가지로 전쟁에 찬성하며, 친부시적이고, 친공화당적이다. 〈딘의 신속대응네트워크〉는 이와 같은 범주적 판단에만 머무르지 않았다. 그들은 부정확하고 왜곡을 자행하는 기자와 평론가들을 밝혀내면서, 〈폭스 뉴스〉의 프로그램을 체계적으로 감시했다.

9월 12일에 〈폭스 뉴스〉는 다음과 같이 보도했다.

딘은 미국이 중동 분쟁에서 어느 한편에 치우치지 말아야 하며, 이스라엘은 웨스트뱅크의 분쟁 지역에서 철수해야 한다고 주장해 비난을 받고 있습니다.

그날의 긴급 뉴스에서, 〈딘의 신속대응네트워크〉의 한 활동가는 다음과 같이 관찰했다. "이런 미묘한 조작은 그를 마치 반이스라엘적인 것처럼 만든다." 폭스는 더 나아가 다음과 같이 보도하기도 했다. "그는 이스라엘을 지원하는 미국 정책을 지지한다고 주장했지만, 하마스에 관한 수요일의 성명은 새로운 의문을 제기한다." 이와 같은 보도에 그 활동가는 다음과 같이 반문했다. "무슨 의문? 그들은 결코 말하지 않는다. 그들은 있지도 않은 의문을 만들어 내고 싶어 한다." 그리고 〈폭스 뉴스〉가 "딘은 테러리즘을 비난했지만, 하마스를 '전쟁에서의 군인'으로서 묘사하는 그의 입장은 미국의 정책과 모순된다"고 결론을 내리자, 그 활동가는 "딘이 하마스

— 미국이 테러리스트 그룹으로 지목한 — 를 지지한다는 무언의 거짓말이 여기에 있다"고 적시하며 다음과 같이 결론을 내렸다. "그들은 보수주의자들이 정치적 목적을 위해 '전쟁'이라는 단어를 마음대로 사용하고 있다는 점을 결코 보도하지 않는다."

〈딘의 신속대응네트워크〉는 지지자들에게 다음과 같이 대응하도록 요청했다.

> 편집인에게 편지를 써서 기자의 정치적 편견을 지적해 주십시오. 당신이 딘의 입장에 관해 의혹을 만들어 내려는 기자의 은밀한 술책에 속지 않았다는 점과 그가 그렇게 함으로써 독자의 지적 능력을 욕보이고 있다는 점을 명시해 주십시오. 진심으로 그리고 격식을 차려서, 그렇지만 당신의 입장을 분명히 알려 주십시오. 편지를 보내기 전에 주의 깊게 그런 사실들을 다시 확인해 주십시오.

이런 요청 아래에는 〈폭스 뉴스〉의 이메일 주소와 하워드 딘 캠페인 웹사이트의 중동 정책에 대한 성명이 들어 있는 사이트에 대한 링크, 그리고 온라인 사전에서 군인에 대한 정의("한 조직의 무장한 지지자")가 제공되었다.

〈폭스 뉴스〉의 보도에 대처할 수 있는 사회적 행동 지침을 마련하기 시작했다는 점에서 주목할 만한 사실은, 이들이 〈폭스 뉴스〉가 후보자에게 불공정하다는 당파적 불평에 머물지 않았다는 점이다. 이들은 보도에 대한 면밀한 독해와 그 보도가 진실을 어떻게 왜곡하고 있는지를 밝히는 안내문 그리고 네트워크의 구성원들이 어떻게 대응해야 하는지에 대한 주의 깊은 설명(관련 정보를 제공하는 자료를 볼 수 있는 사이트 주소와 함께)을 제시했다. 물론, 그다음에 행동은 회원들에게 달려 있었고, 그들이 행동했다.

〈폭스 뉴스〉의 왜곡된 뉴스 보도 사례를 밝히는 것에 대해 사람들은 냉소적인 태도를 취할 수 있다. 어차피 〈폭스 뉴스〉는 딘에게 전혀 호의적이지 않을 것이기 때문이다. 딘 후보와 좀 더 일반적으로는 민주당원의 관점에서 볼 때, 〈폭스 뉴스〉가 내걸고 있는 '공정한 그리고 균형 잡힌' 보도라는 구호는 뻔한 거짓말에 불과했다. 그러나 뉴스를 면밀하게 독해하고, 그것이 어떻게 왜곡되어 있는지를 밝히며, 그것에 대응하는 지침을 마련하는 일련의 활동이 가져오는 효과는 "인쇄하기에 적합한 모든 뉴스"를 보도한다고 주장하는 『뉴욕 타임스』와 같이 좀 더 덜 편파적인 뉴스 보도의 사례에서 좀 더 분명해질 수 있다.

『뉴욕 타임스』의 옴부즈맨이자 공익 편집인이며, 『뉴욕 타임스』 내부의 공적 비평가이기도 한 대니얼 오크렌트Daniel Okrent는 그 신문이 딘에 대한 정치적 보도와 관련해 받았던 수많은 편지에 대해 다음과 같이 언급했다.[5] "이 신문에 딘에 관한 기사가 있는 날이면 그의 지지자들이 보낸 불평들로 이메일이 늘 가득 찹니다(딘의 선거운동본부가 캠프가 발표한 새로운 정책 성명에 대한 기사가 실리지 않은 경우에도 거의 마찬가지입니다)." 그는 몇 통의 편지, 특히 격렬한 몇 통의 편지를 언급하며, "우리가 지난 7주 동안 집중적으로 보도한 하워드 딘 관련 기사에서 독자들의 불평을 받았던 것은 하나의 문장, 하나의 사진, 두 개의 머리기사, 하나의 과장된 기사"였다고 언급했다. 이어서 그는 딘의 지지자들이 딘의 기사에 관해 비판할 만한 것들이 사실 있기는 하지만, 『뉴욕 타임스』가 딘에 대해서 자세히 보도하고 좀 더 많은 지면을 할애했던 것은 그가 예비 경선에서 승리가 유력한 후보자였기 때문이었다는 점을 딘의 지지자들이 인식할 필요가 있다고 지적했다. 오히려, 딘은 다른 후보자들보다 더 많이 보도되었는데, 이는 다른 후보자들에게는 불만 사항이었다는 것이다. 오크렌트는 사소한 실수가 있기는 했지만, 그런 보도에서 체계적으로 잘못된 점을 발견할 수는 없었다고 결론지었다.

미디어와의 이런 상호작용은 계속되었다. 바로 그날, 〈딘의 신속대응 네트워크〉에 누군가가 그 기사를 만족스럽게 언급했다. "놀랍네요. 『뉴욕 타임스』가 딘에 대한 자신들의 보도에 대해 정직하게 보고 있네요. 감사의 편지를 써야겠습니다. 이 또한 좋은 기회라고 생각합니다. 여러분들이 느끼기에 그들이 보도하지 않은 부분들을 지적하고, 그런 불만이 어디서 유래했는지를 여러분의 관점에서 설명할 기회입니다."[6] 이런 상호작용은 딘과 관련된 블로그에서 나타난 수천 개의 의견 교환 가운데 하나에 불과하다. 물론, 이런 상호작용 가운데 몇몇이 내가 바로 위에서 살펴보았듯이 매우 지적인 경우도 있었지만, 그렇지 않은 경우도 있었다.

딘의 캠페인은 아이오와에서 무너지기 시작했다. 애초의 예상대로라면 그는 아이오와에서 승리할 것이었다. 아이오와 예비 경선 2주 전까지만 해도, 그곳에서는 그와 리처드 게파트Richard Gephardt 간의 싸움, 즉 산업 노동조합을 등에 업은 게파트 대 인터넷을 등에 업은 딘 간의 대결이 기대되었다. 아이오와의 승리에서 핵심적인 점은 전통적인 지혜가 말해 주듯이 지지자들을 예비 경선에 데려오는 것이었다. 투표를 이끌어 내는 노동조합의 오랜 능력은 바로 옆 주인 미주리 주에서 만만치 않은 것으로 확인되었고, 이런 노동조합의 능력은 딘을 지지하기 위해 다른 곳에서 아이오와로 온 수천 명의 젊은 자원봉사자들과 가상조직이라는 새로운 힘과 맞붙을 것이었다. 그러나 최종적으로 딘은 18퍼센트를 득표해 3등을 차지했고, 게파트는 11퍼센트를 얻어 4등을 차지하며, 경선에서 중도 탈락하게 되었다. 딘과 그의 지지자들은 크게 실망했다.

그 패배는 캠페인을 붕괴시켰다. 경선 결과가 발표될 때, 딘은 아이오와에서 지지자들을 만나고 있었다. 그는 상황상 부적절한 것처럼 보이는 연설을 시작했다. 그는 차분한 성찰과 패배를 인정하는 정중한 발언이 미덕이었을 그 순간, 환호하고, 고함치며, 큰소리로 말했다. 그는 다음과 같이 선언했다. "우리는 사우스캐롤라이나, 오클라호마, 애리조나, 노스다코타, 뉴멕시코로 갈 것입니다! 우리는 캘리포니아, 텍사스, 뉴욕으로 갈 것입니다!" 『뉴욕 타임스』가 보도한 바에 따르면, 워싱턴 D.C.를 끝으로 몇몇 주들을 열거한 후에, 그는 "쉬고 갈라진 목소리로 연설을 멈추었다."[7] 그의 지지자들과 민주당 분석가들 모두 경악했다. 딘의 행동은, NPR의 로버트 시겔Robert Siegel이 명명했듯이, "나에게는 괴성이 있습니다"I had a scream ● 연설로 말미암아 조소의 대상이 되었다.[8]

딘을 지지하는 웹사이트의 반응은 다양했다. 딘의 괴상한 연설과 연설 중 그가 보여 주었던 호전적인 태도에도 불구하고, 몇몇 사람들은 여전히 그를 지지했지만, 후보자의 연설과 캠페인에 관해 비판적인 견해가 올라오기도 했다. 아래의 발췌는 1월 21일에 올라온 글들이다. 첫 번째 것은 〈딘의 신속대응네트워크〉에서 발췌한 것이고, 그 이하의 글은 〈딘 포 아메리카 웹〉Dean for America 웹사이트로부터 발췌한 것이다.

여기저기서 회자되는 딘의 고함소리와 관련해, 만일 당신이 그것 때문에 당혹감을 느꼈다면, 공화당/미디어의 통일체의 술수에 넘어갔기 때문입니다. 모든 후보자는 때때로 당혹스러운 행동을 하곤 합니다. 필리 스테이크 샌드위치에 스위스 치즈를 넣어 달라고 했던 케리에 관한 그 유명한 소동을 기억하십니까?●● 얼마나 지겹도록 뉴스에서 그런 것을 보아 왔습니까? …… 그것이 아

● 하워드 딘의 연설을 마틴 루터 킹 목사의 유명한 연설인 "나에게는 꿈이 있습니다"(I have a dream)에 빗대어 조롱하는 표현.

이오와에 영향을 미치지 않았을까요? 딘의 고함소리 역시 이와 마찬가지의 것입니다. 그 고함소리가 그토록 지나친 것이었나요? 물론 그렇게 느낄 수 있습니다. 그것을 과장해서 생각하는 사람들과 이를 큰 목소리로 떠드는 호사가들 사이에서는 말입니다.(Mike Jones, "Re: What happened?")

내가 보기에, 딘의 아이오와 연설은 감동적이었고 그의 지지자들에게는 의미가 있는 것이었습니다. 아마도 그는 자신의 연설이 전국으로 방송되고 있다는 사실을 잠시 잊었을 수도 있습니다. 나는 그것이 용서할 만한 것이라고 생각합니다. 그는 자신의 군대를 규합하고 있었고, 진정한 열정을 가지고 그렇게 했습니다. 진정한 열정. 나는 그것을 느꼈고, 바로 이 점이 중요합니다. 그가 맥없이 "그래"라고 소리를 질렀다면 어땠을까요? 그것은 동기를 부여하는 긴 연설의 말미였습니다. 그는 목이 쉬어 그의 목소리를 잃어버렸습니다. 당신은 그의 자세를 보았습니까? 당신은 전체 연설을 다 들었습니까(혹 읽어 보기라도 했습니까)? 그는 그의 지지자들에게 모든 것을 밝혔고, 연단 뒤에 숨어서 비속어를 말하지도 않았습니다.
E. M. 포스터E. M. Forster가 말했듯이, "열정을 지닌 한 사람이 단지 관심만 가지고 있는 40명보다 낫습니다."(benchwarmer, "Governor Dean's Speech in Iowa")

● ● 미국 대통령 선거운동 기간 중에 몇몇 후보자들은 필라델피아 시에서 치즈 스테이크 샌드위치를 먹는데, 이 샌드위치는 필라델피아를 상징하는 음식이기에 흔히 필리 치즈 스테이크라고 불린다. 일종의 정치적 의례인 이 행사에서 민주당 예비 경선에 출마한 존 케리(John F. Kerry)가 필리 치즈 스테이크 샌드위치에 서민들이 흔히 찍어 먹는 종류가 아닌 '스위스' 치즈를 특정해 넣어 달라고 주문해서 논란을 일으켰다. 필라델피아에서 가장 서민적인 음식을 먹으면서 고급 '스위스' 치즈를 넣어 달라고 주문함으로써, 엘리트, 부잣집 도련님, 세상 물정 모르는 사람이라는 이미지가 더욱 강화되었던 것이다.

음, 정말 이해를 못하겠네요. 지난밤에 나는 여자친구와 아이오와 연설을 시청했습니다. 매우 감동적이었지요. 실제로 딘이 그의 지지자들에 보여 준 진정성에 거의 눈물이 날 정도였습니다. 그 연설은 솔직히 내가 캠페인을 위해 무언가를 좀 더 하도록 영감을 주었습니다. "그는 절대로 통제가 불가능하다"라는 수사에 동조하는 언론에 대해 정말 이해할 수 없었습니다. 딘은 아무 잘못이 없습니다. 오히려 나는 딘의 지지자들 때문에 실망했습니다. 모두가 그런 것은 아니지만, 몇몇 지지자들은 그의 연설을 왜곡하고 그것을 강조함으로써, 이미 감상적인 타블로이드 신문에 의해 짜여진 "그것 봐"라는 이야기를 더욱 강화했습니다.

대부분의 국제 뉴스들은 딘의 아이오와 연설에 대한 미국 언론의 보도를 "명백히 비열한 일"로서 묘사했습니다. 변덕쟁이들은 해외 언론 보도를 좀 더 읽어 봐야 합니다.

클린턴은 아이오와에서 오직 3퍼센트만*을 얻었을 뿐입니다. 열정과 진정성이 "미친것"으로 불리고, 지나치게 대본에 의지하는 반사회적인 특성이 "정상적"인 것으로 간주되는 세계는 도대체 어떤 종류의 세계입니까?

내가 지난여름 딘을 지지하기 시작했을 때, 나는 어려운 싸움이 될 것임을 알고 있었고, 미국의 주요 미디어가 하워드를 왜곡하려 할 것이라는 점도 알았습니다. 바로 지금이 좀 더 목소리를 크게 하고, 좀 더 자존심을 세우며, 좀 더 강해지고, 좀 더 영리해질 시간입니다!

딘은 끝까지 저를 믿을 수 있습니다! 〈밋업〉에 세 배로 참여합시다! 당신이 〈밋업〉을 하고 있는 도시에 전단지를 뿌립시다!!! 우리의 조국을 부시 주식회

● 1992년 2월 8일 시행된 아이오와 예비 선거를 의미한다. 이 예비 선거에서 클린턴은 3퍼센트를 획득해 톰 하킨(76퍼센트)과 폴 송거스(4퍼센트)에 이어 3위를 차지했다.

사와 민주당 리더십 위원회의 내부자들Bush Inc & Dlc Insiders의 특수 이익으로부터 구해 냅시다! 우리는 할 수 있습니다. 우리는 승리하기 위해 충분한 자원을 가지고 있습니다. 우리는 이미 많은 수준에서 불가능한 것을 가능하게 만들었습니다. 그것을 잊지 맙시다!(Astronautagogo, "Open Letter to All Fickle Critics")

내 입장은 다릅니다. 그것은 매우 당황스럽고 어설픈 행동이었습니다. 용서할 수 있다면 오직 그 연설이 지지자들을 대상으로 했다는 점입니다. 나와 함께 연설을 시청했던 아내는 몹시 불편해 했습니다. 마지막 고함소리에는 깜짝 놀라기도 했습니다. 그 순간은 아내가 텔레비전에서 그를 처음으로 본 순간이었고, 영원히 그녀에게 편견을 심어 주었습니다. 내가 추측하기에 그는 그것을 극복하겠지만, 그의 연설은 유권자에게 그 자신을 소개하기에는 대단히 나쁜 방식 가운데 하나였습니다.(Mark Olson, "Open Letter to All Fickle Critics")

논쟁은 최고조에 달했다. 논쟁에 불이 붙었고, 논쟁에 참여한 사람들 사이에서는 논란이 계속되었다. 사람들은 열정을 가지고 서로에게 이야기했다. 그들은 동의할 때도 있었고, 그렇지 않을 때도 있었지만 공동 행위를 위해 스스로 준비했다. 사람들이 이런 사회운동에 스스로 참여함에 따라, 수백여 개의 글이 올라왔고 하나의 글에 수십여 개의 댓글이 달리기도 했다.

이는 미디어에서 보도되기도 했다. 『뉴욕 타임스』의 보도는 딘 캠페인의 공식적인 웹사이트에 올라온 한 메시지와 더불어 끝을 맺는다. "알트 뎀AltDem이라는 이메일을 쓰고 있는 사람은 다음과 같은 메시지를 올렸다. "이렇게 말하고 싶지는 않지만, 주지사는 오늘밤 솔직히 무서워 보였습니다.""[9] 물론 이 글에도 많은 댓글이 달렸다.

새로운 미디어 지형에서 작은 것들의 정치

딘이 인터넷 후보였다는 통념은 중요한 지점을 놓치고 있다. 이와 같은 통념은 그가 인터넷을 선거운동의 주요 도구로 활용했고, 그 결과 일정한 성과를 달성하기도 했지만, 궁극적으로는 경선에서 실패했다는 점을 시사한다. 사람들은 흔히 루즈벨트는 라디오를 활용했고, 케네디는 텔레비전을 활용했으며, 딘은 인터넷을 활용했다고 생각한다. 이와 같은 생각들은 미디어 형태들 사이의 풍부한 상호 연결을 간과한다. 좀 더 정확하게 말하자면, 그것은 서로 다른 미디어들을 통해 촉진된 사회적 상호작용이 정치권력을 만들어 내는 방식을 간과한다. 딘의 선거운동을 통해 구성된 권력은 층화되어 있고 분화되어 있기는 했지만, 공동의 권력, 즉 사람들이 다른 사람들과 만나고, 대화하며, 행동할 수 있는 능력으로서의 정치권력이었다. 이를 통해 사람들은 함께 행동할 수 있는 능력을 발전시켰다. 이미 우리는 동구권의 역사적 경험을 통해서 그런 권력이 어떻게 발전했는지를 살펴보았기 때문에, 이제 우리의 대안적인 이론적 관점, 즉 아렌트와 고프먼의 관점으로 딘의 캠페인을 바라볼 수 있다.

우리가 살펴보았듯이, 작은 것들의 정치가 가진 중요성의 핵심은 [상황을_옮긴이] 정의하는 힘이다. 사람들이 서로 만나 이야기를 나눌 때, 그들은 자신들 사이에서 이루어지는 토론의 용어들을 정의해야만 하는데, 그 과정에서 사람들은 세계를 변화시킬 수 있다. 다른 정치적 활동과 함께, 〈무브온〉에 의해 조직된 국제적 시위는 9·11 공격 이후의 상황에 대한 대안적인 정의를 제시했다. 테러리스트들은 그 공격을 지하드의 일환으로 정의했다. 반테러리스트들은 악의 축에 대해 이야기했다. 〈무브온〉에 의해 조직되었던 그리고 아마도 세계 역사상 가장 큰 반전 시위 가운데 하나였던 그 운동은 매우 다른 방식으로 그 상황을 정의했다. 그리고 이를 통해 그 운동은 진정으로 지구화되었다.

시위에 참여했던 사람들은 서로 다른, 그리고 대체로 서로 경쟁하는 국제 정세에 대한 이해를 가지고 있었으며, 서로 다른 일에 헌신했다. 물론, 지구화에 반대하기 위해 시위에 참여한 사람들도 있었다. 이들 사이에서는 로이와 촘스키가 가장 인기 있는 저자들이었다. 그러나 좀 더 중요한 것은 시위의 형태를 이해하는 것이지, 참여자들이 가진 특정한 정치적 목표의 의미를 이해하는 것이 아니었다.

모든 시위를 통일하는 어떤 단일한 선언문은 없었다. 공동의 헌신은 최소주의적 목표[전쟁 반대_옮긴이]를 통해 가능했다. 부시와 그의 편에 있던 사람들이 규정한, 그리고 이라크전쟁으로 확대된, 테러와의 전쟁에 맞서 전 세계적으로 "반대"를 표명하고 있었다. 프랑스에서 이는 정부의 [공식_옮긴이] 입장이었고, 브라질, 남아프리카 공화국, 멕시코, 독일 등지에서도 마찬가지였다. 미국에서 시위대는 관료 집단에 맞섰고, 이는 이탈리아, 호주, 스페인, 폴란드 등 '유지 연합'coalition of the willing● 에 참여한 다른 국가들에서도 마찬가지였다. 촘스키와 그의 지지자들은 테러와의 전쟁이 미국 제국주의의 최신 사례라는 확신을 가지고 있었다. 그들은 이와 같은 미국의 행보가 냉전 시대의 대외 전략은 물론이고, 클린턴 행정부 시기의 대외 전략과도 일맥상통한 것으로 간주했다. 다른 사람들은 [부시의 이라크 침공이_옮긴이] 최근의 인권을 지지하는 정책과 상충된다는 점에 놀라움을 표

● 1990년대 등장한 새로운 용어로서 유엔안전보장이사회가 승인하지 않은 군사적 행위나 개입에 집합적으로 참여하는 국가들의 연합을 의미한다. 1994년 클린턴 대통령이 북한의 핵무기 개발에 대응해 사용하기도 했고, 부시 대통령은 이라크 침공을 위해 이 용어를 활용했다. 냉전 이후 안보 상황에 대한 미국 중심의 임기응변적 대처 방안으로 마련되었으며, 미국의 일방주의를 정당화하는 데 불과하고 국제 관계를 오히려 악화시켜 왔다는 비판이 제기되고 있다.

시했다. 몇몇 사람들은 아랍 민족과 그 주권, 즉 악마적인 서구에 의해 포위된 무슬림 국가들에 대한 지지를 표명하기 위해 시위에 참여했다. 어떤 사람들은 국제사회와 이라크 사람들, 그리고 서구 민주주의 국가들 내에서조차 충분한 논의 없이 이런 전쟁을 수행하는 것은 정당성이 없는 것이라고 생각했다. 이 마지막 그룹이 전쟁을 반대한 이유는 그 전쟁이 지구화 선언이기 때문이 아니라, 충분한 전 지구적 논의를 거쳐서 진행되고 있지 않았기 때문이었다.

반전 시위에 참여한 사람들의 동기가 다양했다는 점은 공동 행위를 제약하는 요인으로 작용했다. 〈낫 인 아워 네임〉Not in Our Name이라는 중심적인 반전 그룹의 사이트는 반전 활동을 지지하는 조직들을 링크시켜 놓고 있다. 이 링크들을 좀 더 자세히 살펴보면, 그런 다양한 입장들을 확인할 수 있다. 〈일렉트로닉 인티파다〉Electronic Intiface라는 친팔레스타인 성향의 사이트가 있고, 〈레볼루셔널리 워커 온 라인〉Revolutionary Worker on Line이라는 한 마오주의 정당의 사이트도 있었다. 또 다른 사이트에서는 마이클 무어 Michael Moore의 논평, 『네이션』에서 발췌한 새로운 미국의 세기에 대한 로이의 기사, 『뉴욕 타임스』 칼럼리스트인 폴 크루그먼과 버몬트 주 하원 의원인 버니 샌더스Bernie Sanders, 그리고 다른 몇몇의 칼럼들을 제공한다. 이와 같은 링크를 통해 전쟁에 비판적인 수많은 입장들을 쉽게 발견할 수 있고, 이 모든 입장들이 전 세계적인 시위에서 표현되었다. 그 웹에 의해 촉진된 개인적인 상호작용들은 사람들을 모으고 시위를 조율했지만, 다양한 집단들이 견지한 입장 사이에는 차이가 있었고, 공동 행위를 위한 가능성은 제한되어 있었다. 그들은 오직 한 가지 것만 함께할 수 있었다. 그들은 전쟁에 대해 '아니오'라고 말할 수 있었지만, 그 이상은 아니었다. 그것을 뛰어넘는 그 어떤 것도, 그런 연합을 쪼갤 것이었다.

여기에는 1989년에 있었던 루마니아에서의 시위와 유사한 점이 있다. 억압의 역사 덕택에 원자화된 전체주의 질서의 구성원들은 그 권력에 '아니오' 이상을 말할 수 없었다. 지구화된 반전 시위자들의 경우에도, 시위 참여자들 사이에서의 허약한 가상적 관계는 이와 비슷한 결과를 낳았다. 그들 사이의 관계는 구체화되지 못했다. 그들은 빠른 속도로 등장했지만, 빠른 속도로 사라졌다. 전 지구적 커뮤니케이션이 가진 힘 덕분에 광범위한 사람들이 참여할 수 있었지만, 이들은 제한된 상호 관계만을 가지고 있었다.[10] 시위 참여자들은 전쟁에 대한 반대를 넘어선 실질적인 입장을 공유하지 않았다. 요약하면, 정치적 권력의 발전을 촉진하는 상호작용은 반전운동의 경우 심각하게 제한되어 있었고, 이는 1989년 부쿠레슈티에서의 상황과 유사했다.

이런 쟁점들 가운데 많은 쟁점들이 딘의 정치 캠페인에 의해 제기되었고, 나아가 딘의 캠페인은 작은 것들의 정치가 좀 더 완전하게 발전할 수 있는 형태를 제공했다. 여타의 전 지구적 소통 미디어 — 인쇄물, 영화, 라디오, 텔레비전 — 와 비교할 때, 웹의 상호 연결성은 매우 인상적인 것이다. 이 새로운 전 지구적 커뮤니케이션 체계가 과거의 체계들과 다른 점은 이 체계 속에서 작은 상호작용들이 좀 더 중요해졌다는 것이다. 그러나 딘의 캠페인은 한 걸음 더 나아가 웹이 어떻게 정치적 행위를 충분히 발전시킬 수 있는지를 보여 준다.

선거 자금을 거두어들이는 역량은 이와 같은 점을 가장 명시적으로 보여 주었다. 다른 정치 후보자들 역시 소액 기부자들로부터 입후보에 필요한 자금을 마련하기 위해 인터넷을 이용했다. 존 맥케인John McCain도 2000년 선거에서 그렇게 했다. 그러나 딘은 과세 원리의 거울 이미지로 불릴 수 있는 방식으로 선거 자금을 마련했다. 소득분배 양상을 가정하면, 정부

세입의 가장 든든한 기반은 부자가 아니라 중산층이다. 하워드 딘은 이와 같은 유형의 자금 모집을 통해 예비 선거에 필요한 자금을 모집할 수 있었다. 수많은 소액 기부자들의 광범위한 지지를 이용해, 딘은 부유한 기부자에 대한 의존으로부터 벗어날 수 있었다. 부유한 기부자에 의존하는 선거 캠페인이 미국의 민주주의를 침해해 왔다는 점을 고려하면, 선거 자금을 모금하는 데 있어서의 이런 변화는 미국의 민주주의를 전환시킬 수 있는 잠재적인 함의를 내포하고 있다. 재정적 지원은 정치적 영향력과 함께한다.

그러나 좀 더 중요한 점은 딘의 캠페인이 소규모의 사회적 상호작용을 중심으로 조직되었다는 것이다. 딘이 자신의 캠페인을 전략과 조직의 산물이 아닌, 그의 지지자들의 활동의 산물이라고 했을 때, 그는 민주적인 지도자로서의 의례적 제스처 이상의 진리를 표현하고 있었다. 그를 주요한 반전 후보자로 만들었던 것은 딘을 지지했던 독립적인 블로거들과 〈무브온〉 사이트에서 이루어진 가상적 상호작용이었다. 선거운동이 진행되고, 사람들이 그의 선거운동에 지지를 보낼 수 있었던 것은 딘의 웹사이트에 지지자들이 적극적으로 참여했기 때문이었다.

이것은 몇 가지 우려할 만한 문제를 제기했다. 사람들은 단지 서로 비슷한 생각을 하는 사람들끼리만 대화하며, 생각이 다른 사람들의 입장을 접하지 못한다는 것이다. 온라인 캠페인 연구자인 브루스 빔버Bruce Bimber 는 다음과 같이 주장한다. "민주주의는 논의의 과정으로서 정의되어 왔다. …… 사람들을 파편화해 마음에 맞는 그룹들로 나누는 인터넷의 경향은 이것을 연구한 사람들에게는 우려스러운 것이다."[11] 활동가들과 관찰자들은 인터넷이 정치 담론들을 분절화하고, 결과적으로 정치 담론과 민주적 역량을 위협한다고 우려한다.

그러나 이런 우려는 핵심을 놓치고 있다. 딘의 웹사이트와 다른 당파적 웹사이트들에서의 논의는 위르겐 하버마스Jürgen Habermas가 말하는, 일반적인 공공 영역, 즉 모든 시민들이 공동의 행위 과정을 찾으면서 당대의 문제를 논의하고 상호간에 이해에 도달하는 그런 공공 영역이 아니었다.[12] 대신에 그것들은 작은 것들의 정치를 위한 장소를 구성했는데, 사람들은 그곳에서 서로 만나고, 알게 되며, 신뢰하고, 공유된 상황 정의를 통해 공동의 행위 과정에 참여할 능력을 배양했다. 반전운동의 '아니오' 이상으로 나아가는, 그리고 가상적인 상호작용의 네트워크에서 선거 자금을 모금하고, 대중매체를 감시하며, 탈중심화된 방식으로 정치적 캠페인을 계획할 수 있었던 것은 바로 그런 "서로 비슷한 생각을 하는 사람들에게 말하는" 것을 통해서였다.

모린 다우드Maureen Dowd는 『뉴욕 타임스』에 하워드 딘에 대한 신랄한 칼럼을 게재했다. 그 칼럼은 상대방의 스타일을 관찰하고, 그것에 대한 반어적이며, 심지어는 냉소적인 논평을 일삼는 그녀의 글쓰기 방식을 유감없이 보여 주었다. 그녀의 관찰에 따르면 [아이오와 연설 이후, 뉴햄프셔 선거 운동에서_옮긴이] "하워드 딘은 짖기만 했지 물지는 않았다. 그의 공격은 번번이 핵심을 비켜 갔다. 심지어 제대로 으르렁거리지도 못했다"라고 유감을 표명했다.[13] 그녀의 관찰에 따르면, 딘은 "나에게는 괴성이 있습니다" 연설 이후, 자신의 표현을 가다듬고, 예리함을 부드럽게 하려고 노력했다. 그녀는 CBS의 〈데이비드 레털맨 쇼〉Late Show with David Letterman와 ABC의 〈프라임타임 라이브〉Primetime Live에 딘이 출현한 것(딘은 아내와 함께 출연해 다이앤 소여Diane Sawyer와 인터뷰를 했다)을 조롱했다. 다우드는 주로 딘과 아내의 스타일과 텔레비전 시청에 대한 그들의 경멸을 비롯해, 이들의 독특한 점들을 주로 부각시켰다. 사실, 딘과 그의 아내는 대중들이 저명인사들에게 기대하는 스타일과 거리가 먼 동북부 자유주의자였다.

뉴욕의 신속대응네트워크 회원들은 [다우드의 칼럼에_옮긴이] 비판적이었다. 새뮤얼 프랫Samuel Pratt은 다우드의 칼럼이 나온 그날 『뉴욕 타임스』에 한 통의 편지를 썼고 〈야후〉를 통해 딘 네트워크의 구성원들과 이를 공유했다. "상대방이 쓰러져 카운트다운 상태에 있을 때에는, 로프에 올라 고래고래 소리를 지르고 야유를 퍼붓는 걸 잠시 멈춰 주십시오."14 『뉴욕 타임스』는 바로 다음날 이 편지를 받아들일 수 없다는 입장을 정중히 피력했는데, 프랫은 이 글 역시 게시판에 올렸다. "윤리적으로 부적절하거나 사실과 다른 내용이 없다면, 칼럼니스트 개인은 말하고 싶은 것을 말할 수 있고 독자들은 그들이 좋아하는 것을 좋아할 수 있으며 좋아하지 않는 것을 싫어할 수 있습니다." 뒤이어 두 개의 글이 게시판에 올라왔는데, 이는 프랫의 행동을 응원하는 것이었다.

이와 같은 종류의 [사회적 행위의_옮긴이] 교환은 딘의 권력의 상호작용적 구성 요소의 한 사례로, 공적 세계로의 개입과 뒤이어 그 운동의 내부에 있는 사람들로부터의 사회적 지지의 확인을 의미한다. 그것은 1970년대 후반 폴란드 바르샤바의 불법 시낭송회에서 나타났던 사람들 사이의 태도[서로에 대한 존중_옮긴이]와 사실 비슷한 것이었다. 이런 양식들은 그 사건[불법 시낭송회_옮긴이]을 정상적인 것으로, 즉 자유로운 사회에서 존재할 수 있는 독립적인 문화적 배경으로 정의하는 데 기여했다. 그런 무대가 지속되고 억압을 벗어났을 때, 자유로운 사회가 확립되었다. 딘의 입후보와 관련된 댓글 및 블로그에서도 이와 유사한 종류의 사회적 활동이 가상적으로 제시되었다. 나아가 블로그, 대화 그룹, 〈야후〉와 〈밋업〉을 사용하는 자발적 그룹들(물론, 공식적인 선거운동 사이트도 있었다)을 통해 만났던 사람들은 서로 간에 우정을 쌓고, 서로의 현존 속에서 행위했으며, 공유된 세계관을 구축했고, 함께 사건들을 정의하고 판단했다. 그 연후에, [상황에 대한_옮긴이] 공유된 정의와 판단을 기반으로 그들은 행동에 나섰다. 이와 같은 방식으로 가상적 커뮤니케이션을 통해 매개된 사회운동이 형성되었는데, 이런 사회운동에는 '아니오'라고 말하는 힘을 넘어서 정제된 판단을 내리고 정치적으로 개입할 수 있는 능력이 있었다.

인터넷 버블?

딘의 캠페인이 결국에는 승리하지 못했다는 점에서, 가상적으로 구성된 정치권력, 즉 온라인판 작은 것들의 정치의 효과를 일축하려는 유혹이 있다. 뉴햄프셔에서 딘이 패배한 지 3일 후, 『뉴욕 타임스』는 사설을 통해 다음과 같이 주장했다. "하워드 딘의 몰락은 2000~01년 사이에 몰락했던 수많은 닷컴 회사들의 운명을 떠오르게 한다. 닥터 딘은 한창 잘나가던 작년만 해도 인터넷 대통령 후보로 불리는 것을 내심 반겼지만, 이제 그 칭호는 불길한 예언임이 입증되고 있다."[15]

　딘의 캠페인에 문제가 있었을 수도 있다. 그런 문제 가운데 몇 가지는 새로운 매체가 (좀 더 전통적인 미디어와는 다른 방식으로) 성취할 수 있었던 것을 과대평가했다는 점과 관련되어 있을 수도 있다. 하지만 하워드 딘이 새로운 매체를 통해 유의미한 선거운동을 할 수 있었다는 점과 캠페인이 실패로 끝나게 된 이유에는 잘못된 선거 자금 관리라는 매우 전통적인 문제가 있었다는 점 역시 사실이다.[16] 실제로 경선을 빨리 끝내고자 하는 희망에서 초기에 전국적으로 과도하게 선거 자금을 사용했던 전략은 실패로 끝났다. 선거 자금은 인터넷을 통해 자발적으로 흘러들어 왔지만, 광고와 캠페인에 참여하는 사람들의 급여를 위해서 빠르게 흘러 나갔다. 후보자의 악명 높은 괴성 연설은 부적절한 순간에 그를 더욱 약화시켰지만, 그것은 텔레비전에 비쳐진 일련의 실수 가운데 단지 하나에 불과했다. 후보자는 시청자들의 호감을 사기 위한 노력을 별반 기울이지 않았다. 그는 입장들을 개진했지만, 개성을 보여 주지는 못했다. 텔레비전이 여전히 중요한 매체라는 점에서, 이것은 결정적인 실수였다.[17] 상당수의 사람들이 2000년 선거에서 앨버트 고어Albert Gore를 좋아하지 않았던 이유는 그가 텔레비전에서 너무 뻣뻣했고, 공격적이었으며, 거들먹거리는 것처럼 보였기 때문이다. 많은 사람들은 거실이나 부엌, 침실과 같은 일상의 공간에서 그가 텔레비전에 나오는 것을 좋아하지 않았다. 그는 일반투표에서 승리했고 몇몇은 그가 선거인단에서도 승리했다고 생각하지만,[18] 주어진 경제 상황, 그 당시의 지정학적 상황, 그리고 당시의 클린턴 대통령의 인기를 감안한다면, 그는 확실히 그렇게 결정적으로 승리하지는 못했다. 사람들이 그에게 투표할 만큼 충분히 그를 좋아하지 않았다. 이 점을 염두에 두면, 민주당 후보자가 유권자에게 좋은 인상을 주는 것은 긴요한 일이었지만, 딘은 이것에 신경을 쓰지 않았다.

가상적인 상호작용을 통해 작동하는 작은 것들의 정치가, 권력을 만들어 내는 여타의 방식들을 대체하는 것은 아니다. 텔레비전이 가진 힘을 부인할 수는 없다. 그렇다고 이런 점이 작은 것들의 정치가 중요하지 않다는 것을 의미하지는 않는다. 우선, 우리는 그것이 거의 전망이 없었던 한 작은 주의 주지사를 전통적인 정치적 경쟁에서 유력한 후보로 탈바꿈하도록 도왔다는 점을 기억해야 한다. 그러나 여기에는 좀 더 많은 것들이 관련되어 있었는데, 이는 우리가 이런 작은 것들의 정치를 좀 더 넓은 정치적 맥락에서 살펴볼 때 매우 분명해진다.

사람들이 이라크전쟁에 반대해 전 세계적으로 시위를 벌이고 있을 당시, 그와 같은 시위를 통해 국가권력을 장악할 수 있을 것이라고 생각했던 사람들은 극소수에 불과했다. 다수의 사람들이 가졌던 목표는 단순했다. 즉, 전 세계적으로 전쟁에 반대하는 목소리를 냄으로써 여론에 영향을 미치고 정치 지도자들이 전쟁에 반대하도록 설득하는 것이었다. 그 시위들은 매우 성공적이었다. 전 세계적인 시위 덕택에 유엔에 소속되어 있는 많은 국가들이 전 지구적 슈퍼 파워인 미국의 입장에 꿋꿋하게 맞설 수 있었을 것이다. 그리고 그 시위들은 이라크전쟁이 진행되는 과정에서의 투쟁들을 위한 전 지구화된 문화적 맥락을 제공한다. 그러나 그 시위들의 영향은 여전히 불확실하다. 베트남전쟁에 대한 반전운동의 영향이 불확실한 것과 마찬가지로, 그 시위들의 영향은 많은 경우 그것을 판단하는 사람의 입장에 달려 있다.

그러나 작은 것들의 정치가 '아니오'라고 말하는 힘을 넘어서 나아갔을 때, 즉 하워드 딘의 민주당 대통령 예비 선거 경선의 기반이 되었을 때, 그 시위들의 결과는 좀 더 분명해졌다. 애초에 하워드 딘이 내건 가장 호소력 있는 주장 가운데 하나는 자신이 "민주당 내의 민주당" 출신이라는 것이었다. 그는 민주당이 길을 잃었다고 생각하는 민주당원들의 실망감을 표현하고 있었다. 민주당은 레이건 이래로 오랫동안 지속되어 왔던 공화당 우파의 신자유주의적이고 반국가 개입주의적인 국내 정책에 효과적으로 도전하지 못했고, 부시의 군사적인 반테러 정책에 도전하지도 못했다. 딘의 입후보는 이런 상황을 변화시켰다. 그는 이라크 및 테러와의 전쟁에서 부시의 정책에 단도직입적으로 반대했고, 그 결과 인터넷상에서 형성 중에 있었던 반전 공동체가 그를 받아들였다. [전쟁에 반대한다는_옮긴이] 그의 메시지와 작은 것들의 정치를 통한 사회운동의 형성 사이에서, 그는 전쟁에 반대하는 정치 지도자로 간주되었다. 국내 쟁점과 관련해, 그는 부시가 제안하고 하원이 비준한 부자에게 유리하고 가난한 사람들에게 불리한 감세 정책을 단호하게 비판했다.[19] 그와 같은 감세 정책은 아프가니스탄 및 이라크에서의 전쟁과 테러와의 전쟁에 따른 점증하는 군사비 지출과 맞물려 연방 적자를 심화시킴으로써, 교육, 의료보험, 빈곤이라는 긴급한 문제들을 제기하기 어렵게 만들고 있었다. 하원의 민주당 의원들은 2002년 중간 선거에서 이런 쟁점들을 제기하는 데 지레 겁먹고 있었다. 대통령 예비 경선 입후보 과정에서, 딘은 이런 문제들을 제기했고, 다른 모든 후보자들이 이런 문제들을 제기하도록 강제했다.

이 점은 테러와 반테러의 시대에 작은 것들의 정치가 이룩한 가장 두드러진 성취를 시사한다. 그것은 바로 정치 담론의 변화다. 공산주의의 붕괴 이래, 우파의 정책에 대한 체계적인 비판은 어렵게 되었다. 자본주의에 대한 체계적 대안으로 간주되던 사회주의가 더는 작동하지 않는 것으로 드러나고 복지국가가 그 자신의 체계적 문제들을 노출함에 따라 우파의 신자유주의 정책이 유의미한 것처럼 보였고, 좌파는 종종 그렇지 않은 것처럼 보였다.[20] 그러나 이는 신자유주의가 유일한 길이거나 가장 최상의 길이었다는 것을 보여 주는 것은 아니었다. 나아가 최근의 혼란이 설득력 있게 드러내 주는 것처럼, 역사가 종언을 고했음을 보여 주는 것도 아니었다. 오히려, 이는 신자유주의와 근본주의에 대한 대안들이 분명하게 결정적으로 표현되지 않고 있었다는 점을 보여 준다.

잠시 동안이나마 영국과 미국인들이 하나의 대안을 제시하기 위해 서로 손을 맞잡은 것처럼 보였다. 이전에 레이건과 마가렛 대처$^{Margaret\ H.\ Thatcher}$가 신보수주의의 승리를 쟁취했듯이, 클린턴과 블레어도 새로운 제3의 길을 통해 이런 승리를 쟁취하려고 했던 것처럼 보였다. 제3의 길은 복지국가에 대한 비판이 가진 설득력과 사회주의의 역사적 붕괴에 적응해 나가면서, 시장경제의 창조성과 생산성을 활용하기는 하지만, 사회정의에 대한 추구를 포기하지는 않는 것이었다. 그러나 의료보험 논쟁에 대한 클린턴의 부실한 대처와 자신의 정치적 입장을 공화당과 의회 민주당 사이에 놓으려 했던 그의 정치적 줄타기는 모니카 르윈스키Monica S. Lewinsky 스캔들과 맞물리면서 적어도 미국에서는 제3의 길의 가능성을 좌절시켰다. 라틴아메리카, 가장 흥미롭게는 브라질에서 신자유주의와 국가 개입주의에 대한 민주적 대안들이 나타나기 시작했고, 유럽에서도 점차 그런 대안들이 싹트고 있었지만, 미국에서는 적어도 하워드 딘이 등장하기 이전까지는 그렇지 못했다.

딘이 개인적으로는 경선에서 패했을지라도 그의 입후보가 지닌 중요한 의미는 그가 민주당의 입장을 재정의하도록 했다는 점이다. 민주당은 이제 좀 더 분명하게 가난한 사람들을 위한 사회적 정의에 관심을 두게 되었다. 그것은 존 에드워즈Johnny R. Edwards가 입후보하는 취지가 되었다. 민주당은 테러와의 전쟁에 대한 군사적 접근에 맞서는 정당이 되었다. 이것은 예비 선거 기간 동안에 조셉 리버만Joseph Liberman을 제외한 모든 민주당 후보자들의 입장이었고, 딘과 함께, 존 케리John F. Kerry와 웨슬리 클락Wesley Clark의 중심적인 호소이기도 했다. 민주당은 의료보험의 체계적인 개혁을 추구하는 정당이 되었는데, 이는 딘과 게파트가 강력하게 주장했고 모든 입후보자들이 그 주장을 받아들임으로써 그렇게 될 수 있었다. 그리고 민주당은 이라크전쟁이 선언되었던 방식과 미국의 점령 행위에 근본적으로 의문을 제기하는 정당이 되었다. 이것 역시 리버만을 제외한 모든 후보자들의 입장이었다.

미국에서는 오랫동안 신자유주의자와 근본주의자의 입장에 대한 정치적 대안이 존재하지 않았다. 자칭 중도주의자들이 공화당에 맞서 대안적인 원칙을 제시하기보다는 민주당을 이로부터 벗어나게 함에 따라, 자유주의적인 민주당원들은 주변화되었다. 이제 딘의 입후보 덕택에, 좀 더 정확하게는 작은 것들의 정치가 정치적 자유를 확보하고 현재 미국이 겪고 있는 상황을 재정의할 수 있는 공간을 창조적으로 마련하기 시작함에 따라, 그런 대안이 존재하게 되었다. 사람들은 종종 가상적으로 만나 서로 이야기를 나눴으며, 공동의 행위를 위한 능력을 발전시켰다. 그들은 상황을 재정의했으며 권력이 구성되었다. 새로운 민주적인 목소리를 들을 수 있게 되었다. 오늘날의 긴급한 쟁점에 대한 좀 더 진지한 대화가 주류 정치, 즉 양당 체계 정치의 일부가 되었다. 이것은 중요한 정치적 발전이었다.

그러나 그런 비판적 목소리는 다수의 미국 유권자들이 들을 수 있을 만큼 충분히 분명한 것은 아니었다. 그것은 민주당 활동가들에 의해 구성된 가상적인 작은 것들의 정치가 왜 의문시될 수밖에 없고 간과되어 왔는가에 대한 또 다른 이유다. 즉, 그런 가상적인 공간에서 이루어진 작은 것들의 정치는 대통령 선거에서 승리하지 못했다.

THE

POLITICS

OF

SMALL

THINGS

| 6장 |

2004년

교회, 우파, 그리고 작은 것들의 정치

작은 것들의 새로운 정치가 지닌 한계는 2004년 11월 대통령 선거가 막바지에 다다르자 분명해졌다. 존 케리는 민주당원과 공화당원 사이의 차이를 부각하는 방식으로 선거운동을 진행했다. 이는 딘의 선거운동이 성공을 거둘 수 있었던 주요 측면이었다. 이를 통해 그는 민주당 지지 세력을 재결집하고, 핵심 지지자들을 조직했다. 그는 인터넷을 활용해 공화당보다 많은 선거 자금을 모금하기도 했다. 그러나 그는 패배했다. 이런 패배는 그를 지지했고 부시가 주창하는 새로운 정치적 질서에 대한 대안을 갈구했던 사람들에게 절망과 혼란을 초래했다.

케리의 한계에 대해 추론하는 많은 논평들이 이후 쏟아져 나왔다. 평론가들은 그의 개성과 정치, 제한된 지역적 호소력, 너무 과도한 자유주의적 성향, 혹은 거꾸로 충분치 못한 자유주의적 성향 등을 지적했다. 선거가 끝난 직후에는, "도덕적 쟁점"이 결정적인 것처럼 보였다. 전국선거취재연합The National Election Pool의 출구 조사에 따르면, 투표자의 22퍼센트가 도덕적 요인을 유권자의 선택에서 결정적인 요인이라고 답했다. 그다음으로는 경제와 일자리(20퍼센트), 테러(19퍼센트), 이라크(15퍼센트), 의료보험(8퍼센트), 세금(5퍼센트), 교육(4퍼센트) 등의 순서였다. 나아가 선거에서의 핵심 쟁점이 도덕적 쟁점이라고 답한 사람 가운데 80퍼센트가 부시에게 투표했던 것으로 나타났다. 이후에, 좀 더 정치한 분석을 통해 위의 수치가 불명확하다는 점이 밝혀졌다. 위의 분석은 처음에 케리를 승자로 예측했던 것과 동일한 문제의 소지가 있는 여론조사 기법을 기반으로 작성된 것이었다. 도덕적 가치라는 범주는 다른 많은 가치들을 포함하고 있었고, 반드시 종교적 보수주의의 가치만을 포함하는 것은 아니었다. 게다가 종교를 믿는 사람들이 일반 대중보다도 월등히 높은 비율로 투표에 참여했다는 증거 역시 거의 없었다.[1]

그러나 예전보다 많은 사람들이 투표에 참여했다. 민주당과 공화당의 치열한 지지자 동원이 투표수 증가에 기여했다. 종교적 우파는 민주당 이상으로 유권자들을 조직했던 것으로 보인다. 이것은 쉽게 말해 민주당이 정치적 경쟁에서 패배했다는 점을 시사한다. 공화당은 핵심적인 유권자를 사로잡기 위한 경쟁에서 민주당보다 우위에 있었다. 그것은 또한 중요한 이론적 질문을 제기한다. 작은 것들의 정치는 대안을 모색하는 데에서와 마찬가지로, 전쟁에 대한 정책을 포함해 미국에서 현상 유지를 뒷받침하는 데에서도 중요한 역할을 했는가? 작은 것들의 정치는 좌파의 세속화된 정치만큼이나 혹은 그 이상으로 우파의 신성화된 정치를 활성화시켰을 수도 있다. 2004년 선거 기간 동안 복음주의 교회에서의 사회적 상호작용은 종교적 우파에게도 미시 정치가 중요했음을 시사한다. 작은 것들의 정치가 좌파에게 목소리를 부여했듯이, 종교적 우파의 목소리도 일반 사람들의 생활 속에서 분명히 표현되고 지지를 받았다.

미시 정치와 종교적 우파

인터넷과 같은 미디어를 통한 조직화와 모금 운동은 반전운동과 하워드 딘의 선거운동에서뿐만 아니라, 교회와 종교적 우파 내의 다른 기관들에서도 이루어졌다. 사실, 대중을 광범위하게 조직하는 데 있어서의 좌파의 성공은 레이건 시대로 거슬러 올라가는 우파에 의한 대중 미디어의 혁신에 대한 대응을 통해서였다.[2] 선거가 다가오고 박빙의 승부가 분명해짐에 따라, 결국 문제는 다음과 같았다. 즉, 어느 쪽이 지지자들을 좀 더 많이 조직할 수 있을 것인가. 우파의 승리를 어떤 한 요인 때문으로 볼 수는 없지만, 우파가 종교적 유권자들을 성공적으로 조직할 수 있었다는 사실은 분명 승리의 한 원인이었다.

정치적 삶의 변화를 조성했던 사람들 사이의 상호작용은 대단히 중요하다. 교회 내부에서의 사회적 상호작용과 교회 간의 사회적 상호작용은 대안을 제시하기보다는 지배적인 힘을 강화했지만, 그럼에도 그와 같은 상호작용은 교회 밖의 좀 더 큰 사회에 중요한 영향을 미칠 수 있는 정치 세력을 형성했다.

작은 것들의 정치가 현상 유지나 지배적인 경향에 맞서는 데 효과적인 만큼 그 반대일 수도 있다. 이는 아렌트가 묘사한 고대의 자유로운 정치에서도 마찬가지였다. 사람들은 함께 모여, 폴리스의 운명을 논의했고, 그것을 방어했다. 정치는 공통적으로 이해되었듯이 자유로운 정치 질서를 유지하는 것에 관한 것이었다. 분명 기독교 우파들도 자신들이 자유로운 정치 질서를 유지하기 위한 일을 하고 있다고 생각했다.

미국적 상황에서 좌파와 우파의 미시 정치 사이에는 실제로 유사점이 존재했다. 좌파의 〈락더보트〉Rock the Vote 및 그와 유사한 프로젝트들은 부시에 반대하는 젊은 유권자들을 동원하려 했다. 우파에는 〈리딤더보트〉Redeem the Vote가 있었는데, 이는 대통령으로 기독교 신자를 지지했다. 두 조직 모두 공식적으로는 초당파적인 단체였고, 다른 초당파적인 조직들과 연계되어 있었다.[3] 그러나 〈락더보트〉의 경우 민주당전국위원회Democratic National Committee의 전직 국장이 단장을 맡고 있었고, 매우 진보적인 노동조합인 서비스노동자국제조합과 같은 조직의 지지를 받고 있었다. 반면, 〈리딤더보트〉의 경우에는 패트릭 헨리 칼리지Patrick Henry College라는 극단적으로 보수적인 대학을 졸업한 학생들이 상근하고 있었으며, 게리 바우어Gary Bauer, 제임스 돕슨James Dobson, 찰스 콜슨Charles Colson과 같은 종교적 우파의 핵심 인물들이 지지하고 있었다. 〈리딤더보트〉는 〈기독교방송네트워크〉The Christian Broadcasting Network, 〈포커스 온 더 패밀리〉Focus on the Family, 〈폭스 뉴스〉 등과 연결되어 있었다. 명확한 정치적 입장을 가지고 있었던 주요 팝 가수들은 〈락더보트〉를 지지했는데, 그들 가운데는 딕시 칙스Dixie Chicks와 퍼블릭 에너미Public Enemy 등이 있었다. 기독교 랩퍼와 록 가수들은 〈리딤더보트〉를 지지했다. 양 진영 모두 연예인의 유명세를 발판으로 젊은 투표자들의 지지를 끌어들이기 위해 노력했다.

그 밖에도 대중적인 반전운동과 딘의 캠페인에 맞섰던 우파의 전국 조직들이 있었다. 우파와 좌파 조직들은 형태상 유사했다. 기독교연합Christian Coalition은 "미국의 경건한 유산을 방어하는 선도적 풀뿌리 조직"임을 자임했다.[4] 〈무브온〉과 같은 조직들이 우파의 외교 및 국내 정책들에 대한 대안을 제시하면서 좌파를 조직하는 데 일조했던 것처럼, 기독교연합(및 그와 유사한 조직들)은 미국 사회의 "신을 믿지 않는" 경향에 반대하는 입장을 표명했다. 그것은 다음과 같이 행동을 촉구하면서 웹사이트를 개설했다.

오늘날 기독교인들은 신앙인을 단결시키고 그들을 옹호함으로써 또다시 정부에서 능동적인 역할을 하고 있습니다. 가족의 가치를 지키려는 수백 명의 정치 지도자들이 지역과 주, 그리고 연방직에 선출되었습니다. 가족의 가치를 지키려는 행동주의는 학교의 이사회로부터 미국의 의회에 이르기까지 정책을 변화시키고 결정에 영향을 주고 있습니다. 당신은 우리와 함께 [이들을_옮긴이] 도울 수 있습니다.

신앙인들이 목소리를 높이고 개입할 시간이라고 말하는 미국의 수백만 명의 사람들에 당신의 목소리를 보내세요. 당신의 도움으로, 무고한 생명이 법의 보호를 받지 못하는 경우가 없게 될 것이고, 좀 더 많은 공립학교들이 최소한의 기준을 충족시키게 될 것이며, 마약, 폭력, 그리고 난잡한 성행위의 유혹에 빠져드는 젊은이들이 더욱 줄어들 것입니다.

당신의 참여를 통해 미국의 기독교연합은 좀 더 많은 투표 안내서와 정치인들의 성적표를 나누어 줄 수 있고, 좀 더 많은 활동가들을 훈련시킬 수 있으며, 의회와 각 주에서 이루어지는 주요 안건에 대한 투표에 더 많은 영향을 미칠수 있습니다. 우리 단체의 회원이 되면, 당신은 당신이 행사할 수 있는 한 표뿐만 아니라, 미국에 영원히 영향을 미칠 것입니다.

기독교연합은 미국 사회에 영향을 미칠 수 있는 세 가지 방법 — "기도 코디네이터"prayer coordinator가 되어 역할 모델이 되기, 기독교연합 지부를 만들어 매일 국가를 위해 기도하기, 또는 기존 지부에 참여하기 등과 같은 것 — 을 강조했다. 기독교연합의 회원들은 일상생활 전반에 걸쳐 그와 같은 연합을 유지하고 있었고, [그것에 참여하는_옮긴이] 개인들은 쉽고 효과적으로 영향을 미칠 수가 있었다.

이것은 반전운동과 하워드 딘의 캠페인 과정에서 나타난 가상공간에서의 행동주의와 유사했지만, 한 가지 점에서 중요한 차이가 있었다. 개인과 거대한 규모의 운동 사이의 관계는 특정한 지역적 무대, 즉 교회 및 이와 연계된 조직을 중심으로 이루어졌다. 『종교 뉴스』Religion in the News의 기자인 킴벌리 콩거Kimberly Conger는 다음과 같이 관찰한다. "종교적 우파의 활동가들은 수년에 걸쳐 서로 알고 있었고, 같은 동네에서 살고 있으며, 선교회에 함께 참여하고, 동일한 기독교 학교와 기독교 대학에 다니는 자녀가 있으며, 동일한 자선 조직을 후원해 왔다. 이런 사람들은 서로 친구이며, 정치를 훨씬 넘어서는 방식으로 서로 관계를 맺고 있다."[5]

이렇듯 기독교 우파의 중요한 강점은 지역과 일상적 실천에 근거를 두고 있다는 점이다. 이는 선거 기간 동안 전술적 이점을 제공했다. 공화당은 친구와 이웃의 활동을 통해 지지층을 동원했던 반면, 민주당은 대체로 이방인의 활동을 통해서 그런 목표를 달성하려 했다. 선거운동원이 〈밋업〉을 통해 유권자에게 접근하는 과정에서, 운동원들은 일반적으로 자신들이 만나고 있는 사람들을 알지 못했다. 그러나 종교적 우파의 선거운동원들과 잠재적인 유권자들은 동일한 교회와 공동체 조직의 구성원들이었다.

민주주의적 이상에 비추어 볼 때, 공동체 내에서의 이와 같은 연계는 다양한 문제를 제기한다. 2004년의 정치적 동원은 원리상 혹은 실천상 민주적이지 않은 조직에 배태되어 있었고 그것에 의해 지도되고 있었다. 종교 지도자들이 그 운동에서 핵심 행위자였다.[6] 그리고 그들은 자신의 교구에서 신의 문제와 종교의 문제에 관해 우월한 권위를 주장한다. 우월하고 권위를 가진 인물로서의 성직자와 공동체 사이의 관계는 그 자체로 민주주의의 원리에 도전한다. 사람들이 교회에 함께 모여 크던 작던 정치와 관계를 맺게 되었을 때, 말씀의 권위가 민주적 상호작용을 대체할 위험이 있었다. 다음과 같은 보도를 검토해 보자.

아크론 침례교회의 예배당 밖에 있는 테이블에는 종교와 정치가 나란히 놓여 있다. "그리스도의 수난"The Passion of the Christ에 관한 책 옆에 다량의 선거투표

안내서가 있었다. 설교단에서는 댈러스 빌링턴Dallas Billington 목사가 신도들에게 말씀을 전달했다. "성경에 투표하세요."[7]

교회의 종교적 메시지와 공화당의 정치는 목사를 통해 긴밀하게 결합되었다. 그는 자신의 양떼를 종교적으로 인도하고 있었을 뿐만 아니라 정치적으로도 인도하고 있었다. 이런 활동은 공화당의 전략과 연결되어 있었고 특정 정부의 정책을 지지하거나 반대하는 것이었기 때문에, 헌법상 논란을 일으켰다. 그것은 또한 두드러지게 전민주적이고 전근대적인 특징을 미국 정치에 도입했다. 이것은 지도자에게 복종하는 정치였는데, 여기서 공동체의 지도자는 공적 관심의 문제에 대해 식견이 높은 판단을 내리고 아랫사람들은 지도자의 결정에 순응했다. 이것은 18세기 미국 정치의 틀이었고, 미국 헌법 제정자들이 그런 틀을 상상하기는 했었지만, 시장과 민주적 사회의 역동성에 의해 대체되었던 정치였다.[8]

다른 보도를 검토해 보자.

켄 허처슨Ken Hutcherson 목사의 작전은 간단하다. 전직 프로 풋볼 선수였던 이 대형 교회의 목사는 오늘 경기장의 관중과 맞먹는 규모의 복음주의 기독교도들을 [워싱턴에 있는_옮긴이] 내셔널 몰National Mall로 떼지어 보내 동성 결혼을 비난하고 2004년 대통령 선거가 "신에 의해 통제되고 있다는 점을 모든 사람에게 알리는" 것이었다.[9]

나의 책무는 목사들과 기독교 신자들이 책임감 있게 투표에 임하고 하나님의 주권과 관련되어 있는 중요한 쟁점들을 그들에게 일깨워 주는 것입니다.[10]

여기에는 그 복음주의 목사가 신이 정치적 선거에서 어떻게 투표할 것인지를 어느 정도 알고 있다는 추정이 있다. 신도는 어떤 선택도 할 수 없으며, 이 점은 교회의 사회적 삶을 정의한다.

모든 신자들이 이를 달가워한 것은 아니었다. 애틀랜타 교외에 살고 있는 한 여성은 『종교 뉴스』의 편집자에게 보낸 일련의 이메일 메시지에서 자신의 실망을 다음과 같이 표현했다.

> 내가 다니는 교회의 "핵심 인물들"은 모두 공화당원이고, 그들은 교회에 있는 다른 사람들이 기독교연합의 모임과 집회에 참여하도록 정기적으로 장려합니다. 그들은 또한 공화당 후보의 선거운동에 자원 봉사자로 참여할 것을 독려합니다. 집사와 목사는 공화당 후보자를 초대해 연설을 듣지만, 민주당 후보자를 초대하지는 않습니다.
>
> 교회 친목 홀에서의 식사 시간이나 모임에서 정치와 시사 문제에 대한 이야기가 나오면, 교회 지도자들은 항상 공화당이 "기독교의 가치"를 대표하고, "기독교도들"은 항상 그들을 지지해야만 한다고 지적합니다. …… 내가 교회는 세속 정치를 논하기에 적절한 장소가 아니라는 점을 지적하면, 항상 조롱을 당합니다.
>
> 선거일 직전의 일요일 아침에는, 소위 기독교연합의 선거 안내서가 교회(그리고 수백 개의 다른 교회들) 현관에서 살포됩니다. 설교자는 늘 이를 광고하고 사람들이 교회를 떠날 때, 반드시 하나씩 가져가도록 훈계합니다. 유권자가 목요일에 투표하러 올 때 그들이 쉽게 볼 수 있도록 현관에는 항상 이런 "유권자 안내서"(친공화당 성향의)가 쌓여 있습니다.[11]

사람들은 정치적 사안과 관련된 문제에 대해 서로 상호작용하고 있었고, 그들의 상호작용의 결과는 정치적으로 중요했다. 그들은 함께 행동했고 공화당에 투표했다. 그들은 함께 행동했고 투표를 이끌어 냈다. 그들은 함께 행동했고 공동 관심사를 위해 시위를 벌였다. 그들은 "동성애 의제"에 반대하고, "가족의 가치"를 옹호하며, 낙태에 반대하고, 테러와의 전쟁을 지지하기 위해 시위에 참여했다. 그들은 그들의 목사의 지침에 따라 그렇게 행동했다. 이는 다양한 문제를 낳았다.

교회와 국가의 분리라는 문제 제기에 대해, 목사 활동가들은 어떻게 대응할지 이미 준비하고 있었다. 근본주의적인 전국성직자평의회^{National Clergy Council}의 대처 방식은 이들의 일반적인 전략을 잘 보여 준다. 전국성직자평의회는 낙태, 동성 결혼, 그리고 미국 사회에서 신의 역할이라는 핵심 쟁점에 관해 모든 신자들을 대상으로 교육을 실시하려고 했다. 전국성직자평의회 의장인 롭 생크^{Rob Schenck}는 다음과 같이 말했다. "목사는 교구민들이 보기에 가장 존경받는 위치에 있고 교구 구성원들의 생각에 큰 영향을 미칩니다." 전국성직자평의회의 프로젝트는 목사들로 하여금 삶, 결혼, 미국에서의 신의 역할과 같은 핵심적인 도덕적 문제에 교회 활동의 초점을 맞추도록 하는 것이었다. 이는 바로 부시 대통령과 공화당의 입장이기도 했다. 그러나 생크는 목사들이 그런 메시지를 정치적으로가 아니라, "도덕적이고 정신적인 개혁"이라는 점에서 지지한다고 주장했다. 전국성직자평의회는 이처럼 미묘하게 [정치와 종교 사이의_옮긴이] 선을 긋는 방법들을 활용했다. 생크에 따르면, "문제가 되는 것은 자유주의적이냐 보수주의적이냐가 아닙니다. 중요한 것은 복음 및 기독교의 도덕적 가르침과 관련된 핵심 쟁점들입니다." 생크는 자신들이 당파적인 활동을 하는 것은 아니라고 주장했다. "어떤 정당이 승리하느냐에 상관없이 …… 우리가 희망하고 기도하는 것은 선거를 통해 올바른 도덕적·정신적 결과가 나오는 것입니다. 정당들이 도덕적·영적 개혁에 참여할 것인가 말 것인가는 그들 스스로의 선택에 달려 있습니다." 따라서 그 그룹과 성직자 회원, 그리고 기독교 우파의 많은 종교 지도자들은 한결같이 자신들이 공화당과 부시 대통령을 지지했었다는 점을 부차적인 것으로 간주했다. 예비 경선은 그들의 종교적 임무를 추구하는 장이었다.[12]

법원의 관점에서, 이것은 헌법에 위배되는 것일 수도 그렇지 않을 수도 있다. 국세청의 관점에서, 이것은 [교회와 같은_옮긴이] 면세 조직들에 대한 법적 제한을 위반한 것일 수도 그렇지 않을 수도 있다. 그럼에도 불구하고 정치 전략가들은 대통령 선거에서의 승리를 위해 교회를 활용했다. 부시-딕 체니Richard B. Cheney의 재선 캠페인은 복음주의적 기독교도의 지지를 확보하고 동원하기 위해 구체적인 계획을 발전시켰다. 그들은 교회에 신도들의 전화번호부를 요구했고, 정치적 쟁점에 대한 공화당의 입장을 담은 유인물을 돌리며, 목사들에게 유권자 등록 운동을 전개하라고 촉구했다.[13]

따라서 교회에서의 면대면 상호작용에는 지지와 동원의 체계가 배태되어 있었다. 기독교연합과 같은 사회운동은 특정한 종교적·정치적 의제를 위해 개인과 집단의 지지를 동원하려 했다. 이런 의제는 우선은 지역의 종교 지도자들에 의해 교회에서 설명되었다. 특정 정치인을 지지하는 정치 프로젝트가 종교적이고 도덕적인 것으로 해석되었다. 이런 해석은 교회에서 상호작용의 초석이 되었다. 정치적 논쟁은 사라지고 종교적 명령이 하달되었다. 그리고 이런 종교적 명령은 부시-체니 재선 캠페인에 있었던 사람들과 같은 선거운동원들이 유권자를 조직하기 위해 사용되었다.

종교적 우파들은 그들의 교구에서 활동했고 공통의 긴급한 정치적 관심사에 관해 서로 이야기를 나누었다. 그들은 정치적 수단을 위해 교회를 이용했다. 그들은 작은 단위에서 활동했지만, 그들의 행위는 큰 결과를 가져왔다. 이들 교회에 있는 몇몇 사람들과 사회 속에서의 많은 사람들은 이런 행위가 정교분리라는 헌법상의 원리를 침해한다고 우려했다. 그럼에도 불구하고, 그런 작은 상호작용들은 정치적 힘을 산출했다.

　여기서 중요한 점은 우파가 이와 같은 상호작용을 통해 좌파의 동원 능력을 압도했다는 점이다. 투표율이 높으면 민주당에 이익이 될 것이라는 상식적인 가정을 뒤집으며, 공화당은 의회와 백악관을 장악하면서 승리를 거머쥐었다. 그러나 그 승리는 지역 차원에서의 이와 같은 조직화가 장기적으로는 암울한 결과를 초래할 수 있음을 보여 준다. 공화당 및 보수적 사회운동의 광범위한 동원과의 연계를 통해, 교회는 미국 내에서 정치적 논의를 바꾸어 왔다. 즉, 그들은 낙태와 동성 결혼이라는 뜨거운 쟁점으로부터, 방송 심의를 비롯해 공적 생활에 종교적 감수성을 포함하는 것과 같은 모든 문화적 문제들에 대해 종교적 우파의 목소리를 대변해 왔다. 다른 보수주의자들과 함께, 기독교 보수주의자들은 그런 문제들에 관한 관심을 분명히 표현해 왔고 그런 문제들을 공적 의제로 만드는 데에서 큰 성공을 거두었다.

정치인가 권력인가?

늘 그런 것은 아니지만, 대화는 때때로 매우 중요한 결과를 낳는다. 새로운 목소리들은 2004년 좌파와 우파 모두에서 좀 더 분명히 표현되었지만, 이런 목소리들이 민주적인 대화나 결과를 이뤄냈는지는 분명치 않았다. 이 연구에서 살펴보았듯이, 대화는 자유로운 정치에 핵심적이다. 민주적인 대화에서, 사람들은 평등한 존재로서 함께 모인다. 그들은 다른 사람의 현존 속에서 말하고 행위하며 그들의 상호작용에 기초해 공동으로 행위할 능력을 발전시킨다. 계몽된 토론은 민주주의 정치, 즉 민주적 정치권력의 토대에 핵심적이다.[14] 우리는 2장과 3장에서 어떻게 이런 권력이 산출되는지, 그리고 이전의 소비에트 블록에서 그것이 어떻게 정치적 풍경을 변화시켰는지를 살펴보았다. 그곳에서 대화는 우선 전체주의적 질서에 도전하는 데 충분한 권력을 산출했고, 그다음에는 장기적으로 민주적 결과를 뒷받침하기에 충분한 권력을 산출했다. 함께 행동할 수 있는 능력이 그런 권력의 토대였고, 대화의 개방성은 그런 권력에 민주주의적 성격을 부여했다. 2001년에는 간과되었던 작은 것들의 정치적 힘은 2004년 다시금 분명해졌지만, 그것의 민주적 질에 대해서 비판적으로 검토해 볼 필요가 있다. 작은 것들의 정치가 정치적 스펙트럼을 가로질러 우파에서도 출현함에 따라, 이는 더욱 분명해졌다.

교회에서 이루어졌던 상호작용 가운데 일부는 다른 상호작용에 비해 평등적이기는 했지만, 몇몇 상호작용들은 평등에 기반을 두고 있지 않았다. 종교적 문제에 대해 목사가 행사할 수 있는 권위는 정치적 문제에 대한 논의에서도 나타났다. 그러나 이는 대부분의 인간 활동(특히 정치적 활동)에서 위계적인 질서가 나타나는 것과 별반 다르지 않을 수도 있다. 하위드 딘이 입후보는 작고 가상적이며 평등주의적인 상호작용의 등장을 나타내는 것일 수 있지만, 그런 상호작용은 처음에는 가장 정치적으로 능동적이고 기술적으로 진보된 사람들에 의해 구성되었다. 실제로 블로거들과 〈무브온〉 및 〈밋업〉의 창시자들이 [이와 같은 상호작용에서_옮긴이] 좀 더 큰 권위와 힘을 가지고 있었다. 그리고 그와 같은 상호작용들이 정치적 리더십의 형성(이는 그 운동이 지배적인 권위에 대해 '아니오' 이상의 것을 말할 수 있도록 했다)으로 이어지면서 새로운 권위가 창출되었다. 하워드 딘이나 딘의 선거운동본부장이었던 조 트리피Joe Trippi의 목소리는 분명 다른 일반 활동가들의 목소리에 비해 좀 더 큰 권위를 가지고 있었다. 5장에서 묘사되었던 〈밋업〉에는 딘의 캠페인 간부들과 정기적으로 접촉하고 영향을 미칠 수 있었던 조직가들도 있었다. 종교적 교구에서 함께 만나고 행동했던 사람들이 그들 공동체에 존재하고 있던 기존의 위계질서에 따라 지도되었다면, 인터넷과 〈밋업〉에서 만났던 사람들은 새롭게 출현하고 있는 위계질서에 따라 지도되었다. 푸코와 같은 비판적 사상가의 관점에서 보았을 때, 이런 위계의 존재가 핵심적으로 중요할 수 있다. 대화적 상호작용 이상으로 권력이 작동하고[상연되고_옮긴이] 있었다는 점이 사회적 상황의 구성에 핵심적이었던 것으로 볼 수 있을 것이기 때문이다.

폴란드에서 나타난 민주적 저항의 스냅사진들에 대한 해석에서와 마찬가지로(1장), 반전운동 및 딘의 캠페인에서 볼 수 있는 작은 것들의 가상적 정치와 종교적 우파의 조직화 방식 역시 [각 이론가들의 관점에 따라_옮긴이] 다양하게 해석될 수 있다. 물론, 작은 것들이 중요하다는 점은 분명하다. 기독교 보수주의자들 사이에서와 마찬가지로 딘의 추종자들과 반전 활동가들 사이에서 미시 정치는 중요한 차이를 만들어 냈다. 하지만 이를 어떻게 평가할 것인지는 또 다른 문제다.

폴란드에서 이루어진 저항의 스냅사진에 대한 설명에서, 아렌트-고프먼의 해석과 푸코적인 해석 사이의 차이는 식탁, 서점 그리고 살롱의 중요성을 둘러싸고 나타난 것이 아니었다. 이들 사이의 쟁점은 이와 같은 각각의 상황 속에서, 어떻게 진리가 권력과 관계를 맺고 있었는가, 이런 배경들 속에서 만들어지는 관계와 공식적인 상호작용 속에서 나타나는 관계를 과연 구분할 수 있는지에 관한 것이었다. 푸코는 미시 정치가 중요하다는 점을 잘 알고 있었다. 이것이 그가 "왕의 머리 베기로의 주권"을 연구했던 이유다. 따라서 관건은 권력의 미시 정치들과 그 대안들 사이에 차이가 있는지, 대안들은 구^舊레짐과 질적으로 구분될 수 없는 단지 새로운 진리 레짐을 수반할 뿐인지 여부다. 앞서 살펴보았듯이, 푸코는 새로운 사회주의적 인간을 생산했던 공식적인 상호작용들과 내가 기억하고 있었던 것[작은 것들의 상호작용과 정치_옮긴이]들 사이의 차이를 비판적으로 구분할 수 없었는데, 내가 기억하고 있었던 상호작용들 속에서는 관료 집단의 지배가 멈추고 사람들은 하벨이 표현하듯이 "진리 속에서의 삶" 속에서 서로 교류했다.

아렌트와 고프먼의 시각은 이를 구분할 수 있는 방식을 제시했다. 아렌트에게 관건은 진리와 정치 사이의 갈등적 관계이다. 아렌트는 그 관계의 중요한 두 가지 구성 요소를 강조했는데, 이는 사실적인 진리에 올바른 정치의 근거를 둘 필요성과 정치적 여론을 진리와 구분할 필요성이다. 사실적인 진리를 조작으로 대체하는 정치는 올바른 정치의 기반을 제공할 수 없고, 특정한 정치적 견해가 진리라고 주장하는 정치적 입장은 정치적 삶을 위한 그 어떤 여지도 허용하지 않는다. 우리는 철학적 진리와 사실적 진리를 구분하는 것이 쉽진 않다는 점을 잘 알고 있지만, 사람들 사이의 상호작용에서는 이와 같은 구분이 추구된다. 고프먼이 분명히 밝히고 있는 것이 바로 이 점이다. 1장에서 제시된 스냅사진들은 사람들이 상호작용 속에서 이런 구분을 만들어 냈다는 점을 보여 주었는데, 이는 그들이 행위하고 있었던 상황을 재정의함으로써 가능했다. 이런 시각에서, 탈공산주의적 사회질서의 "진리 레짐"은 이전에 존재했던 공산주의적 사회질서의 진리 레짐과는 질적으로 다른 것이었다. 탈공산주의적 질서에서는 사실적인 진리를 정치의 기반으로 삼고 서로 다른 의견의 대립에 정치를 열어 놓으려는 시도가 있었다. 공산주의에서는 그런 사실적 기반과 개방성이 추구되지도 허락되지도 않았다. 푸코적 입장의 약점은 그가 이런 구분을 할 수 없다는 데 있다.

그러나 이것이 푸코가 완전히 틀렸다는 것을 의미하지는 않는다. 그가 지식과 권력 사이에서 파악한 것과 같은 관계가 여전히 존재하고, 종종 지식과 권력 간의 관계는 푸코가 파악했던 방향으로 나타나는 경향이 있다. 아렌트와 고프먼 모두 이 점을 인식하고 있었는데, 아렌트는 전체주의의 연구 속에서, 그리고 고프먼은 총체적 제도들의 분석에서 그러했다. 이런 관계[푸코적 의미의 지식-권력 관계_옮긴이]는 사회적 삶의 일부분일 뿐, 모든 사회적 삶이 그런 것은 아니다.

반전운동과 딘을 지지했던 블로거들 사이의 상호작용에서도 견해에 불과했지만 진리로 취급되었던 몇 가지 쟁점들이 있었다. 블로거들은 어떻게 부시에 저항할 것인가에 관해서는 개방적이었지만 부시의 정책에 대한 지지는 허용하지 않았다. 민주당에 공공연히 비판적이고 부시를 지지하는 사람들이 선거에 관한 댓글을 올렸을 때, 그런 글들은 '낚시글'로 신고되었고, 종종 삭제되었다. 이와 같은 몇몇 견해들은 [이런 공간들에서는_옮긴이] 받아들여질 수 없었다. 부시의 정책에 대한 지지는 허용되지 않는다는 것이 공식적인 진리는 아니었지만, 이는 대화를 제약했다. 비평가들이 인터넷에서 정치적 삶의 분절화balkanization가 벌어지고 있는 것 같다고 지적했을 때, 그들이 관찰한 것은 바로 이것이었다. 정치적 대화는 이미 하워드 딘을 열광적으로 지지했던 사람들을 더욱 열광적이게 만드는 수단이었다.

그러나 딘의 추종자들과 반전 활동가들 사이에서의 이와 같은 제한[예컨대, 부시에 대한 찬성 의견을 올리는 것에 대한_옮긴이]은 기독교 보수주의자들 사이에서의 상황에 비하면 약과였다. 이런 보수주의자들 사이에서, 선거운동은 원칙적으로 열광적인 또는 거듭난 신도들에 대한 설교를 통해 이루어진다. 이들은 정치에 맞서 진리를 내세웠다. 의견은 엄격히 차단되었다. 종교적 진리가 정치적 입장을 정의했다. 얄궂게도, 정치에 대한 이와 같은 입장을 통해, 기독교 우파의 대표자들은 [자신들의 활동에 대한_옮긴이] 정치적 중립성을 주장했다. 그들은 자신들의 활동 속에서는 종교적인 진리가 정치보다 우선한다고 주장했다. 이를 근거로 그들은 종교 기관의 정치 관여를 금하는 조세법을 자신들이 위반하지 않았다고 설명했다. 그들은 공화당 후보를 지지하면서, 자신들이 당파적 정치에 참여하는 게 아니라, 종교적 원리를 따르고 있다고 주장했다. 그들이 제시했던 대안들은 작은 것들의 자유로운 정치로부터 나온 것이 아니라, 종교적 계시에 대한 공동의 서약으로부터 나왔다. 이것은 선거의 승리에 공헌했지만, 민주주의의 실천을 위협했다.

나는 기독교 우파 정치의 이런 판단이 확실히 정치적인 것이라고 생각한다. 그러나 [이런 나의 판단은_옮긴이] 당파성뿐만이 아니라 이론적인 통찰에도 근거를 두고 있다. 나는, 상당수의 미국인이 걱정하는 것 이상으로, 미국의 공적 삶에 종교적 수사가 주입되는 것을 우려한다. 중심적인 정치 무대에서, 악의 축에 대항하는 것으로 선포된 전쟁은 나에게는 종교적 계시에 기반을 둔 새로운 전체주의자들의 근본주의와 너무나 닮은 것처럼 보인다. 중심 무대 밖에서, 기독교 우파의 정치가 공화당 후보와 공화당을 위한 지지를 동원함에 따라, 이들은 정치적 견해를 종교적 진리로 대체했다. 여기에 관련되어 있던 사람들은 강압 때문이 아니라 확신 때문에 행동했지만, 그럼에도 불구하고 그들의 행위는 독립적인 정치를 약화시켰다. 심지어 그들의 힘은 정치적 지형을 바꿀 정도로 선거에 영향을 주었다. 작은 것들이 중요했다. 그것들은 매우 효과적이었다. 그러나 아렌트적 의미에서, 그들의 행위는 정치적인 것이 아니었다. 그들의 행위는 아렌트의 정치 이론에 기반을 둔 작은 것들의 정치라기보다는 푸코의 미시 정치에 좀 더 가까웠다.

한 가지 분명히 해야 할 것이 있다. 즉, 종교적 감수성이나 통찰을 정치와 연결하는 것이 그 자체로 비민주적인 것은 아니다. 문제는 그것들이 연결되는 방식, 즉 하나[진리_옮긴이]가 다른 하나[정치-옮긴이]를 대체하는 방식으로 관계가 이루어질 때 발생한다. 그런 문제는 20세기에 지배적이었던 것처럼 정치를 과학이나 유사 과학과 동일시하는 것과 유사하다. 인종과 계급의 이데올로기가 나치와 소비에트의 전체주의적 실천에 영향을 미쳤을 뿐만 아니라, 전문가의 지식 역시 기술 관료적 복지국가의 통치로 정치를 대체했다. 과학 그 자체가 쟁점인 것은 아니다. 쟁점은 정치적인 결정을 과학적 혹은 과학적 방법에 의한 결정으로 대체한 것이었다.

21세기에 가장 직접적으로 민주주의에 도전하는 것처럼 보이는 진리는 종교적이다. 종교나 그것의 진리가 그 자체로 민주주의에 도전을 제기하는 것은 아니다. 종교가 정치적 대화에 영향을 미치기는 하지만 대화의 결과를 결정하지 않을 때, 민주주의는 진척될 수 있고 심지어 강화될 수도 있다. 이것은 알렉시스 드 토크빌Alexis de Tocqueville이 19세기에 미국의 민주주의를 지켜보며 발견한 것이다. 사람들은 자신의 가장 근본적인 믿음을 토대로 당대의 문제에 관해 판단하고 그에 따라 공적 영역에서 활동한다. 믿음의 다원성에 기반을 둔 다원주의적 사회에서는 대안적인 의견들이 자유롭게 교환된다. 그러나 특정 믿음이 논쟁적인 쟁점들을 최종적으로 결정하는 것처럼 제시되고, 사람들이 그런 믿음의 진리에 기초해 승리하려고 행위할 때, 종교가 자유로운 정치적 상호작용을 대체하게 된다. 이것 역시 토크빌이 관찰했던 것이다.[15] 신정주의 또는 신정주의적 갈등이 민주주의와 민주주의적 갈등을 대체한다. 정치적 상호작용보다는 종교적 명령이 결정적인 것이 된다. 중심적인 정치 무대가 이슬람 테러에 대항한 십자군에 의해 점령됨에 따라 이것은 우리 시대의 주된 위험이고, 작은 것들의 정치에 대한 심각한 위협이다.

세상에 잘 알려지지 않은 작은 정치적 풍경

미국에서 정치적 경쟁의 모습은 2004년에 근본적으로 변화했다. 새로운 기술을 통해 분명해졌던 작은 것들의 정치는 잠재적으로 지속적인 효과를 지닌 새로운 힘을 제시했다. 종교적 우파의 미시 정치의 중요성 역시 거대한 결과를 낳았다. 이 두 가지 힘이 당파적 갈등상태에 있었으며, [당시에는 _옮긴이] 우파가 승리했다. 그러나 이것보다 좀 더 중요한 점은 어떻게 두 힘이 미국의 정치적 풍경을 재구성해 왔는가다. 2001년 9월 11일 공격, 테러와의 전쟁 선언과 아프가니스탄 및 이라크에서의 군사적 갈등 이후, 새로운 종류의 정치가 출현하고 있다. 대안들은 이런 정치를 통해 명확히 표명되어 왔다. 새로운 형태의 민주적·비민주적 행위가 제시되었다. 그리고 민주적 대안을 위한 투쟁은 지속되고 있다. 우리는 이전 장에서 어떻게 작은 것들의 정치가 지구적 무대의 큰 정치에 대한 대안들을 제시하는가를 살펴보았다. 이 장에서 우리는 이런 정치적 대안들이 지구적 무대라는 큰 무대에서뿐만 아니라, 지역적인 작은 무대에서 이루어지는 [종교적 우파의_옮긴이] 상호작용에 맞서 어떤 노력을 기울여야 하는지를 살펴보았다. 그러나 그와 같은 활동은 사회제도들 속에서 안정적으로 이루어질 수 있어야 한다. 이제 이런 제도들로 우리의 관심을 돌려 보자.

THE

POLITICS

OF

SMALL

THINGS

| 7장 |

제도들

세부적인 것 속에서의 민주주의

2002년 7월 10일. 폴란드의 크라쿠프에서 내가 주관한 세미나에 참여하고 있었던 버마 출신의 인권 활동가 데비Debbie는 자신을 버마의 국가 안보를 위협하고 있는 사람으로 소개했다. 실제로 민주화 운동에 헌신적으로 참여했던 덕에 그녀는 동남아시아의 두 정부와 불편한 관계에 놓이게 되었고, 가명을 사용해 비밀리에 여행해야만 했다. 그러나 민주주의 문화에 대한 세미나가 끝날 때쯤, 그녀는 다음과 같이 말했다. "나는 수년 동안 하나의 단순한 주장에 의심을 품고 있었습니다. 그러나 나는 이제 미국의 민주주의가 나머지 세계에서의 민주주의에 대한 억압을 필요로 한다는 점을 확신하게 되었습니다." 매우 도발적인 방식으로, 그녀는 세미나에 참여한 학생들이 공통적으로 가지고 있던 생각을 표현하고 있었다. 인권과 민주주의의 가치를 추구했던 이 젊은이들 역시 미국에서의 이런 권리의 존재가 다른 곳에서의 그것의 억압에 입각해 있다고 확신하게 되었다. 만일 미국이 수행한 테러와의 전쟁이 실패할 조짐을 보이고 있다면, 이것이 바로 그 징후다. 심지어 이라크전쟁 이전에도, 테러의 위협에 대한 군사적 대응은 다른 곳에서의 민주주의자들을 회의론자로 그리고 미국의 정책에 대한 적대자로 바꾸어 왔다.

매년 1월 나는 민주주의와 다양성 프로그램을 가르치기 위해 남아프리카공화국의 케이프타운을 방문한다. 그리고 매년 7월 나는 유사한 프로그램을 가르치기 위해 크라쿠프를 방문한다. 대학원생과 교수, 인권 활동가들과 젊은 공공 정책 자문가들은 뉴스쿨의 '민주주의연구를 위한 범지역센터'Transregional Center for Democratic Studies of the New School가 주관하는 모임에 함께한다. 이 프로그램은 아담 미흐닉과 내가 1980년대에 부다페스트, 바르샤바, 뉴욕 사이의 은밀한 지적 교환을 위해 조직했던 민주주의 세미나에 그 기원을 두고 있다.[1] 이 점에서 이 세미나는 구동구권 블록에서의 작은 것들의 정치의 산물이었다. 활동가들과 뉴스쿨의 학자들은 정치 이론의 고전과 당시의 긴급한 문제들을 읽고 토론하는 과정에서 동료가 되었다. 우리의 세미나에 참석하는 학생들 ─ 남부 아프리카, 중동부 유럽, 옛 소비에트연방의 국가들, 동남아시아와 남북 아메리카에서 온 ─ 은 이 논의를 계속 이어가고 있었다.

2002년 1월 아프리카와 같은 해 중부 유럽에서 이루어졌던 젊은 오피니언 리더들과의 만남에서 나는 매우 인상적인 사실을 목격했다. 반미주의가 정치적 주변부에서만 나타나는 현상만이 아니라는 점이었다. 그것은 헌신적인 민주주의자들의 원리가 되었고, 이는 불행하게도 테러와의 전쟁이 시작되었을 때 커다란 의미를 띠게 되었다.

케이프타운의 세미나에서, 우리는 9·11 공격에 대한 성찰로 논의를 시작했다. 나는 수업에서의 논의 때문에 놀라게 되었다. 나이지리아에서 온 한 젊은 교수를 제외하고, 모든 학생이 알카에다가 아니라 미국의 테러와의 전쟁에 초점을 맞추고 있었다. 참여자들은 미국인들이 희생자였다는 점을 상상할 수조차 없는 것처럼 보였다. 그들은 대체로 미국의 힘만을 바라보고 미국의 과도한 대응을 비판했다.

내가 기본적으로 아프가니스탄에서 이루어지는 미국의 군사작전을 해방으로 이해했던 반면에, 수업에 참여했던 남아프리카공화국의 선생과 학생들은 그것을 슈퍼 파워가 약자를 괴롭히는 것으로 이해했다. 내가 나의 가장 소중한 친구 가운데 한 명을 포함해 수천 명의 무고한 사람들을 죽인 자들의 사고방식을 이해하기를 원했던 반면, 그들은 오직 테러와의 전쟁에 의해 발생하게 될 피해의 공포만을 볼 뿐이었다.

크라쿠프에서 나는 9·11과 그것의 영향에 대한 토론을 위해 세미나가 끝날 때까지 기다렸다. 9·11 이전만 해도 유럽에서의 반미주의는, 프랑스인과 미국인 간의 애증 관계에서 핵심적이기는 했지만, 중요한 문제는 아니었다. 그 공격의 여파로, 그리고 한창 진행 중인 테러와의 전쟁과 더불어, 반미주의는 유럽에서 매우 심각한 수준에 이르게 되었다.

학생들 가운데 한 명은 왜 공격 그 자체가 아니라 공격에 대한 미국의 대응에 초점을 맞출 필요가 있는지를 설명했다. 세계 각지에서 독재자들은 민주주의를 옹호하는 사람들에 대한 탄압을 정당화하는 구실로 테러와의 전쟁을 이용하고 있었다. 갑자기 필리핀과 인도네시아에서의 무슬림의 권리 ─ 그리고 싱가포르, 말레이시아, 버마에서의 권위주의적인 "아시아적 길"에 대한 민주적 비판의 권리 ─ 는 부시 행정부에게 중요치 않게 되었다. 순식간에, 중앙아시아에서 독재 정권과 싸우는 인권 활동가들의 생명보다 독재국가들이 가진 전략적 자원이 더욱 중요해지게 되었다. 미국적 삶의 방식과 미국 민주주의에 대한 방어가 미국보다 덜 유리한 국가에 살고 있는 사람들의 민주적 권리에 대한 무관심을 나타내는 것처럼 보였다.

일반적으로, 내 판단에 따르면, 미국의 민주주의는 나머지 세계에서의 민주적 전망의 좌절에 달려 있지 않다. 이처럼 보이는 경우가 많다 해도, 미국은 폴란드에서처럼 민주적 활동가를 지지하는 데 있어서 핵심적인 역할을 하기도 했다. 그러나 냉전 시기 동안, 미국의 지정학적 계산에 따라 민주주의를 위한 투쟁은 미국의 공식 정책에서 부차적인 것으로 간주되었는데, 이런 일들이 9·11 공격의 여파 속에서 다시 벌어지고 있었다.

　내 학생들과 관련해, 나는 인도네시아 출신의 젊은 무슬림, 타이에 살고 있는 버마계 반체제 인사, 버마로 돌아간 민주주의자, 그리고 폴란드, 우크라이나, 슬로바키아, 체코 공화국, 인도네시아의 페미니스트들이야말로 독단주의 및 테러와의 전쟁에서 승리를 거두기 위해 필요한 가장 중요한 사람들이라고 생각한다. 실제로 오직 그들만이 그들의 동포에게 테러에 대한 대안을 제시할 수 있다. 말하자면 그들은 반테러 투쟁의 최전선에 있는 것이다. 따라서 그들의 입장을 침해하는 그 어떤 전쟁 — 그들은 미국이 지금 그런 일을 벌이고 있다고 설득력 있게 전한다 — 도 자멸적인 것이다. 바꾸어 말하면, 나는 그들의 작은 것들의 정치가 테러에 대항한 전 지구적 투쟁에서 핵심적인 요소라고 확신한다. 실제로 나는 그들의 투쟁이 우리의 투쟁과 밀접하게 연결되어 있으며, 내가 5장에서 보여 주려한 것처럼, 반전운동과 하워드 딘의 캠페인이 가상적으로 조직된 작은 것들의 정치를 통해 효과적으로 이런 연결을 만들었다고 믿는다.

　그러나 사회운동으로서의 반전운동과 딘의 캠페인이 성취한 것을 인식하고, 작은 것들의 정치의 기반 및 전 세계적인 연결을 이해하는 것이 중요하지만, 그런 운동의 한계 및 사회운동 내에서 나타나는 작은 것들의 정치에 대한 도전을 인식하는 것 역시 중요하다. 유동적인 운동들은 중요한 정치적·문화적 변화를 산출하지만, 그것들은 또한 출현하자마자 사라지는 경향이 있다. 상황을 정의하는 힘은 제도화되지 않으면 불안정할 수밖에 없다. 딘의 캠페인, 〈무브온〉, 반전운동은 테러와의 전쟁 및 신자유주의적인 정책을 추진하는 부시 행정부에 대해 부정적인 평가를 명확히 내렸다. 그리고 이를 기반으로 그들은 종교적 우파의 조직화에 맞섰다. 그러나 그들은 결국 승리하지 못했다. 그렇지만 대안들이, 기존의 두 지배 정당 가운데 한 정당[예컨대, 민주당_옮긴이]에서 제도화된다면, 그와 같은 대안들은 미국인들에게 꾸준히 제시될 수 있을 것이다. 제도화는 작은 것들의 정치가 장기적으로 생존하는 데 핵심적인 것이다.

물론, 그와 같은 제도화는 정당을 통해서만 이루어지는 것은 아니다. 실제로 매우 다양한 사회제도들 속에서도 이루어질 수 있다. 우리가 살펴보게 될 것처럼 교육과 미디어 제도들은 특히 중요하다. 신성화된 정치의 힘을 당파적 방식이 아니라 민주주의적 원리에 따라 다룰 수 있는 곳도 바로 그런 장소에서다.

기존의 사회제도들은 정치·사회적 창의성을 위한 상호작용이 벌어지는 장소들이다. 상황에 대한 사회적 정의를 둘러싼 투쟁은 자유민주주의 사회에서는 일상적 삶의 부분이다. 이는 심지어 전체주의적 정당들에 의해 지도되고 통제되는 사회에서도 그러하다. 작은 것들의 정치는 대체로 기존의 제도들에서 시작되며, 그 기획이 실현되는 것도 바로 제도들 안에서다. 사회적 정의를 둘러싼 투쟁은 대체로 상대적으로 평범한 문제들(당대의 중심적인 문제와 직접적으로 관련되어 있지 않은)에 중심을 두고 일어나지만, 우리가 새로운 전체주의적 열정에 대한 대안을 찾으려 한다면, 그리고 그 '진리'가 자유로운 정치적 삶에 제기하는 새로운 위협에 대한 대안을 발견하고자 한다면, 우리는 [그와 같은 투쟁들을_옮긴이] 면밀히 주시해야만 한다. 이를 위해서는 일상적 삶의 다차원적 특성과 다양한 프레임(그 안에서 상황에 대한 정의가 이루어질 수 있다)을 확립하려는 투쟁에 대한 이해가 필요하다.

공산주의 붕괴 이전의 사회제도들에서 작은 것들의 정치

공산주의 체제를 외부에서 관찰했던 사람들은 지배 정당의 노선(강경 노선에서 자유주의적 노선에 이르는 하나의 연속체 속에서)에 따라 다양한 정권들의 순위를 매기곤 했다. 중부 유럽에서, 헝가리와 폴란드는 일반적으로 자유주의적으로 이해된 반면에, 체코슬로바키아와 루마니아는 대체로 좀 더 강성에 가까운 것으로 간주되었다. 이는 어느 정도 일리 — 이런 나라들에서 명백히 나타난 비교조적인 활동의 범위는 이와 같은 분류 유형에 따라 나타났다 — 가 있는 것이기도 했지만, 이와 같은 분류는 일차원적인[평면적인_옮긴이] 분류라 할 수 있다. 각 국가의 정치 문화는 사회적 삶 속에 구축되어 있는 현재의 갈등들에 의해 구성된다. 정당 노선이 [그와 같은 갈등을 구성하는_옮긴이] 한 요인이었다면, 다른 요인은 정당 노선에 대한 사회적 반응이었다. 이는 일상적인 계기뿐만 아니라 예외적인 계기에서도 그러했다. 그런 갈등들은 1968년과 1989년의 거대한 전환을 이끌었던 투쟁들에서 가장 분명하게 나타났다. 폴란드에서 정당이 부과한 제한들에 도전했던 사람들은 그들을 통제하려 했던 정당원들the party apparatchiks이 아니라, 폴란드 사회를 개방했던 사람들이었다. 반면, 체코슬로바키아에서는 대중적인 도전보다는 자유주의적 리더십이 좀 더 커다란 역할을 수행했다.

삶의 전 영역에서, 상황에 대한 정의를 둘러싼 사회적·상호작용적 경쟁은 분명했다. 교육, 예술, 산업 및 커뮤니케이션 제도들에서는 지배적인 질서를 강제하려는 사람들과 그것에 도전했던 사람들 사이에 투쟁이 계속되었다. 검열자와 검열 받는 자 사이의 상호작용은 체제의 질서를 강제하려는 사람들과 그것에 도전했던 사람들 사이에서 나타나는 관계이자 억압을 지칭하지만, 그런 상호작용은 또한 억압에 대한 지속적인 도전을 가리키기도 한다. 그런 도전은 대안적인 힘으로서 작은 것들의 정치가 발전하게 될 때 그리고 사람들이 함께 행동하기 시작할 때 역사적 중요성을 획득하게 된다. 3장에서 분석했던, 아카데미아 루후의 사례는 일상생활에서 나타나는 이런 공동 노력의 다소 희극적인 사례였다.

이것이 그렇게 낯선 것은 아니다. 모든 사회·문화적 제도의 핵심에는 정치적인 상호작용이 존재한다. 푸코가 강조하듯이, 제도들은 훈육하지만, 그것들은 또한 창조성과 자율성의 맥락을 제시한다. 이런 기능들 사이의 긴장은 작은 것들의 정치를 위한 중심 영역을 제공한다. 어떻게 작은 것들의 정치가 두 가지 중요한 문화적 제도인, 교육과 대중매체에서 이루어지는지 검토해 보자. 교육과 대중매체는 테러리즘과 군사화된 반테러리즘, 그리고 신성화된 정치에 대한 작은 대안들을 이해하는 데 핵심적이다.

교육

유진 랭 칼리지의 교양과목 수업은 미국 민주주의에 관한 것이었다. 신입생들을 대상으로 하는 그 수업은 두 가지 목적을 가지고 있다. 하나는 학생들에게 고전 가운데 하나인 토크빌의 『미국의 민주주의』를 읽을 수 있는 기회를 제공하는 것이었고, 다른 하나는 고등학교 교육을 마친 학생들이 미국의 인문학 교육에 대해 좀 더 성찰적으로 연구를 할 수 있도록 인도하는 것이었다. 그 수업은 훈육의 장소이자 자유의 장소였다. 나아가 그 수업은 정치와 매우 미묘한 관계를 맺고 있었고, 또한 직업 교육과도 미묘한 관계를 맺고 있었다.

수업 첫날 게임의 규칙이 정해졌다. 수업과 관련된 주요 내용들은 간단했고, 강의 계획서와 과제 개요 속에 요약되어 있었다. 이전에도 이 과목을 가르친 경험이 있었기에, 수업의 개요를 제시하는 것은 어렵지 않은 일이었다. 그러나 신입생들이 많은 관심을 갖고 있는 주제를 다루는 수업을 실제의 교육적 무대로 전환시키는 것은 또 다른 문제였다. 학생들과 내가 직면했던 첫 번째 도전은 주로 표현적인 것이었다. 학생들은 수업에 열의가 있다는 점을 보여 주어야 했고, 나는 그 점이 중요하다는 것을 그들에게 밝혀야 했다.

나는 토크빌이 19세기의 정치 순례자로, [민주주의 사회의_옮긴이] 미래를 이해하기 위해 미국에 왔으며, 미국인들의 삶의 방식과 미국 사회, 그리고 미국의 통치 체계와 민주적 사회에 관한 사회 이론을 기술한 두 권의 책을 저술했다고 설명했다. 나는 토크빌이 때때로 미국인에 관해 글을 쓰는 것처럼 보이지만, 실제로는 민주주의자들에 대해 성찰하고 있었으며, 또 어떤 경우에는 민주주의의 특징들을 고심하면서 실제로는 미국에 관해 저술하고 있었다고 학생들에게 이야기했다. 그는 민주주의 사회에 대한 통념을 미국 사회에 대한 통념과 종종 동일시했고 심지어는 그것들을 혼동했다.

나는 학생들에게 미국 사회를 어떻게 생각하는지 물었다. 자유로운, 제국주의적, 자본주의적, 이기적, 반동적이라는 답들이 있었다. 유진 랭 칼리지 학생회의 정치적 합의는 미국의 정치적 합의에 비해 한참이나 진보적인 것이고, 심지어는 미국의 학술적 합의보다도 진보적인 것이다. 로어 맨해튼에 자리를 잡고 있는 이 진보적 인문대학에 마음이 끌린 이들은 주로 젊은 급진주의자들과 자유분방한 보헤미안들이었다. 우리는 수업을 통해 수많은 정치적 토론을 하게 될 것이었는데, 이는 내가 의도했던 것이기도 했다. 그러나 우리는 하나의 교육적 무대로서, 그리고 개인적 판단이 열정적으로 표현될 수 있는 장소로서, 그 수업을 유지하기 위해 함께 노력해야 했다. 우리는 상황을 이와 같이 정의했다.

토크빌의 사유는 내게 더없이 중요했다. 미국 사회의 풍습과 관행들을 면밀히 조사할 필요가 있다는 점에 대한 그의 이해는 작은 것들의 정치의 제도적 배경을 이해하기 위한 출발점을 제공한다. 만일 내가 21세기가 겪고 있는 문제들에 대한 지침을 제공하는 19세기 사상가를 선택한다면, 나는 주저 없이 토크빌을 선택할 것이다. 여기에는 다양한 이유가 있다. 그는 근대 민주주의에서 나타날 수 있는 많은 결함들을, 그것이 실제로 발생하기 훨씬 이전에 탐구했다. 그는 그런 어두운 이면을 피하는 방법으로 비정치적 제도와 운동의 중요성을 인식했다. 정치적 문제에 대한 그의 입장은 정치적으로 판에 박힌 생각을 넘어서 있다. 그는 자유주의자, 보수주의자, 급진주의자 모두에게 설득력을 가지고 있다. 그는 민주주의를 항상 상연되고 있는 어떤 것으로 이해했다. 나는 학생들이 미국의 (부정적 혹은 긍정적) 특징으로 지적하는 점들 가운데 많은 것이 미국 사회가 가진 민주적 성격의 결과라는 점을 그들에게 설명해 주었다.

나는 예나 지금이나 미국 민주주의를 이해하는 일은 매우 어려운 일이지만 진지하게 다루어 볼 만한 문제임을 학생들에게 보여 주기 위해 토크빌을 부각했다. 우리는 우리의 모임을 순수한 교육적 무대로 구성하기 위해 함께 노력해야만 했는데, 이는 자아 연출[표현_옮긴이]과 관련된 일을 요구했다. 나는 자신 있게 설명해야 했고, 학생들의 마음을 사로잡아야 했으며, 그 주제에 대한 나의 흥분과 열정을 보여 주어야 했다. 그들은 관심을 기울이는 것처럼 보여야 했고 흥미 있는 것처럼 보여야 했다. 때로는 그렇게 하려고 너무 무리했을 수도 있다. 학생들 역시 수업에 참여하는 데만 너무 열중해서 내가 말했던 것을 정확하게 듣거나 이해하지 못했을 수도 있다. 학생들이 질문에 답하거나 질문을 했을 때에도 마찬가지였을 수 있다. 학생들은 나의 권위를 존중해야 했다. 반면 나는 강의실에서의 나의 말투와 태도 그리고 학생들과의 시선 교환을 통해 내가 토론에 개방적이라는 점을 알려 줌으로써 그런 권위의 행사를 자제했다. 이런 유형의 존중과 서로에 대한 태도는 수업의 특징을 형성하는 데 공헌했다. 이와 같은 것들은 학습 상황이 특정하게 정의되었다는 점을 나타냈다.

이는 수업에서 상호작용적 게임의 규칙이 어떻게 구성되는지를 보여 준다. 과제물을 읽고 쓰며, 구술 발표를 하고, 수업에 참석하는 것이 수업의 기본 구조를 이루고, 이와 같은 기본 구조가 좀 더 넓은 단과대학 및 대학의 구성 요소 속에 깊이 정착되어 있으며, 이것이 바로 교육제도들과 사회 사이의 상호작용을 확립한다. 그러나 수업의 성패는 참여자들의 상호작용에 달려 있다. 교수가 노랗게 색이 바랜 노트를 가지고 들어오고, 기계적으로 그것을 사용한다면, 그리고 학생들이 꾸벅꾸벅 졸고 있다면, 그 고등교육 기관이 얼마만큼이나 훌륭한지에 상관없이, 학생들과 교수들이 얼마만큼이나 명석한지에 상관없이, 그 수업은 실패로 끝난다. 학생들과 나는 첫 수업 시간에 우리의 수업을 진정한 학습 장소, 즉 대안적인 관점이 표현되고 논쟁의 증거와 질이 존중되는 장소로 정의했다. 그리고 우리가 수업을 그렇게 정의하자, 수업이 그렇게 될 가능성이 크게 증가했다.

우리에게 중요한 것은 대학에서 이루어지는 어떤 수업의 성패, 수업에 참여한 일군의 학생들과 교수들의 관계 문제만이 아니었다. 고등교육의 본성 역시 우리의 수업에서 시험대에 올라 있었다. 우리는 문화 전쟁의 주요 쟁점들 — 정치와 교육, 교양교육과 직업교육, 훈육과 자율성 사이의 관계 등 — 에 관해 [스스로 올바른_옮긴이] 결정을 내릴 수 있는 역량을 배양하는 것이 바로 고등교육의 의미라고 확신했다.

처음에 나는 정치와 교육 사이의 관계에 대한 견해에서 학생들과 사이가 좋지 않았다. 수업을 듣는 열다섯 명 가운데 한 명만이 중도 우파 정도로 묘사될 수 있었다. 비록 한두 명의 중도파가 있기는 했지만, 대부분의 학생들은 젊은 급진주의자들이었고, 미국식의 삶의 방식에 대해 대단히 비판적이었다. 다수는 닳고 닳은 미국적 가치관을 이해하고 있었기 때문에, 미국을 지배하는 힘들에 대해 의혹을 품고 있었다. 근대 전제정치 전문가로서, 나는 그들이 자유주의의 실패를 전체주의의 원리와 구분할 필요가 있다고 느꼈다. 그러나 수업을 통해 나의 정치적 입장을 학생들에게 납득시키려 하지 않았다. 그 대신, 학생들이 그들에게 열려 있는 대안들을 검토하면서 그들이 살고 있고 앞으로 책임지게 될 세계에 관해 좀 더 배울 수 있도록 했다. 이것은 작지만 중요한 정치적 문제다. 이런 실천들은 수업을 개방적인 공간으로 만들기 위한 것이었다. 비록 이런 실천들이 특정한 정치적 (당파적) 입장과 연결되어 있지는 않았지만, 광범위한 정치적 중요성을 가지고 있었다.

좌파와 우파는 교실을 주요한 정치적 전쟁터로 바라본다. 새로운 혹은 그렇게 새롭지는 않은 보수주의자들은 '우리' 문명의 위대한 성취를 학생들에게 전수하는 장소로 교실을 바라본다. 진보주의자들은 교실을 이런 문명에 대한 비판을 제공하고 서구 헤게모니의 사악함을 드러내는 장소로 바라본다. 내 학생들은 유진 랭 칼리지에 매료되어 있었는데, 그 이유는 유진 랭 칼리지가, 보수적이고 좀 더 전통적인 대학들과는 달리, 진보적인 교육기관을 표방하고 있기 때문이다. 이는 사실 뉴스쿨이 전반적으로 그러했다. 그러나 나는 이런 방식으로 뉴스쿨을 이해하는 것은 잘못이라고 믿었고, 이 점을 학생들에게 보여 주기 위해 노력했다. 특히, 이 문제를 정치와 교육에 대한 특정 주장들을 다루는 과정에서 그러했다.

교회에서 정치가 종교와 분리되어야 하는 것과 마찬가지로, 대학에서도 정치가 교육과 분리되어야 한다는 것이 나의 입장이다. 이런 분리는 교회와 대학 내에서 각각의 문화를 함양하는 데 유익할 뿐만 아니라, 정치에서도 유익하다. 나는 배우는 것과 가르치는 것이 교육에서 자유로운 공적 공간을 구성한다고 믿지만, 이런 실천들은 정치와 매우 어려운 관계를 맺고 있다. 이런 어려운 관계를 제기하는 것은 정치와 종교 사이의 관계와 관련해 현재 미국에서 일어나고 있는 문제들에 맞서는 한 방식이다. 정치와 종교가 관계가 없다는 것이 아니라, 그 둘이 매우 주의 깊게 연결되어야만 하고 또 주의 깊게 분리되어야만 한다는 점을 이해하는 것이 중요하다. 이상적으로 말하면, 이것은 교육에서 매우 중요한 부분이다.

비록 교육이 정치에 관한 것일 수도 있지만, 그것은 중심적인 정치적 무대와 거리를 유지해야만 한다. 실제로 당파적 정치는 교육을 위태롭게 하고 있으며, 교육은 정치를 위태롭게 하고 있다. 이는 미국에서 지난 수십 년에 걸쳐 진행된 문화전쟁에서 [좌파와 우파가_옮긴이] 취했던 입장들에 무언가 잘못이 있었다는 점을 시사한다. 나는 우리가, 보수주의자와 급진주의자들이 교육 프로젝트에 공헌했던 점을 이해해야 하지만, 그들의 당파적 입장으로부터는 거리를 두어야 한다고 생각한다(심지어 우리가 교실 밖에서 그런 입장들을 공유할지라도). 수업에서 그와 같은 입장은 대화를 통해 만들어지는 것으로 이해되어야지 사전에 만들어진 결론으로 이해되어서는 안 된다. 정치와 교육은 서로 거리를 두어야 한다. 그렇지 않다면, 그 둘의 이상이 모두 위태로워질 것이다.

정치의 문제로서 교육 | 근대적 폭군은 소비에트형 인간을 만들기 위해 주민들을 교육하거나, 또는 칠레의 피노체트와 같은 권위주의적 정치 질서에서처럼, 민주주의를 시행할 준비를 할 수 있도록 국민들을 교육을 시키고자 노력한다. 아렌트는 그 일반적인 원리를 목도한다. "교육은 자유로운 정치에서는 어떤 역할도 할 수 없다. 자유로운 정치에서는 우리가 성인

들을 이미 교육 받은 사람들로 대해야 하기 때문이다. 성인을 교육시키고자 하는 사람은 모두 사실상 그들의 수호자로서 행위하기를 원하며, 그들의 정치적 행위를 가로막는다."[2] 교육과 정치를 혼동하게 되면, 시민들 사이의 민주적 관계는 선생과 학생 사이의 권위적 관계로 대체된다.

　　교육 문제로서의 정치 | 다른 한편으로, 선생과 학생 사이의 관계를 시민의 관계로 대체하는 것 또한 문제다. 그것은 교육 활동을 침해한다. 학생은 세계에 참여하기 위해 준비해야 하지만, 그들은 아직까지는 그렇게 할 채비를 갖추지는 못했다. 학생들에 대한 교육자의 첫 번째 책임은 자신이 알고 있는 세계를 학생들에게 제시하는 것이고, 그래서 그들이 나중에 자신들의 판단에 기초해 행위할 수 있도록 하는 것이다. 학생들은 즉각적인 정치·경제적 문제와 압력으로부터 보호되어야만 하고, 그럼으로써 그들이 성숙하고, 책임감 있는 동등한 시민으로서 공적 삶에 참여하도록 준비할 수 있어야 한다. 이런 점에서 마이클 오크쇼트Michael Oakeshott는 다음과 같이 말한다. "교육은 가장 일반적인 의미에서 특수한 교류transaction로 간주될 수 있는데, 인간 세대 간에 지속될 수 있는 이와 같은 교류 속에서 새로운 세대는 그들이 살아야 할 세계를 처음으로 경험하게 된다."[3] 오크쇼트의 설명에 따르면, 자유주의적 교육은 "지금 당장의 긴급함으로부터 잠시 동안 벗어나, 인류가 그 자신을 이해하기 위해 끊임없이 시도하는 대화에 귀를 기울이도록 초대한다."[4] 오크쇼트는 가장 기본적인 의미에서 교육은 세대 간의 교류라고 간결하게 밝힌 다음, 자유주의적 교육의 세부 항목을 상술한다.[5] 교육은 자유로워야 하며 인간의 조건을 이해하는 데 초점을 맞추어야 한다. 교육에 대한 이와 같은 기본적인 접근에서 핵심적인 단어는 바로 '대화'다. 오크쇼트는 대화를 자유주의적 교육의 작동 요소로서 이해하는데, 그것은 자유롭게 실행되어야 하고 권력이나 권력에 대한 비판

에 구속받지 말아야 한다는 점을 강조한다. 나는 이 점에 동의한다. 교육은 특별한 종류의 자유로운 공적 활동이다. 교육기관들 내에서 작은 것들의 정치는 그와 같은 활동의 공간을 제공한다.

따라서 나의 관점에서, 그 수업의 첫 번째 과제는 학생들이 인간의 조건에 관해 대화를 나눌 수 있는 하나의 맥락을 창조하는 것이었다. 그리고 그것은 오직 상호작용적 기획(나는 이를 공적인 삶의 구성에 대한 아렌트와 고프먼의 이론을 결합함으로써 만들 수 있다고 생각한다)을 통해서만 성취될 수 있는 것이었다.

처음에 우리는 서로를 알지 못했고, 수업의 규칙은 분명하게 정해지지 않았다. 수업에 필요한 사회적 에티켓은 교수인 나의 지도에 따라 확립되었다. 수업에 참석한 사람들은 모두 동등한 사람들로 간주되며, 다른 참여자들의 의견을 서로 진지하게 검토하기로 했다. 참여자들의 주장과 판단의 질은 당연히 다른 참여자들에 의해 비판적으로 평가될 것이었지만, 그 어떤 관점도 일방적으로 기각하거나 받아들이지 않기로 했다. 다음으로 나는 수업에 표현의 문제를 제시했는데, 이는 대안적인 입장이 자유롭게 제기될 수 있는 공간을 마련하기 위한 것이었다. 한 쿠바계 미국 학생이 첫 모임에서 수업에 참여하는 다른 학생들과는 달리 미국을 유별나게도 긍정적인 언어로 정의했을 때, 다른 학생들은 나의 지도에 따라 이에 대해 공손하게 반응했다. 이를 통해 우리는 앞으로 우리가 다루게 될 좀 더 어려운 쟁점들에 대해서도 진지한 토론이 진행될 수 있을 것임을 예견했다. 미군의 이라크 개입에 반대하는 시위의 일환으로 뉴스쿨의 학생들은 그런 개입을 공공연히 지지했던 밥 커레리Bob Kerrey 총장의 사무실을 점거했다. 내 수업을 듣던 학생 가운데 한 명은 그 행위에 참여한 반면에, 다른 학생은 [밥 커레리와 마찬가지로_옮긴이] 미국의 개입을 강력히 지지했다. 학생들은 수업에서, 미국과 민주주의에 대한 토크빌의 견해를 다룰 때처럼, 미군의 이라크에 대한 개입을 비롯해, 다양한 쟁점들에 관해 이야기하는 데 아무런 문제도 느끼지 않게 되었다. 전쟁을 옹호하는 학생이 왜 자신이 전쟁을 옹호하는지에 대해 충분히 설명하기를 꺼리자, 급진적인 학생들은 그 학생이 자신의 판단을 다른 사람들과 공유할 수 있도록 이야기하길 독려했다. 학생들은 실제로 서로를 이해하기 위해 그들의 차이를 찾게 되었다.

회고해 보면, 그 수업에 대한 내 기억은 수업을 잘 마무리했다는 안도감과 그 수업에 참여했던 칭찬할 만한 학생들에 대한 감상으로 채색되어 있을 수도 있다. 그러나 그렇다 해도, 그 기억은 수업이라는 상황에서 작동하는 힘의 중요한 차원을 시사한다. 우리는 오크쇼트적 의미에서 인문학의 탐구를 구성하는 데 참여하고 있었고, 좌파 및 우파의 교육에 대한 정의와는 거리를 두고 있었다. 이는 『미국의 민주주의』에 대한 반이데올로기적 독해를 발전시킴으로써 가능했다.

대학 교육은 "우리 문명"의 위대한 성취를 인식할 수 있는 하나의 방식이고 서구 역사에 의문을 제기하는 하나의 방식이며, 좋은 직업을 얻기 위한 하나의 방식이다. 이런 모든 기대들은 정치적·경제적 목적과 같은 초교육적 목적을 달성하기 위한 도구로 교육을 바라보는 시각을 조장한다. 나아가, 이런 기대들이 고등교육을 받고 있는 학생들의 일상생활의 일부로서 교실에서 작동한다. 그럼에도 불구하고, 교실에서는 그런 훈육적인 교육 프로젝트에 대한 대안이 하나의 가능성으로 존재한다 ― 그러나 오직 참여자들과 선생 및 학생들이 그것을 그처럼 규정한다면 말이다. 그것은 작은 것들의 정치의 결실이다. 그것은 당파적 정치는 아니지만, 자율성 및 자기 정의self-definition와 관련된 정치이고, 교실을 넘어선 좀 더 큰 정치 영역에서 스스로 행동하도록 학생과 선생들을 준비시킨다.

우리는 이와 동일한 공적 특성을 식탁의 주위에서, 은밀한 책방에서, 폴란드에서의 불법적인 시낭송회에서 살펴보았다. 각각의 경우에, 일상생활의 구성 내부로부터 독립적인 행위의 가능성이 형성되었다. 종교적 우파에 의해 동원된 교회에서는 바로 이와 같은 가능성이 발생하지 않았던 것이다. 교실에서 함양되고 있는 것은 자유주의적 교육의 중심 목표인 독립적인 판단이다. 자유주의적 교육의 전통적인 과제를 재생산하는 것은 학생과 선생의 그런 작업을 필요로 한다.

다음에 살펴보게 될 대중매체는 교육에 비해 좀 더 분명히 정치적이다.

대중매체

저널리즘은 논쟁으로 둘러싸인 문화적 제도다. 미디어가 좌파나 우파의 도구인가? 저널리즘은 민주주의적 통치의 중요한 부문인, 제4의 계급으로 기능하는가? 이런 문제들을 면밀히 검토하다 보면, 우리는 이런 질문들에 대한 답이 세부적인 것들 속에 있다는 점을 알게 될 것이다. 여기서 중요한 점은 저널리스트들이 어떻게 일하는지와 어떻게 함께 그들의 책임감에 대한 이해를 발전시키는가다. 그들이 함께 활동하는 방식이 대학 수업의 참여자와 비슷한지 혹은 복음주의 교회의 참여자와 비슷한지의 여부가 그들의 문화적 제도의 본성을 형성한다. 촘스키와 골드버그가 주명했듯이, 힘 있는 자들의 기능적 필요성과 적대적인 문화의 발전이 미디어 저널리스트들을 포위하고 있다.[6] 그러나 내가 서론에서 주장한 것처럼, 미디어 저널리스트들이 대중과 관련을 맺는 방식은 그와 같은 거대한 구조에 의존할 뿐만 아니라, 자신들의 직업에 대한 저널리스트들의 상호작용적 이해에도 의존한다. 실천적인 저널리스트들과 그들의 동료들에 의해 실제로 혁신이 일어났던 1990년대의 한 사례를 검토해 보자. 그것은 1988년 대통령 선거 캠페인과 함께 시작되었다.

그 캠페인 동안, 미국에서 정치적 수사에 대한 냉소는 절정에 도달했다. 정치적 수사에 대한 이와 같은 불신의 눈초리에 가장 직접적인 책임은 관련된 정치적 행위자들, 즉 공화당과 민주당에서 캠페인을 전개했던 사람들이 져야 할 것이다. 그러나 뉴스 미디어의 저널리스트들 역시 자신들이 이런 결과에 연루되어 있지 않은지를 성찰적으로 되돌아보았다. 미국 저널리즘의 지배적 관행이 공적 냉소를 키우고 있다는 인식이 미국 언론계에 팽배해 있었다. 이는 언론계의 주요 인사들 사이에서도 광범위하게 공유되고 있었다.[7] 그런 냉소는 공화당 대통령 후보였던 조지 H. W. 부시 George H. W. Bush가 세금을 올리지 않겠다는 악명 높은 약속을 했을 때, 가장 분명하게 나타났다. 부시는 클린트 이스트우드Clint Eastwood를 흉내 내며 "잘 들으세요, 새로운 세금은 없습니다!"Read my lips, no new taxes!라고 말했다. 그 당시, 연방 적자를 줄이고 연방 지출에 필요한 재정을 확보하기 위해 국가의 조세수입의 증대가 필요할 것이라는 점이 분명했다. 거의 모든 분별 있는 경제학자들이 이런 필요성에 동의했다. 그러나 부시는 당선된 이후에 지키지 못할 정치적 공약을 대통령에 당선되기 위한 공약으로 제시했다. 그의 경쟁자였던 마이클 듀카키스Michael Dukakis는 세금 인상에 반대하기는 했지만, 부시와 같이 단정적이고 강력한 용어로 세금을 인상하지 않을 것이라고 말하지는 않았다. 부시의 공약은, 정치 광고와 텔레비전 및 라디오 방송을 통해 대대적으로 홍보됨으로써, 공화당에 대한 투표를 증세에 반대하는 투표로, 민주당에 대한 투표를 증세를 위한 투표로 전환시켰다.

뉴스 미디어는 이런 논쟁과 전략들을 보도하기는 했지만, 다른 쟁점들과 동일한 비중으로 보도했고, 그 중에는 듀카키스가 미국 국기를 태우는 것을 금하도록 헌법을 수정하는 데 망설이고 있다는 것도 포함되어 있었다. 미디어들은 대체로 두 정당의 주장과 서로에 대한 반론을 보도하고, 그와 같은 주장들이 유권자들에게 어떻게 받아들여지고 있는지를 보도하는 식으로 이와 같은 쟁점들을 다루었다. 미디어는 이와 같은 방식으로 정치적 냉소를 확대했다. 언론 보도의 주요 뼈대는 냉소적인 정치 전략이 얼마나 효과가 있는가를 설명하는 것이었다. 언론 보도들은 두 후보자의 실제 정책상의 중요한 차이에 대한 분석을 거의 내놓지 않았다. 당시의 선거운동은 20세기가 저물어 가는 때에 미국 사회가 직면한 근본적인 문제들, 즉 소련과의 관계에서의 근본적인 변화와 변화하는 세계경제 체제, 그리고 그와 같은 변화가 미국 시민들에게 어떤 함의를 갖느냐에 관한 것 등을 둘러싸고 진행되지 않았다. 대신, 냉소와 유치한 캠페인 전략이 정치과정에 대한 보도를 지배했다. 많은 저널리스트들은 이 점을 비판적으로 인식하고 있었다.

정치 캠페인에서 나타나는 냉소주의 문제에 대한 언론의 주요 대응은, 선거운동 과정에서 각 진영이 내건 공약과 서로에 대한 공격 이면에 숨어 있는 진실을 밝히는 것이었다. 예를 들어, 정치 광고를 주의 깊게 검토하는 것이 신문과 방송 보도의 일반적인 특성이 되었다. 주요 정치인들이 내세우는 주장들이 신중히 분석되기도 했다. 그러나 이런 방식은 분명한 한계가 있었다. 언론 보도의 주요 내용들은 대체로 정쟁政爭에 의해 정의되었고, 그것이 광범위한 관심을 이끌어 낼 수 있는 내용인지에 따라 결정되었다. 이는 공적 관심사를 다루며, 공적 심의 공간의 구성에 도움을 줄 수 있지만, 그렇지 못할 수도 있었다. 언론 보도의 개혁을 역설했던 주요 인물들은 바로 이와 같은 공적 심의 공간을 구성하는 것이 핵심적으로 중요하다는 점을 이해했다. 그들은 정치 보도가 여론조사와 포커스 그룹● 등과 같은 복잡한 장치를 이용해, 누가 승리하고 누가 패배할 것인지에 대한 설명을 제시하는 일종의 스포츠 보도가 되었다고 우려했다. 정치가들은 이런 장치를 정치적 전략을 세우고 캠페인을 지휘하기 위해 사용하며, 미디어 분석가들은 동일한 장치를 전략과 캠페인에 대해 보도하기 위해 사용한다.

"공적 저널리즘" 혹은 "시민적 저널리즘"은 이와 같은 흐름에 대한 비판적 대응의 일환으로 발전했으며, 저널리즘의 윤리 및 관행에 대한 혁신과 관련되어 있었다. 이 운동에 참여하고 있던 사람들은 미국 사회에서 심의가 부족하다는 점을 인식했다.[8] 그들은 전통적인 방식에 따라 뉴스를 취재하는 것이 그런 문제들을 해결하지 못할 것이라는 점을 이해하고 있었다. 공적 저널리즘 운동은 저널리스트들과 학자들로 이루어진 운동이었고, 몇몇 재단과 기업의 후원을 받았으며, 저널리스트가 단지 객관적으로 보도하는 것이 아니라 공적 계몽에 공헌하고, 공적 문제를 제기하는 방식으로 보도하며, 뉴스를 분석할 책임을 가지고 있다고 주장했다.

공적 저널리즘 운동의 가장 강력한 옹호자 가운데 한 명은 캔자스 주의 위치토에 위치한 『위치토 이글』*Wichita Eagle*의 편집장이었던 데이비스 메리트*Davis B. Merritt*였다. 그 신문의 논설에서, 그는 독자들에게 1920년대에 있었던 존 듀이*John Dewey*와 월터 리프만*Walter Lippmann* 간의 대중에 관한 논쟁을●● 인용하면서 『위치토 이글』의 보도 양식에 대해 설명했다.[9] 그는

● 포커스 그룹(focus group)이란 일정한 수의 사람들을 모아 놓고, 그들 간의 자유로운 대화를 통해서 조사 대상에 대한 그 그룹의 견해를 파악하는 일종의 질적인 여론조사라고 볼 수 있다. 어네스트 디히터(Ernest Dichter)가 고안한 "집단 치료"에 그 기원을 두고 있다.

●● 이 논쟁은 리프만이 1922년 『여론』(*Public Opinion*)이라는 책을 출판하고, 듀이가 이에 대한 서평을 쓰면서 시작되었다. 리프만은 이 책에서 공중에 대한 과도한 믿음과 그것에 권

미국의 손꼽히던 칼럼니스트와 철학자 사이의 이 유명한 논쟁에서 칼럼니스트였던 리프만이 엘리트주의적 입장을 역설했다는 점을 강조했다. 즉, 일반적인 대중은 당대의 복잡한 쟁점들을 이해할 만한 능력이 없고, 복잡한 정책 논의로부터 보호되어야만 하며, 그들의 결정은 권력을 가진 사람들을 승인할 것인가 그렇지 않을 것인가로 제한되어야만 한다는 것이었다. 메리트는 미국의 저널리즘이 바로 이와 같은 입장에 주로 근거하고 있다고 강조했다. [반면_옮긴이] 그는 공적 저널리즘이 듀이의 좀 더 민주적인 입장에 기반을 두고 있어야 한다고 주장했다. 이는 정치 계급과 나머지 구성원들 사이의 간극을 불가피한 것으로 보기보다는 그 간극을 이어 주기 위해 노력해야 하며, 시민을 스포츠 관중들과 같은 수동적인 존재로 방관하기보다는, 공적 심의와 행동으로 끌어들이기 위해 노력해야 함을 의미했다.

이것이 공적 저널리즘 운동의 주된 취지였다. 이는 저널리즘적·정치적 기획을 통해 공중의 정치 참여를 회복하려는 시도였다. 이는 독자와 청취자 그리고 시청자를 미디어 시장의 소비자로서뿐만 아니라 서로 간에 관계를 맺어야 할 공중으로서 바라보았다. 그리고 그것은 비단 학계 내부에서만 발생한 엘리트들의 모호한 유토피아적 운동이 아니었다. 그것은 단지 정치적 비주류에서의 대안으로서가 아니라, 다원주의적인 정치적 접근과 함께, 커뮤니케이션 회사들의 수익을 위해서도 유익한 전략으로 인

력을 부여하는 민주주의에 관해 비판적인 입장을 취하면서, 참여 민주주의는 제대로 작동하지 않고, 민주적 공중이라는 것은 신화에 불과하며, 따라서 통치는 정치적 대표자와 전문가들에 의해 이루어져야 한다고 주장한다. 반면에, 듀이의 경우 민주주의가 단지 정치적 대표자나 전문가, 혹은 관료나 기업가에 의한 통치를 의미하는 것이 아니라는 반론을 제기했다. 대신에 그는 리프만과는 달리 정치적인 의사 결정 과정에서 공적인 심의 중요성을 강조했다.

식되었다. 몇 가지 사례들을 살펴보자.

1994년에 플로리다 주의 브레이든턴에서 발간되는 신문인 『브레이든 턴 헤럴드』*Bradenton Herald*는 지역의 교육감이 은퇴할 것이라고 발표했을 때, 이례적인 조치를 취했다.[10] 그것은 공중이 은퇴하는 교육감의 후임자를 물색하도록 하는 것이었다. 상대적으로 규모가 작은 이 신문은 지역의 자발적 모임, 교회 그룹, 학부모 선생 협회, 그리고 지역의 다른 공적 모임에 기자를 파견했다. 기자들은 지역 주민들이 차기 교육감에 관심이 있다는 점을 발견했다. 그다음에, 이 신문은 다양한 시민들을 편집부와의 대화에 초대했다. 이와 같은 논의에 자극을 받은 학교 이사회는 차기 교육감을 은퇴하는 교육감의 추천을 받아 임명하는 게 아니라 전국적인 공모를 통해 충원하기로 결정했다. 신문의 공적 논의가 정치적 압력을 창출했던 것이다. [이를 통해_옮긴이] 시민들은 서로 만나 이야기를 나누고, 행위하며 작은 것들의 정치에 기반해 권력을 창출하는 것이 가능해졌다. 신문사 사무실은 [새로운 교육감_옮긴이] 후보자를 심사하는 것을 돕는 일종의 심사위원회 사무실로 기능하기 시작했다. 『브레이든턴 헤럴드』는 후보자들의 자격에 대해 보도하기 위해 그들의 고향에 기자들을 파견하기도 했다. 『브레이든턴 헤럴드』는 긴급한 공적 쟁점을 다루기 위한 활동적인 보도 포럼으로서 스스로를 전환시켰고, 그 포럼의 결과에 기반해 행위를 이끌었다. 사실상 그것은 교육개혁을 위한 지역의 사회운동을 창출했다.

유사하지만, 좀 더 넓은 공적 무대에서, 노스캐롤라이나의 신문과 텔레비전, 라디오방송국으로 구성된 한 그룹은 1996년 선거운동의 보도에 공적 저널리즘의 관점을 적용했다.[11] 이것은 특히 중요했는데, 왜냐하면 매우 보수적인 상원 의원이자 상원외교위원회의 의장인 제시 헬름*Jesse Helms*이 재선을 위해 캠페인을 전개하고 있었기 때문이다. 그 선거전은 헬름과

하비 간트^{Harvey Gantt} 사이에 있었던 1990년 경쟁의 재연이었는데, 간트는 클린턴의 정치적 입장과 유사한 중도 민주당원이었다. 간트는 또한 공교롭게도 아프리카게 미국인이었다. 그는 남북전쟁 이후 옛 남부연합에서 [당선된_옮긴이] 첫 번째 흑인 상원 의원이 되기 위해 미국 상원의 가장 보수적인 의원과 싸우고 있었다. [1990년 선거에서_옮긴이] 헬름은 명백하게 인종주의적인 쟁점을 이용해 박빙으로 승리할 수 있었다. 그 당시 선거는 긴급한 문제들보다는 차별수정계획이나 "백인들을 위한 평등권"이라는 인종적 쟁점을 중심으로 치러졌다.

이런 과거의 경험을 바탕으로, 여섯 개의 신문, 다섯 개의 상업 텔레비전 방송국, 세 개의 라디오방송국, 그리고 노스캐롤라이나 주의 공영 텔레비전 채널을 포함한 열다섯 개의 미디어 조직들은 "당신의 목소리, 당신의 표"라는 컨소시엄을 형성했다. 이 미디어 그룹은 1월의 예비 선거 시즌과 7월의 총선 기간 동안에, 각기 한 차례씩 두 차례에 걸쳐 여론조사를 실시했다. 이 여론조사는 어떤 쟁점이 시민들에게 긴급한 문제인지를 확인하기 위한 것이었다. 그 그룹은 여론조사의 결과를 토대로 유권자들이 관심을 가지고 있는 쟁점들을 어떻게 보도할 것인가를 결정했다. 선거 기간 동안의 여론조사에 따르면, 대중에게 가장 중요한 쟁점은 범죄와 마약, 세금과 지출, 적합한 의료 제도, 그리고 교육 등이었다. 그 후에 그 그룹은 세 시간 동안의 집중 녹화 인터뷰를 위해 주지사와 상원 의원 후보자 전원을 초대했다. 이런 여론조사와 인터뷰는 각각의 뉴스 미디어에서 독립적으로 출간된 보도의 기반이 되었다. 또한 캠페인이 진행됨에 따라 인터뷰와 여론조사는 후속 보도를 위한 출발점으로 사용되었다.

공적 저널리즘에서의 이와 같은 실천의 결과, 기존의 통상적인 캠페인 보도에 비해 매우 진지하고 덜 선정적인 캠페인 보도가 가능했다. 그러나 여기에는 심각한 문제가 있었다. 헬름은 그 컨소시엄에 협력하기를 거부했다. 그의 경쟁 후보는 집중 인터뷰에 응했던 반면, 헬름은 집중 인터뷰를 거부하고 독자적으로 도발적인 인터뷰와 연설 화면을 만들어 미디어에 제공했는데, 언론은 이를 보도해야만 했다. [공적 저널리즘에 기반을 둔_옮긴이] 보도는 긴급한 문제들에 대한 후보자들의 입장에 관해 좀 더 많은 정보를 제공하는 좀 더 논리적인 것이었던 반면에, 주로 정치 광고를 통해 수행된 캠페인은 과거에 있었던 것보다 전혀 고양된 것이 아니었다.

이와 같은 공적 저널리즘 운동은 전국적으로도 확인할 수 있었다. 『버지니아 파일럿』*The Virginia-Pilot*은 시민들의 견해를 확인하고 어떻게 그 신문이 공동체의 쟁점을 보도할 것인가를 알려 주기 위해 "공동체 대화"를 만들었다. 워싱턴 주 스포캔의 『스포크맨 리뷰』*The Spokeman-Review*는 전통적인 방식의 논설을 포기하고 대신에 독자들로 하여금 그들 자신의 의견을 게재하도록 도와주는 두 명의 "상호작용적 편집인"을 두게 되었다. 『산호세 머큐리 뉴스』*San Jose Mercury News*는 신문 전체에 독자들로부터의 편지를 게재했는데, 이 편지들은 보도와 뉴스의 형태를 띠었다.[12] 그리고 지역 시민 포럼들은 1996년 선거운동 기간 동안 통합된 전국적 무대에서 활동을 전개했고, 이는 시민들이 당대의 문제를 토론하는 모임을 전국적으로 만들어 내기도 했다. 그런 모임은 광범위하게 보도되었으며 일부는 공공 라디오와 텔레비전 방송국에 의해 전국적으로 보도되기도 했다.

공적 저널리즘의 이런 실험들은 주류 저널리즘의 실천적 한계를 극복하기 위한 시도를 대변했다. 이런 움직임들은 당파적인 것이 아니었다는 점에 주목하자. 대신에 그것들은 미디어 전문가들 사이의 윤리 및 책임과 관련되어 있었다. 자신들의 전문성에 충실했던 저널리스트들은 게임의 법칙에 문제가 있다는 점을 발견했다. 그들은 당파적 이해를 대변하기를 원치 않았지만, 객관적으로 뉴스를 보도하려는 그들의 자세가 오히려 시민 독자들에게 [올바르고 정확한_옮긴이] 정보를 제공해야 한다는 그들의 책임을 달성하는 것을 어렵게 한다는 점을 깨닫게 되었다. 그들은 이런 문제를 다루기 위한 전략들을 토론했다.

공적 저널리즘에 대한 비판은 좌파와 우파 모두로부터 출현했고, 이는 공적 여론조사에 대한 비판과 유사했다. 저널리스트들이 지나치게 많은 책임을 지려고 하거나 거꾸로 책임을 지려 하지 않는다는 비판이었다. 그러나 부정할 수 없는 것이 있었다. 즉, 공적 저널리즘의 대안적인 방식은 대부분의 미디어에서의 주류적인 관행들과는 전혀 다른 것이었다.

광범위한 비판에 부딪혔던 것은 공적 저널리즘이 초점을 맞추고 있던 공적 삶의 내용에 관한 것이었다. 앞서 언급했던 노스캐롤라이나와 여타의 사례에서, 이런 새로운 저널리즘의 실천은 세 가지 구별되는 방식으로 [미디어에 포함되는_옮긴이] 공중의 범위를 확장했다. 우선 첫 번째로 새로운 저널리즘은 여론조사를 통해 묘사된 구성적 상상체fictive body를 공중의 범위에 포함했는데, 이 상상체는 어떤 쟁점을 어떻게 다룰 것인가를 결정했다(따라서 새로운 저널리즘에 여론조사가 핵심적이라는 점은 논란을 일으켰다). 두 번째로, 새로운 저널리즘은 당대의 쟁점을 토론하고 저널리스트들의 도움을 받을 필요가 있는 개인들로 이루어진 그룹을 포함했다. 저널리스트들은 사람들이 논의하고 있는 것을 발견하고 좀 더 광범위하고 효과적으로 논의하는 것을 돕기 위하여 때로는 정치적 주변주로 나아갔다. 세 번째로, 새로운 저널리즘은 정치적 쟁점을 제기할 필요가 있는 정치 행위자들의 그룹을 공중의 범위에 포함했다. 이에 따라, 공적 저널리즘 운동에 관련된 몇몇 사람들은 낙후된 동네, 범죄, 교육 등에 있어서 부족한 정부 서비스와 같은 쟁점들을 제기하기 위해 공동체를 정치적으로 조직하려고 시도했다. 나는 첫 번째와 두 번째 유형의 실천들을 강조해 왔는데, 이는 거기에 이 운동의 가장 독창적인 면이 있으며 그것들이 미국의 공적 삶을 형성하는 데 가장 중요한 것처럼 보이기 때문이다. 공적 저널리즘의 공중에 대한 세 번째 접근에는 공중과 직접적으로 정치적 관계를 맺으려는 유혹이 있었다 ─ 지역 신문이 공동체에서 깨끗하고 안전한 거리를 만들자고 주장할 수 있다는 점은 매력적인 것이었다. 그러나 그런 활동은 분명히 정치적인 것이었고 저널리즘을 정치적 활동으로 대체했다는 비판에 직면했다.

공적 저널리즘 운동의 이런 차원에 초점을 맞추어, 『뉴욕 타임스』의 노련한 편집인이자 작가인 막스 프랜켈Max Frankel은 공적 저널리즘 운동을, 현실을 바꾸려는 저널리즘fix-it journalism으로, 즉 상층계급의 공동체에 뉴스를 제공하는 접근법으로 일축했다.[13] 그러나 다른 주류 비평가들과 마찬가지로 프랜켈은 공적 저널리즘이 공적 영역의 보호에 관심을 기울이고 있다는 점을 진지하게 다루지 않았는데, 이런 공적 영역의 보호는 공적 저널리즘 프로젝트의 핵심이었고, 여론조사의 공중과 담론적 공중 둘 다와 관련되어 있었다. 그럼에도 불구하고, 뉴스의 정치화가 가능하다는 우려가 있었는데, 이는 공적 저널리즘 운동의 가장 큰 약점이었다. 그 운동에 참여하고 있던 저널리스트들은 뉴스를 보도할 뿐만 아니라 그것을 만들어내려고 시도하고 있었다는 비판이 바로 그것이다.

공적 저널리즘에 관한 논쟁은 끝나지 않았지만, 저널리즘에 대한 새로운 접근을 옹호하는 저널리스트 집단의 움직임은 이내 시들해졌다. 이들의 활동은 1990년대 중반에 걸쳐 정치 관련 보도뿐만 아니라 지역 관련 보도에도 일정한 영향을 미쳤지만, 그것의 지속적인 효과는 그렇게 분명한 것은 아니었다. 공적 저널리즘은 정치 관련 보도의 책임을 둘러싼 논쟁을 야기했는데, 이것은 좀 더 전통적인 저널리즘적 실천으로 통합되었다.

『뉴욕 타임스』가 인종 문제를 발전시키고 취재했던 방식은, 그것이 2001년 9월 11일의 정신적 외상trauma을 다루었던 방식과 마찬가지로, 하나의 적절한 사례가 될 수 있다.[14] 프랜켈이 공적 저널리즘에 대한 주요 비평가 가운데 한 명일지는 모르지만, [프랜켈이 속해 있는 『뉴욕 타임스』를 통해_옮긴이] 어떻게 공적 저널리즘의 혁신이 기존 신문의 뉴스 보도 방식에 영향을 미쳤는가를 확인할 수 있다. "미국에서의 인종"How Race Is Lived in America이라는 특집 기획에서, 『뉴욕 타임스』는 1면에 실릴 정도로 중요한 사건들은 아니지만, 미국인의 삶에 지속적으로 놓여 있는 인종의 문제에 관한 열다섯 개의 기사를 1면에 차례대로 게재했다. 다수의 기자들은 사람들이 인종에 관해 어떻게 생각하고 말하는지를 전국적으로 취재했고, 이것이 그 보도의 기반을 형성했다.

그 연재 기사는 인종에 대해 우리가 어떻게 인식하고 있는지를 알려주려고 노력했다. 『뉴욕 타임스』의 슬로건[인쇄에 적합한 뉴스는 모두 게재한다All the News That's Fit to Print_옮긴이]이 말해 주는 바와 같이, 그 기사들은 신문에 내기에 확실히 적합했지만, 일반적인 의미에서 [머리기사로_옮긴이] 보도하기에 적합한 것은 아니었다. 유사하게, 9·11 이후에 게재된 연재 기사인 "슬픔의 초상"Portraits of Grief은 전통적인 저널리즘의 형태보다는 공적 저널리즘의 교리를 좀 더 밀접하게 따르고 있었다. 보도의 형태, 즉 9·11 공격의 희생자에 대한 간략한 초상은 실종자에 대한 정보를 필사적으로 찾고 있었던 친인척들에 의해 뉴욕의 전 지역에 살포되었던 게시물과 실종자를 묘사하는 모델이 되었고, 정치적 입장과 민족주의적 주장에서 벗어나 인도주의적인 차원에서 비극을 이해하려고 노력했다.

따라서 공적 저널리즘의 요소들은 이제 전통적인 제도적 실천들 속에 담기게 되었다. 이런 개혁은 문화적 형태로서의 뉴스가 단지 권력이나 그 반대 세력에게 공헌함으로써 발전하는 것이 아니라, 하나의 독립적인 제도로서 발전한다는 것을 가리킨다. 하나의 전문 분야로서 언론계는 1990년대 초반에 대통령 선거 정치에 관한 보도가 부적절하다는 판단을 내렸고, 일군의 저널리스트들은 대안을 마련하고 그것을 실험하기 위한 공간을 만들어 냈다. 실천을 위한 대안적인 윤리적 체계와 지침으로서 그 제안은 다른 저널리스트들의 관심을 끌기도 했고 거부되기도 했지만, 그럼에도 불구하고 뉴스를 제공하는 방식에 영향을 미쳤다. 우리는 다시 한 번 작은 것들이 중요하다는 점을 발견한다.

민주주의는 세부적인 것 속에 있다

교육과 저널리즘이라는 두 분야는 사람들을 훈육하고 이들이 기존 질서에 이바지할 수 있도록 준비시킨다. 유치원에서 대학에 이르기까지 모든 학교들은 권력을 위해 일하도록 학생들을 준비시키고, 기존의 부정의한 사회질서 속으로 학생들을 편입시킨다. 유사하게, 주요 신문과 잡지의 저널리스트들은 현재의 역사적 질서가 자연적 질서라는 점을 분명히 한다. 그들은 주변적인 부분에 대해서는 비판적일 수 있지만, 현상 유지를 압도적으로 지지한다. 냉전 시기에 『뉴욕 타임스』와 『프라우다』 사이에는 중요한 차이가 있었지만, 사회질서를 지지했고, 게임의 지배적인 법칙을 불가피하고 정당한 것으로 묘사했다는 점에서는 마찬가지였다.

[그러나_옮긴이] 이런 총체적인 일반화는 진리의 절반에도 미치지 못하는 것이다. 교육이 사회적 위계질서 속에 놓여 있는 직업을 위해 젊은이들을 준비시키는 역할을 하더라도, 자유롭고 자유주의적인 교육은 비판적인 요소를 포함하고 있다. 『뉴욕 타임스』와 『프라우다』 사이의 비교에서 가

장 중요한 점은 전자의 경우 뉴스로 보도할 만한 것이 무엇인가를 규정하는 것이 문제시되었다면, 후자의 경우는 정치적 엘리트에 의해 [뉴스 자체가 _옮긴이] 관리되었다는 것이다. 자유로운 기관이라는 고등교육과 저널리즘의 진정한 의미와 전망은 세부적인 것들 속에 있다. 이는 학생과 선생 사이에서, 저널리스트와 독자 사이에서 지속되는 것이다. 한 대학의 수업과 저널리즘에서의 개혁 운동이라는 사례는 작은 것들의 정치의 영역이 이미 구축된 문화적 제도들 속에서 어떻게 구성되고 어떤 중요한 결과를 낳는지를 보여 주었다.

종교적으로 우파인 교회에서, 진리와 정치는 너무 친밀하게 결합되어 있다. 이 운동과 관련된 사람들이 자유주의적 엘리트의 편견을 비난하는 것은 흔한 일이 되었다. 좌파에 있는 사람들은 종종 문화적 제도들이 지구적 자본가와 미국 헤게모니의 도구로서 [기능한다고_옮긴이] 비난한다. 그러나 가장 중요한 점은 제도들을 정치적으로 채색하는 것이 아니다. 오히려 중요한 것은 그와 같은 문화적 제도들을 자유로운 공적 상호작용이 이루어질 수 있는 하나의 공간으로 확립하는 것이다. 이런 공간은 사회적 상호작용의 세부적인 것들 속에 존재할 수도 존재하지 않을 수도 있다. 작은 것들의 정치를 통해 우리는 이런 사실을 알 수 있다.

텔레비전이 작은 것들을 조명할 때, 그것에 대한 관심은 좀 더 높아지며, 좀 더 가시적이 되고, 좀 더 광범위한 영향을 미치게 된다. 이제 이런 현상으로 우리의 관심을 돌려 보자. 우리는 이제까지 우리의 분석에 의해서 제시되기는 했지만 분명히 살펴보지는 않았던 또 다른 작은 장소를 고찰할 것이다. 그와 같은 장소들은 의도적인 정치적 행위의 결과라기보다는 전자 커뮤니케이션 시대에서 등장한 자아 표현[연출_옮긴이]의 결과다. 지금까지 미디어에 대한 우리의 검토는 아렌트와 고프먼의 작업, 특히 아렌트에 강조점을 두고 설명되었다. 우리는 새로운 미디어와 구 미디어를 통해 의도적인 전략적 행위에 초점을 맞추었다. 결론에 앞서, 나는 강조점을 약간 바꿔 고프먼의 감수성을 강조하고 그 표현적 차원에 관심을 두게 될 것이다.

THE

POLITICS

OF

SMALL

THINGS

| 8장 |

전자 커뮤니케이션 시대에서의 자아 연출

텔레비전은 옛 소비에트 블록에서 있었던 정치적 투쟁에서 중요한 역할을 하지 못했다. 1989년의 혁명은 오직 그 마지막 무대만이 방영되었고, 텔레비전 방송의 프로그램은 단지 극적劇的인 후기 이상이 아니었다.[1] 물론, 루마니아에서 구질서에 충성했던 사람들과 이행기의 권위에 충성했던 사람들 사이의 폭력적인 전투는 중앙 텔레비전 스튜디오 밖에서 일어났지만, 이것은 도구를 차지하기 위한 전투였지 미디어를 통해 구성된 정치가 아니었다.

이 점은 테러리스트와 반테러리스트 사이의 전쟁 및 우리 시대의 통상적인 민주정치의 상황과 놀랍도록 대조를 이룬다. 오늘날, 상황에 대한 결정적인 정의는 텔레비전(다른 미디어와는 구별되고 점차 중심적인 미디어의 형태가 된)을 통해 제시된다. 만일 텔레비전에서 상황이 사실적으로 정의되거나 혹은 사실로서 등장하고 인식된다면, 결과적으로 그것은 사실이 된다.

딘의 캠페인은 그가 아이오와 코커스에서 패배했을 때가 아니라, "나에게는 괴성이 있습니다"라는 연설을 했을 때 막을 내렸다. 그는 불안정하고, 종잡을 수 없으며, 판단력이 부족한 것처럼 보였다. 그는 이후에 그런 외양을 바꾸고, 텔레비전에 출연해 스스로를 재정의하려고 했지만, 그의 바람은 이루어지지 않았다. 그의 외양은 그에 대한 인식과 맞아 떨어졌고, 그런 인식은 고착되었다.

텔레비전 방송이 가진 상황 정의의 힘은 종종 피상적이거나 그리 중요하지 않은 것처럼 보일지 모르지만, 사실은 전혀 그렇지 않다. 실제로 그것은 권력의 중요한 차원이다. 즉, 이는 민주주의자와 반민주주의자, 테러리스트와 반테러리스트 모두 염두에 두고 있는 것이다.

1996년 인터뷰에서 나타나듯, 빈 라덴은 테러가 이루어지는 무대가 미디어, 특히 텔레비전이라는 점을 잘 이해하고 있었다.[2] 2001년 9월 11일의 공격은 텔레비전을 위해 생산되었고 그것을 통해 경험되었다. 그 공격은 전 세계에 실시간으로 방송되었고, 경험되었으며, 이것은 사실로 간주되었다. 테러를 지시했던 사람들은 텔레비전 이미지에 대한 반응을 보면서 테러의 성공 여부를 판단했고, 공격당한 사람들 역시 동일한 방식으로 그런 공격의 성공 여부를 판단했다. 그 사건을 중요하게 만든 것은 사상자의 수가 아니었다. 미국의 힘이 군사적으로 도전 받고 있었다는 것도 아니었다. 그것은 전 지구적으로 방송되고 시청되었던 사건을 통해 수많은 사람들이 테러의 위협에 대한 취약성을 경험하게 되었다는 점이다.

텔레비전이 가진 상황 정의의 힘은 테러 행위에서 특히 더욱 명확하게 나타난다. 자살 폭탄 공격은 팔레스타인 점령 지역에서부터 미국의 하늘을 비행하는 민간 항공기와 점령된 이라크에 이르기까지 광범위하게 이루어져 왔다. 이런 장소들은 각각 중심부이자 주변부다. 테러 행위는 이와 같은 특정 시간과 장소에서 일어나지만, 그 시간과 장소는 좀 더 넓은 범위의 정치적 커뮤니케이션을 위해 준비된 무대이기도 하다. 로어 맨해튼과 워싱턴은 2001년 자살 공격을 직접 경험했다. 이스라엘과 팔레스타인, 그리고 이라크에서도 특정한 시간과 장소에서 비슷한 일들이 있었다. 그러나 이와 같은 공격의 정치적 결과는 대체로 그런 공격이 텔레비전을 통해 방송 — 처음에는 실시간으로, 이후에는 반복되는 이미지로 — 되는지

여부에 달려 있다. 이런 행위는 텔레비전 이미지를 통해 방송됨으로써 정치적 현실이 된다. 아렌트는 정치에서 외양이 현실이라고 주장한다.[3] 텔레비전 방송의 시대에, 그런 외양이 텔레비전을 통해 방영된다.

테러와 전쟁 행위에 비해, 딘의 절규 같은 것들은 작은 것이라 할 수 있다. 그리고 그런 작은 것, 작은 제스처, 자아의 표현 역시 역사 속에서 중요한 역할을 수행할 수 있고 수행해 왔다. 텔레비전은 가장 작은 제스처를 매우 큰 것으로 전환할 수 있다. 그 매체[텔레비전_옮긴이]는 표현적 차원을 갖고 있다. 텔레비전에는 우리의 어두운 시대에 작은 것들을 특히나 중요하게 만드는 무언가가 있다.

사람들은 흔히 케네디가 1960년 리처드 닉슨Richard M. Nixon과의 대통령 논쟁에서 승리할 수 있었던 이유는 대체로 그가 텔레비전에서 좀 더 호소력 있게 보였기 때문이라고 말한다. 그리고 이는 미국 정치의 천박함을 지적하는 것으로 간주되었다. 여기에는 링컨-더글러스 논쟁과 같은 과거의 논쟁에 대한 향수가 있다. 1858년에, 에이브러햄 링컨Abraham Lincoln과 스테판 더글러스Stephen A. Douglas는 국가를 시민전쟁[남북전쟁_옮긴이]으로 몰고 간 노예제와 같은 긴급하고 심각한 쟁점들을 두고 서로 격돌했다. 반면, 한 세기 후에 케네디는 [순전히 텔레비전에 비친 외적인_옮긴이] 매력 덕분에 닉슨을 이길 수 있었다. 만일 그렇다면, 우리의 상황은 실로 딱한 처지에 있을 것이다. 이런 서글픈 상황은 대중적인 논평과 학술서에서 반복적으로 언급되었다.[4] 그러나 마이클 셔드슨Michael Schudson이 미국의 공적 삶에 대한 훌륭한 분석에서 보여 주었듯이, 19세기의 논쟁 역시 20세기의 논쟁만큼이나 흥미 위주였다.[5] 텔레비전을 시청했던 사람들은 케네디가 승리했다고 간주한 반면, 라디오를 통해 논쟁을 들었던 사람들은 닉슨을 승리자로 간주했다는 사실은 그 대결의 내용에 관해 어떤 점도 시사하지 않는다. 그것은 단지 닉슨이 라디오방송에서 표현적으로 좀 더 능숙했고, 케네디는 텔레비전 방송에서 그러했다는 점을 드러낼 뿐이다. 그리고 셔드슨이 지적하듯이, 링컨-더글러스 논쟁에 대한 대중들의 판단 역시 19세기 스타일의 연설, 특히 링컨의 문학적 연설에 대한 선호를 반영하고 있었다고 말할 수 있다

표현적인 수사법은 중요하고, 이는 문학의 사례에서 그 가치를 인정받아 왔다.[6] 일반적으로 링컨은 미국 역사에서 가장 위대한 대통령 가운데 한 명으로 인정받고 있다. 그는 커다란 정신적 외상을 겪은 국가를 이끌었다. 이론의 여지는 있지만, 시민전쟁, 혹은 "주들 간의 전쟁"the war between the states(남부연합의 지지자들과 그것에 향수를 느끼고 있는 사람들이 부르는)이라는 표현은 [이런 커다란 정신적 외상을 겪은 국가를 이끄는 데는_옮긴이] 턱없이 부족한 표현이었다. 링컨의 말을 통해, 이는 두 번째 미국 혁명으로 정식화되었다.[7] 그의 위대함은 그의 수사법에 직접적으로 투영되어 있다. 그는 미국의 정치 문화를 재정립했다.

이것이 게티즈버그 연설에서 가장 극적으로 나타난 표현적인 문학의 위업이었다.[8] 링컨은 독립선언과 평등이라는 관념을 국민 문화의 중심적인 명제로 삼아 미국의 역사를 재해석했다. "지금으로부터 87년 전 우리의 선조들은 이 대륙에서 자유 속에 잉태되고, 만인은 모두 평등하게 창조되었다는 명제에 봉헌된 새로운 나라를 탄생시켰습니다." 함축적인 의미와 구체적이고 분명한 표현으로, 링컨은 비극 속에서 고통을 겪고 있었던 국민을 새로운 기획으로 인도했는데, 이 새로운 기획은 아직까지도 매우 현실적인 것이며 여전히 미완성의 것이다. 말의 힘과 그것의 정치적 리더십과의 관계가 이보다 더 분명한 적은 결코 없었다. 링컨은 미국의 위대한 작가 가운데 한 명이었고, 그런 의미에서 위대한 지도자 가운데 한 명이었

다. 그가 사용하는 단어들은, 말과 글 모두에서, 설득력이 있었다.

　설득은 변화된 미디어 환경 속에서 전혀 다른 방식으로 실현된다. 이상한 일이지만, 케리의 연설에서 나타난 문법적 정확성은 2004년 대통령 선거운동 과정에서 많은 부정적인 논평을 불러일으켰다.[9] 민주당 후보로서 그가 명쾌하며, 게다가 형식적으로도 매우 세련된 방식으로 연설을 했다는 사실은 그가 보통 사람들과는 다르다는 점을 시사했다. 그런 재주는 미국 시민들이 보기에 오만함의 표현이자, 민주적 청중으로부터 연설자의 거리를 드러내는 것처럼 보였다. 반면, 오늘날 청중들은 전자적 수사법electronic eloquence● 에 의해 설득된다.[10]

　닉슨-케네디 논쟁을 텔레비전을 통해 시청했던 청중들은, 텔레비전에 비친 케네디의 정력과 따뜻함에 설득되었을 것이다. 그러나 이와 마찬가지로, 닉슨의 지지자들은 라디오를 통해 들리는 그의 남성다운 연설 스타일에 설득되었을 것이다. 1960년에 중서부 지역의 젊은이였던 셔드슨이 생각하기에도, 라디오를 통해 들리는 케네디의 목소리는 좀스러웠다.[11] 케네디의 보스턴 억양은 여자 같았고, 진정 미국적이지 않았으며, 아마도 영국 상류계급의 억양과 유사했다. 텔레비전을 통해 중개된 논쟁을 지켜보며 케네디를 지지했던 사람들과 라디오를 청취하며 닉슨을 지지하게 된 사람들 사이의 대조가 중요하게 밝히고 있는 것은 미국 정치 문화의 천박성이

● 텔레비전을 중심으로 한 새로운 미디어 환경에서 발달한 연설의 방식을 의미한다. 텔레비전과 뉴미디어의 보급은 대중 집회 등과는 달리 개인적·사적 공간에서 연설이 이루어지고 그것을 통해 청중들을 설득하는 새로운 형태의 공간을 창출해 왔다. 이런 상황에서 효과적인 연설은 시청자들에게 좀 더 친밀한 형식으로, 좀 더 개인적이며, 형식에 구애받지 않는 방식으로 발전해 왔다. 전자적 수사법의 특징으로는 개인의 이야기에 초점을 맞추고, 연설자 자신을 드러내며, 일상의 생활 용어를 짧은 단어의 형식으로 사용하고, 시청자들에게 좀 더 강렬한 이미지를 제공하는 것 등을 들 수 있다.

아니라, 다양한 형태의 표현적 수사법과 설득의 방식이 있다는 점이다.

링컨은 연설문을 토대로 그 자신을 표현[연출_옮긴이]함으로써 더글러스와의 논쟁에서 이길 수 있었다. 오늘날 이 문제는 텔레비전을 통해 표현되는 것을 중심으로 이루어진다. 미국인들이 부시보다 고어를 압도적으로 선택하지 않은 것은 어쩌면 보기에 따라 사소한 문제 때문으로 비춰질 수 있다. 고어는 텔레비전에서 젠 채하는 따분한 사람으로 비쳤다. 그는 대통령 후보 토론에서 표현을 변덕스럽게 바꾸었다. 텔레비전에서 그의 자아 연출은 매력적이지 않았고, 집에서 시청하는 유권자들은 그를 압도적으로 선택하지 않았으며, 결국 그는 선거에서 패배했다.

상당수의 사람들이 텔레비전에 비친 고어의 모습을 좋아하지 않았기 때문에 그런 결정을 내렸다. 평범한 사람들은 [국정 운영_옮긴이] 경험이 풍부하며, 광범위한 인기를 누리고 있던 현직 대통령의 정책을 지지하는 사람보다 국정 운영 경험이 일천한 후보에게 투표했다. 이것은 어리석은 짓처럼 보인다. 그러나 만약 우리가 정치 리더십에서 수사법의 중요성을 염두에 둔다면, 심지어 사람들이 실수로 그렇게 판단했을지라도, 그런 결정은 결코 하찮은 것이 아니다. 정치적 권력에 있어서 핵심은 공동의 대의에 따라 행동하도록 시민들을 설득하고 그들을 이끌 수 있는 능력이다. 텔레비전에 비친 대통령의 연설 모습이 부자연스럽다면, 만약 그가 텔레비전에서 자아 연출의 힘을 가지고 있지 않다면, 그는 정치적 동원을 위한 중요한 자원이 부족하고 효과적인 지도자가 되기 어려울 것이다. 고프먼이 보여주듯이, [자아_옮긴이] 연출은 사회적 상호작용의 핵심적인 구성 요소이고, 자아 연출 능력의 결핍은 효과적인 리더십을 불가능하게 한다.

이처럼 정치의 작은 차원은 또한 자유를 위한 공간을 열기도 하고 닫기도 한다. 폴란드의 시낭송회에 참여한 사람들은 그 모임이 사적인 아파트에서 열린 불법 집회가 아니라, 문학적 이벤트로 보이도록 만들기 위해 함께 노력할 필요가 있었다. 또한 내 교양과목 수업에 참여한 학생들은 단지 수업을 위한 장소가 아니라 진정한 학습 상황으로서 그들의 모임을 정의할 필요가 있었다. 그런 작은 것들이 텔레비전을 통해 표현됨에 따라, 표현의 질은 자유와 정치적 창조성을 지탱하는 데 매우 중요해지게 되었다. 우리가 살펴본 바와 같이, 바로 이것이 하워드 딘의 문제였다.

미디어를 통한 자아 연출과 공적 공간의 구성

하워드 딘의 선거운동이 동력을 상실한 이유 가운데 하나는, 적어도 부분적으로는, 텔레비전에서 그가 표현상의 실수를 범했기 때문이다. 또한 주요 쟁점들에서 경쟁자들의 입장이 그의 입장보다 더 인기가 있었거나, 그가 대통령이 되기에는 아직 준비가 부족하다고 유권자들이 판단했기 때문일 수도 있다. 그러나 다른 후보들도 충분히 준비가 되어 있지 않았고 민주당 예비 선거 후보들의 정책은 대체로 유사했기 때문에, 그의 패배는 아마도 텔레비전에서의 자아의 연출과 좀 더 관련이 있을 것이다. 열렬한 지지자들은 미디어 음모론을 언급하면서 이 점을 설명했고, 실제로 주류 미디어의 논조는 딘의 캠페인 활동을 어렵게 만들었다. 그가 선두 주자로 부상하자, 심지어 예비 선거가 열리기 이전이었음에도, 그는 매우 면밀한 미디어 검증을 받게 되었고, 그런 검증 가운데 일부는 명백히 적의를 품고 있는 것이었다(5장에서 논의된 바와 같이, 특히 〈폭스 뉴스〉에서 그러했다). 그의 경쟁 상대들은 이를 더욱 조장했다. 그들은 그가 민주당 후보가 될 것처럼 보이자 그를 냉혹하게 공격했다. 딘의 지지자들이 분명히 이해했듯이, 민주당의 주류는 딘의 입후보에 매우 불편해 했고, 따라서 주류파는 딘에 반대하는 진영을 고무했다. 딘은 여기에 잘 대처하지 못했다. 그는 선거 자금을 무모하게 소비했다. 그는 상대방을 달랬어야 했을 때 공격했고, 공격해야 했을 때 달랬다. 그의 전반적인 인상은 아주 매력적인 것은 아니었고, 절규는 그에게 상처를 입혔다.

그럼에도 불구하고, 딘의 캠페인을 통해 잠재적으로 지속적인 중요성을 지닌 무언가 특별한 것이 창출되었다. 딘의 지지자들과 대안적인 민주적 정치 행위를 유지하는 데 관심이 있던 사람들에게 새로운 도전 과제는 딘의 선거운동이 성취했던 것에 주목하고 그것에 입각해 행동하는 것이다. 그들은 그들의 상호작용에 의해 구성된 공적 공간의 진가를 올바르게 인식할 필요가 있다. 딘 캠페인은 반전 입장을 취했던 사람들에게 그 운동의 언어적 한계였던 '아니오'를 넘어서 나아갈 수 있는 역량을 제공했다. 폴란드에서의 민주화 운동과 체코슬로바키아에서의 민주화 운동 사이의 비교가 시사하듯(3장에서 논의되었던), 더욱 풍부한 상황 정의의 힘은 시간[역사적 경험_옮긴이]을 거쳐 그리고 복잡하고 다양한 사회적 공간 속에서 발전했다. 딘과 그의 인터넷 선거운동 전략의 주요 설계자였던 조 트리피가 집중적으로 공을 들이고 있었던 것이 바로 이것이었다.

심지어 트리피는 선거운동이 끝나기도 전에 이와 같은 과제를 제기하고 이에 도전하기 시작했다. 딘은 민주당 대통령 후보 예비 경선에서 승리하기 위해, 좀 더 전통적인 방식의 선거운동에 능통했던 로이 닐Roy Neel을 선거운동본부장으로 임명했다. 트리피는 이것을 좌천으로 이해했다. 그는 캠페인에서 사퇴했지만, 딘과 딘을 위해 일하고 있던 모든 사람들에 대한 강력한 지지를 표명했다. 이 점에서 딘의 캠페인 진영은 여타의 다른 캠페인 진영과 달랐다. 그 어떤 노골적인 상호 비방도 없었다. 하워드 딘은 좀 더 전통적인 선거운동 방식에 능통했던 신임 선거운동본부장을 통해 위스

콘신 예비 선거를 승리로 이끌고, 나아가 궁극적으로는 민주당 대통령 후보 경선에서 승리하고자 했다. 트리피는 딘을 여전히 지지하기는 했지만, 이와 같은 희망이 실현되기 어려울 것이라고 판단했고, 딘의 선거운동이 끝난 이후의 상황에 대해 생각하기 시작했다. 사실, 딘 역시 마찬가지였다.

딘과 트리피는 사회운동과 그것의 가상적인 상호작용의 기반을 어느 정도 제도화하고, 딘과 같은 개별 후보자의 선거운동을 통해 산출된 힘이 민주당 내에서 지속적으로 유지될 수 있도록 하는 것이 당면한 과제라는 인식을 공유했다. 이를 위해서, 무엇보다, 딘의 선거운동에 참여했던 사람들이 2004년 대선에서 민주당 대통령 후보를 지지하도록 이끌고, 나아가 그들이 진보적 후보자로 생각했던 사람들을 주 및 지역 선거에서 지지하도록 이끌 필요가 있었다. 또한 딘과 트리피는 활동가들이 공직에 출마하도록 장려했다. 새로운 형태의 동원과 자금 모집 방식이 개발되었고 그것이 민주당을 개혁하는 실천적 과제에 적용되어야 한다고 생각했다. 이것은 미국 정치를 전환시키는 길이었다.

그러나 한 가지 문제가 발생했다. 트리피의 블로그(〈미국을 위한 변화〉 Change for America)와 딘의 블로그(〈미국을 위한 블로그〉 Blog for America)에서 이들의 전략에 대한 저항이 상당수 제기된 것이었다. 많은 사람들이 딘과 트리피의 [선거운동 이후의_옮긴이] 전략을 지지했지만 어떻게 그런 전략을 펼칠 수 있을까에 대해서는 확신하지 못했던 반면에, 어떤 사람들은 제3의 정당이나 랠프 네이더Ralph Nader와 같은 좀 더 호소력 있는 독자 후보에게 눈을 돌리고 있었다. 또 다른 사람들은 이전에 가졌던 냉소적인 입장으로 다시 되돌아가는 것처럼 보였다. 민주당의 주류 세력 역시 그런 독자적인 정치적 세력이 민주당 내에서 우세해지도록 허용하지 않을 태세였다. 주류가 가진 힘은 딘을 방해함으로써 다시금 드러났다. "딘을 열광적으로 지지했던 사람들"^{Deaniacs}은 자신들이 민주당에 영향을 미칠 수 있다고 순진하게 생각해서는 안 된다는 결론에 이르렀다.

트리피의 표현적 기술과 인터넷 수사법은 딘의 입후보를 위한 지지를 모으는 데 중요한 공헌을 했다. 그런 기술들과 냉소에 맞서는 능력은 딘의 선거운동이 쇠퇴기에 접어들고 예비 선거에서의 패배가 분명해지는 순간에 다시금 빛을 발하게 되었다. 선거운동은 여전히 몇 주 남아 있었지만, 트리피는 잠시 뒤로 물러나 미래에 관해 생각하고 있었다. 그는 겸손한 목소리로 자신의 블로그를 소개했고, 그가 희망했던 대규모 운동을 지속하기 위해 다른 사람들에게 가입을 요청했다.[12]

이 블로그는, 미국의 변화를 이끌어 내고 우리가 생각하는 정치를 계속 추구하기 위한 공간입니다. 나는 사람, 풀뿌리, 그리고 넷뿌리에 기반을 두고 기성 정치와는 다른 생각과 열정을 간직하고 있는 사람들이 이곳에서 그것들을 교환하고, 2004년과 그 이후에 함께 차이를 만들어 낼 수 있기를 희망합니다.

나는 여전히 내가 남은 인생 동안 무엇을 해야 할 것지를 알아내기 위해 노력하고 있습니다. 이제까지 내가 한 일은 항상 나보다 큰 무엇인가를 변화시키려 하거나 그것에 도전하는 것이었습니다.

내가 계속 하고 싶은 일은 미국을 좀 더 나은 방향으로 변화시키는 것을 사명으로 삼은 공동체를 만드는 것입니다.

그래서 여기에 새로운 블로그를 열었습니다.

나는 딘의 선거운동 과정에서 수많은 사람들이 지난 13개월에 걸쳐 이룩한 것들에 대해 자부심을 가지고 있습니다. 딘 주지사와 풀뿌리 선거운동에 동참했던 사람들은 민주당에 그 자신의 목소리를 되찾아 주었습니다. 많은 사람들이 부시의 인기에 떨고 있을 때, 그에 맞서 일어섰습니다. 다른 사람들이 침묵하고 있을 때, 이라크전쟁에 반대했습니다. 다른 사람들이 비웃을 동안, 활기찬 풀뿌리 조직을 건설했습니다. 고액의 정치자금을 기부하는 사람보다는 수십만 명의 작은 기부자들을 통해 더 많은 정치자금을 모금할 수 있다는 점을 증명했습니다.

민주당의 경선 결과와 상관없이, 수천 명의 미국인들은 새롭고 다른 길을 함께 보게 되었고, 새로운 매체(인터넷)는 미국 정치에서 소외되었던 목소리를 되찾으려는 사람들을 위한 힘이자 도구로서 등장했습니다.

미국에서 정치의 미래는 이미 변화하고 있습니다. 이는 차이를 만들려고 함께 일한 사람들의 노력과 헌신 때문입니다.

어느 누구도 여러분을 위해 미국을 변화시키지 않을 것입니다. 여러분이 원하는 변화는 여러분의 노력을 통해서만 이루어집니다. 나아가 여러분은 자신들의 대의명분과 함께하는 다른 미국인들을 찾아야 합니다.

〈미국을 위한 변화〉는 바로 그것을 계속해 나가려는 저의 시도입니다. 그러니 가입하고, 글을 남기고, 부시 행정부를 우리의 조국에서 몰아내기 위한 싸움(진정한 변화를 위한 첫걸음)을 계속합시다.

아직까지는 기술적인 지원이 불충분하지만, 시간이 지날수록 이 블로그가 지금보다 훨씬 좋아질 것이라고 생각합니다. 이는 13개월 전에 우리 가운데 소수의 사람들이 시작한 볼품없었던 콜 투 액션Call to Action 블로그를 상기시키네요. 그것은 무언가 특별한 것을 시작하는 데 도움이 되었습니다. 〈미국을 위한 변화〉 역시 그만큼 볼품없지만, 이것도 또한 무엇인가 특별한 것을 시작할 겁니다.

읽고 참여해 주서서 감사합니다.

다음 미국 혁명은 이제 시작되고 있을 뿐입니다.

이 글에는 2백여 개의 댓글이 달렸는데, 대체로 개인적인 소회를 담고 있었다. 트리피는 자신이 변화에 헌신하고 있지만, 지금 이 시점에서 무엇을 해야 할지에 대해서는 불확실한, 미약한 개인으로 자신을 표현했다. 그는 대안을 성찰하고, 자신의 견해를 밝히는 공간을 열었다. 그의 독자들 역시 비슷하게 반응했다. 그들은 트리피가 해왔던 일들에 대한 평가를 서로 공유했고, 그는 그 공을 독자들에게 돌리는 글을 올렸다. 이 시점에서, 그들은 단지 서로에게 이야기하고 있었을 뿐이었다.

그러나 여기에서 하나의 흐름이 나타났다. 즉, 자신들의 경험과 감정에 대한 공유가 미래를 어떻게 헤쳐 나갈 것인가에 관한 토론으로 이어졌던 것이다. 그들은 선거에 어떻게 개입할 것인가에 대해 논쟁했다. 그들은 대안적인 웹 디자인에 대해 논의했다. 그들은 딘의 선거운동과 협력을 해야 하는지 혹은 그 둘 사이에 어느 정도의 조정이 필요한지에 대해 고민했다. 대안적인 전략적 행로가 제안되기도 했다. 그러나 딘의 패배가 최종적으로 확정된 후 몇 주 동안, 이 블로그에 참여했던 사람들은 의기소침해하지 않기 위해 서로 상호작용했다. 이는 아마도 고프먼이 이야기했을 수도 있었던 것이었다. 그들은 서로의 자존감을 북돋우며, 자신들이 여전히 사회 변화를 위해 함께 노력할 수 있다고 상황을 정의하기 위해 노력했다.

아래의 논평에서 서로의 자존감을 유지하고, 사회를 변화시키기 위해 필요한 중요한 전략이 어떻게 제안되었는지를 검토해 보자.

> 문제는 많은 사람들이 만일 우리가 하워드를 대통령으로 만들 수 없었거나/없다면, 이런 일들이 무의미하다고 생각하며 떠나고 있다는 점입니다. 그들은 열정을 상실하고 무관심한 상태로 돌아가고 있습니다.
>
> 우리는 이미 이전에는 생각할 수조차 없었던 승리를 거두었다는 점을 그들에

게 확신시킬 방법이 필요하지만, 나는 우리의 말들이 많은 사람들에게 [그런 확신을 주는데_옮긴이] 충분치 않을까 걱정스럽습니다.

나는 우리가 이런 상황으로부터 벗어나기 위한 조직이 필요할 뿐만 아니라 바로 이 순간에 신뢰할 만하고 매우 가시적인 기획이 필요하다고 생각합니다. 우리가 무언가를 성취하면 사람들이 다시 되돌아와 "잠깐 기다려! 이 사람들이 여전히 여기 있네. 그들이 여전히 차이를 만들고 있구만!"이라고 이야기할 것입니다.

나는 하원 의원 경선에서 별도의 웹 페이지를 통해 후보자가 우리가 기부한 선거 자금을 직접 받도록 하는 방법이 있는지 궁금합니다(기부가 "우리"를 통해서 가게 되면 연방선거관리위원회FEC가 문제를 삼을 수도 있을 것이기 때문입니다). 개인적으로는 우리의 모든 작업에 대해서 풀뿌리 조직에 감사하기 위해 슬립리스 스프링Sleepless Spring●에 참여하고 싶습니다. 오. 나는 꿈꿀 수 있습니다.:-)우리는 미디어만이 아니라 환멸을 느끼고 있는 우리의 지지자들을 일깨울 필요가 있습니다(Posted by cdmarine, 2004년 2월 16일).

닉네임 "씨디마린"Cdmarine은 그 운동의 많은 사람들이 잘 알고 있었던 도전, 즉 새롭게 나타나고 있는 운동들을 외부 세계에서도 볼 수 있도록 해야 할 필요성을 지적하고 있다. 사실, 텔레비전을 통해 비쳐진 딘의 모습을 둘러싼 논의의 이면에는, 좌파의 많은 사람들이 공통적으로 가지고 있

● 하워드 딘의 미국 전역에 걸친 순회 선거 캠페인을 지칭한다. 미국의 상황에 대해 잠을 이루지 못할 정도로 염려하는 사람들을 위한 캠페인이라는 뜻에서 슬립리스라는 명칭을 붙였다. 각 지역의 풀뿌리 조직들의 목소리를 듣는 것도 이 캠페인의 주된 목적 가운데 하나였다. 풀뿌리 조직과 딘을 지지했던 개인들도 딘 캠페인의 웹사이트에서 제공하는 정보를 통해 순회 캠페인에 참여할 수 있었다.

었던 우려가 있었다. 이는 주요 미디에 대한 대안들이 얼마나 광범위한 시청자를 확보할 수 있느냐에 관한 것이었다. 이 점에서 우파의 토크 라디오는 굉장한 선망의 대상이었다. 선거운동이 패배한 이후에도 이와 같은 운동들이 제기했던 의제들을 외부 세계(그 첫 번째 청중은 바로 민주당원들이었고, 그다음은 좀 더 광범위한 공중들이었다)에 표현하려는 움직임은 운동 내에서 계속되고 있었지만, 이를 내부적으로 어떻게 진행할 것인지에 대해서는 여전히 불확실했다.

물론, 이런 활동가들의 메시지는 이미 어느 정도 가시적이게 되었다. 딘이 강조한 것들이 민주당의 대통령 후보들, 특히 경선의 승리자인 케리와 일반 민주당원들이 받아들임에 따라, 그 메시지는 제도화되고 있었다. 민주당원들은 공화당원들에게 직접적으로 도전하고 있었다. 선거에 자금을 조달하는 대안적인 방법들이 출현했다. 우리가 5장에서 살펴보았듯이 정치적 담론의 본성은 전환되었다. 그러나 기존에 창출되었던 자유로운 공적 공간을 유지하는 것은 또 다른 도전이 있었다. 이것이 트리피의 〈미국을 위한 변화〉와 딘의 〈미국을 위한 블로그〉의 참여자들이 그들의 상호작용 속에서 이룩하고자 했던 것이었다.

"혁명 전통의 잃어버린 보물"과 인터넷 행동주의

딘의 지지자들이 그들의 상호작용을 통해 구성했던 권력의 특수한 성격은 쉽게 간과될 수 있다. 그것은 정치에 관해 생각하는 기존의 사고방식(대중적이거나 학술적인 방식 모두에서)과는 잘 맞지 않기 때문이다. 그것은 단지 딘과 그의 지지자들이 많은 돈을 모금하는 방식을 발전시켰다거나, 외부자들이 정당 당원들에게 도전하는 새로운 방법을 발견했다는 것이 아니다. 대신에, 딘 캠페인은 시민들이 무엇인가 근본적으로 새로운 것을 세계에 가져올 수 있을 가능성, 즉 테러와 반테러의 시대에 자유롭게 정치하는 방식을 다시 한 번 드러냈다.

우리는 이 연구를 통해 사람들이 역사적인 상황에서뿐만 아니라 일상생활의 상호작용 속에서도 무언가 새로운 것을 세계에 가져올 수 있는 역량이 있다는 점을 살펴보았다. 아렌트는 이런 능력을 "혁명 전통의 잃어버린 보물"이라고 불렀다. 그녀는 특히 이런 보물이 미국 혁명에서 어떻게 나타났는지, 그리고 어떻게 그것이 근대에 걸친 혁명적 전환기에 그처럼 순식간에 등장했었는지에 대해 통찰했다. 이는 프랑스혁명 동안, 자코뱅이 아닌 위원회들 사이에서, 러시아혁명 동안, 볼세비키가 아닌 소비에트들 사이에서, 1940년대 나치 점령에 대한 프랑스의 저항에서, 그리고 1956년 헝가리 폭동 기간 동안 노동자 위원회들 사이에서 그러했다. 그녀는 어떻게 토머스 제퍼슨^{Thomas Jefferson}이 하나의 평의회 체계를 새로운 공화국에 구축하길 원했는가를 생각해 냈는데, 평의회 체계는 그녀가 공적 자유로서 인정했던 이런 역량의 제도화를 촉진할 것이었다. 그녀는 모든 근대 혁명 가운데 공적 자유가 가장 중심에 있었던 것은 미국 혁명이었다고 믿었다. 그리고 그녀는 이런 혁명적 행위의 보물이 정치 이론에 의해서 무시되었기 때문에, 이를 잃어버리게 되었다고 생각했다.

그렇지만 이런 자유의 전통을 잃어버렸던 것은, 미국 혁명의 중요성이 상대적으로 간과되어 왔거나, 그 자체가 목적인 자유로운 공적 행위가 저평가되었기 때문만은 아니었다. 그것은 또한 상황에 대한 사회적 정의라는 일상적인 힘 속에 들어 있는 자유의 근원이 심지어 아렌트에 의해서조차도 제대로 인식되지 못했기 때문에 잃어버린 것이기도 했다. 그리고 가장 현실적으로는, 자유로운 공개 활동을 제도화하는 데 실패함에 따라, 이를 사회적으로 뒷받침할 수 있는 일상적인 체계를 마련하는 데 실패했기 때문이다. 제도화되기 위해서, 그것은 우선 인식되어야만 한다. 그런 연후에 그런 제도들을 뒷받침하는 작업이 이루어질 수 있다. 그것은 중요한 것으로 이해되어야만 한다. 이 연구의 관점에서 보면, 작은 것들의 정치의 중요성을 이해하는 것이 필수적이다.

반전운동은 시민들을 전 지구적으로 동원했지만, 전쟁은 진행되었다. 딘 캠페인은 수십 만 명의 사람들로부터 막대한 정치자금을 모금했지만, 딘은 민주당 경선에서 패배했다. 딘의 프로젝트는 케리의 캠페인으로 확대되었지만 이 역시 종교적 우파의 미시 정치에 의해 압도되면서 패배로 끝났다. 가장 명확한 결과를 달성하는 데에서의 실패는 이런 운동들이 대단치 못한 것처럼 보이게 만들었다. 반전운동, 딘과 케리의 선거운동은 어리석은 일방주의를 막고자 했지만, 이는 모두 실패로 귀결되었다. 몇몇은 이런 실패로 말미암아 깊은 절망에 빠지게 되었는데, 이는 그들이 자신들의 행위가 그 자체의 목적으로서 중요성을 가지고 있다는 점을 그들이 제대로 인식하지 못했기 때문이었다.

그런 행위들이 그 자체로 목적이 될 수 있다는 점은 공산주의 통치 아래에서 이루어졌던 민주적 저항에서 가장 분명하게 드러났다. 실제로 당시 민주적 저항에 참여했던 사람들은 그들 생전에 정치 질서가 형식적으로나마 자유로운 것으로 바뀌게 될 것이라고 생각조차 할 수 없었다. 그러나 그들은 만일 그들이 독립적인 활동을 지탱할 수 있다면, 그들이 언젠가는 승리할 것이라는 점을 이해했다. 그들은 자유롭게 행동함으로써 그들의 자유를 구성하기로 결정했다.

테러와 반테러의 시대라는 지구화된 풍경 속에서 자유민주주의가 처한 상황은 형식적 자유만으로는 충분치 않다는 점을 보여 준다. 그러나 이것이 [그와 같은 형식적 자유를 통해_옮긴이] 구성된 대안들이 덜 중요하다는 것을 의미하는 것은 아니다. 그와는 반대로, 현시점은 지배적인 이해 방식과 행위 모델에 대한 중요한 대안들을 시급히 필요로 하고 있다. 핵무기가 확산되고 테러가 다반사로 일어나며, 전 지구적인 슈퍼 파워가 이와 같은 상황에 오만하게 대응하고 있다. 그러나 상당수의 사람들은 이런 오만으로 말미암아 테러와 근본주의를 막을 수 있는 역량이 줄어들고 있다고 생각한다. 이런 상황 속에서 작은 것들의 정치에 대한 필요는 매우 크다. 가장 핵심적으로는 작은 것들의 정치가 단기적으로 그 목적을 실현하는 수단이라기보다는 저항의 수단이라는 점을 인식하는 것이 매우 중요하다. 슈퍼 파워는 덜 위협적이고 좀 더 효과적으로 테러를 막을 수 있는 실천적 수단들이 있다는 점을 이해할 필요가 있다. 잠재적 테러리스트들은 그들의 목적을 좀 더 잘 성취할 수 있을 테러에 대한 대안들이 있다는 점을 인식할 필요가 있다.

나는 이것이 너무 이상적으로 들릴 수도 있다는 점을 잘 알고 있다. 그러나 분명히 해보자. 나는 소규모의 집단 활동에 참여하는 것이 테러와 직접적으로 싸우는 방식이라거나 그것이 지구화와 미국의 패권에 대한 대안이라고 제안하는 것이 아니다. 내가 주장하는 것은, 사람들 사이의 상호작용 및 그들이 상황을 재정의하고 함께 행위할 수 있는 능력 속에서 지구화와 미국의 패권에 대한 대안을 찾을 수 있으며, [이를 통해_옮긴이] 테러와 반테러, 그리고 종교적 근본주의에 대한 대안들이 나타날 수 있다는 점이다. 다른 행위들(심지어 전쟁)이 불가피하게 필요할 수는 있지만, 하이퍼파워 테러와의 전쟁은, 작은 것들의 정치 없이 승리할 수 없다.

반전 활동가들과 딘의 지지자들은 그들의 활동에 대한 성찰을 통해, 그들이 어떻게 행위하느냐에 따라 그들이 구성했던 권력이 민주적 무대에서 지속적으로 남아 있을 수도 있고 사라질 수도 있다는 점을 명확히 깨달아야 한다. 핵심적인 것은 하워드 딘의 당선과 그들이 정의롭지 못한 것으로 간주한 전쟁을 막거나 끝장내는 것과 같은 그들의 특수한 목적의 성취여부가 아니라, 그들 권력의 구성 형태다.

나는 반전운동 및 딘의 선거운동 과정에서 나타난 인터넷 행동주의의 형식적 창의성과 광범위한 중요성을 인식하는 것이 매우 중요하다고 생각한다. 그들의 활동 속에서, 온라인 활동가들은 무언가 새로운 것, 즉 진정한 정치적 삶의 가능성을 창출했다. 아렌트가 이야기하듯이, "정치적 삶의 실제 내용은 …… 우리의 동료와 함께하며, 같이 행동하고 공적으로 등장하며, 말과 행위를 통해 우리 스스로가 세계에 관여하여 우리의 개인의 정체성을 획득하고 유지하며 무언가 전적으로 새로운 것을 시작하는 것에서 생겨나는 기쁨과 희열이다."[13] 실제로 그것들은 좀 더 활기찬 폴리스를 창출하도록 도움을 주었다. 다시 아렌트를 인용하면, "적절하게 말한다면, 폴리스는 물리적 장소로서의 도시국가가 아니다. 그것은 함께 행동하고 말하는 것에서 생겨나는 사람들의 조직이고, 그것의 진정한 공간은 사람들이 어디에 있건 간에, 이런 목적을 위해 함께 살아가는 사람들 사이에 있다."[14] 창조적 정치에 종사하는 새로운 형태가 창출되었다. 우리의 세계에 존재하는 공포와 절망의 정치를 감안하면, 어떤 다른 요소보다도 이것이 가장 중요하다.

나는 이런 정치의 새로운 영역이 특정한 규범적 내용 없이 존재한다고 말하는 것은 아니다. 실제로 그것은 특정한 정치적 외양을 띠고 있고, 이 점은 매우 중요하다. 작은 것들의 정치의 인터넷 형태는 수십 년 동안 그렇지 않았던 방식으로 좌파를 의미 있게 만들었다. 인터넷을 통한 작은 것들의 정치는 우파의 라디오 토크쇼에 대한 좌파의 대응일 수 있다. 우리는 우리 연구의 결론에서 이 점을 살펴보게 될 것이다. 그러나 이런 실질적인 규범적 쟁점으로 주제를 돌리기 전에, 전자 미디어 시대에서의 표현적 차원에 관해 잠시 살펴보도록 하자.

표현적 차원과 정치: 면대면 상호작용, 텔레비전, 그리고 인터넷

표현[연출_옮긴이]의 차원은 고프먼의 연극적 사회학dramaturgical sociology에서 중심적인 것이다. 그는 사람들이 그들의 표현적 상호작용을 통해 어떻게 사회적 현실을 창출하는지 보여 주었다. 사람들이 구성하는 현실의 정치적 차원들을 고프먼이 체계적으로 탐구하지는 않았지만, 이것들은 우리가 살펴보았듯이 분명히 현존한다. 만일 사람들이 일상생활에서 스스로를 표현할 수 있고, 협력하여 그들의 사회적 현실을 창출할 수 있다면, 그들의 행위에는 권력이 있게 되는데, 이는 아렌트가 강압과 구분한 것으로서 특히 정치적인 것으로 묘사하는 바로 그 권력이다. 1장에서 묘사된 폴란드의 민주적 공간이라는 스냅사진에서, 우리는 어떻게 이것이 가까운 과거에서 중심적인 정치적 투쟁과 연관되어 있는가를 살펴보았다. 사람들이 마치 자유로운 사회에서 살고 있는 것처럼 행동할 때, 그리고 그들이 자유롭게 함께 모여 자유로운 사회적 질서의 유대를 창조한다는 확신을 서로에게 표현할 때, 그들의 행위가 지속된다면 그들은 자유를 창출할 것이다. 이 연구에서, 나는 우리 시대의 중심적인 정치적 질문들과 대학 수업 및 언론계에서 이것이 어떻게 역동적으로 작동하는지를 강조해 왔다.

텔레비전은 [현실 혹은 상황에 대한_옮긴이] 사회적 정의가 가진 힘의 범위를 확장하고 공적인 것과 사적인 것 사이의 전통적인 구분을 혼란스럽게 하지만, 이와 비슷한 힘을 가진다. 공적 인물이 텔레비전에서 나타나는 방식, 그가 스스로를 표현하고 묘사하는 방식은 정치적 현실을 규정한다. 이것은 종종, 주의 깊게 연출되고 관리된, 극적인 갈등을 이끌어 내는데, 이는 클린턴 대통령의 탄핵 사례에서 가장 분명했다.

텔레비전에 비친 클린턴은 매우 뛰어난 정치가였다. 그는 타고난 재능을 가지고 있었던 전 대통령이자 우파 진영의 맞상대였던 레이건처럼, 텔레비전 시청자들에게 따뜻함과 친밀함을 직접 표현할 수 있었다. 레이건과 클린턴이 유권자가 겪고 있는 고통을 자신이 느끼고 있다고 말했을 때, 시청자들에게는 이들의 주장이 신뢰할 만한 것처럼 보였고 이들이 대중과 직접적인 개인적 관계를 맺고 있는 것처럼 보였다. 클린턴은 타운 미팅 형식에 능통했다. 그는 그의 질문자들에게 주의 깊게 귀를 기울이고, 모든 관심을 그들에게 기울이는 것처럼 보였으며, 그다음에 그는 마치 한 명의 개인으로서 이야기하는 것처럼 카메라에 이야기했는데, 그 와중에 실제로는 수백만 명에게 이야기하고 있었다. 이런 맥락에서, 그는 심각한 국가의 문제에 답변했을 뿐만 아니라, [르윈스키와 만났을 때_옮긴이] 그가 긴 바지를 입었는가 짧은 바지를 입었는가에 관한 불명예스러운 질문에도 대답했다.

그와 레이건은 텔레비전 시대에는 막역한 친구들에게 대화하듯이 공적 수사를 사용해야 한다는 점을 잘 이해했지만,[15] 클린턴은 결국 이런 상황으로 말미암아 곤경에 처하게 되었다. 클린턴에 대한 탄핵은 그의 사적 생활을 공적 관심의 문제로 만들었다. 그가 외도를 했던 첫 번째 대통령은 아니었다. 그러나 그의 활동이 공적인 것이 되고, 텔레비전에서 방송되었다는 점에서, 그는 텔레비전에서 그것에 관해 연설해야 했다. 클린턴과 특별 검사인 켄 스타Ken Starr와의 전투는 탄핵 심리를 생방송하려는 텔레비전 프로그램 〈식스티 미니츠〉Sixty Minutes에 [그와 스타 검사가_옮긴이] 출연함으로써 방영되었다. 되돌아보면, 이미 당시에 테러의 위협이 점차 고조되고 있었지만, 미국은 긴급한 쟁점으로 무엇이 섹스인지 그리고 섹스가 실제로 있었는지를 정의하는 데 몰두하고 있었던 것이다.[16] 텔레비전에 방송되었던 것은 사실적인 것처럼 보였다. 그렇지 않았던 것[테러_옮긴이]은 그것이 방송된 이후에야 사실적인 것이 되었다.

인터넷에서의 표현은 텔레비전보다는 덜 극적이고, 좀 더 상호작용적인 역할을 수행하는데, 이는 면대면 의사소통과 좀 더 많은 면에서 유사한 것이다. 블로거들이 서로에게 어떻게 보이는가가 상호작용을 지탱하거나 중단하는 중요한 요인이다. 그들이 스스로를 표현하는 방식, 즉 그들이 개인적인 관계를 맺으면서 느끼게 되는 방식은 가상적인 정치적 현실을 구성하는 데 핵심적이다. 우리가 살펴본 것처럼, 딘은 인터넷을 단지 도구로서만, 즉 켜고 끌 수 있는 기계로만 사용하지 않았다. 가상의 폴리스는 표현적 상호작용을 통해 창출되고, 다양한 방식으로 딘을 후보로 만들었으며, 그는 이 점을 인식했던 것이다.

선거운동이 끝났을 때, 트리피는 인터넷을 통해 딘을 지지했던 사람들을 새로운 정치적 목적을 위해 동원하는 것이 녹록지 않다는 점을 알고 있었다. 그들은 지속적으로 상호작용을 해야 했고 함께 새로운 방향으로 행동할 능력을 발전시켜야만 했다. 이런 표현적 정치의 형태가 작동하도록 하기 위해서는 참여자들의 능동적인 참여가 필수적이었다. 인터넷에 의해 매개된 작은 것들의 정치는 텔레비전상의 정치 광고나 연설, 인터뷰의 짧은 인용broadcast sound byte보다는 교실에서 이루어지는 상호작용과 좀 더 흡사하다. 그것은 서로를 지탱하며 상호작용한다. 참여자들은 상대적으로 평등하게 관여한다. 그것은 좀 더 평등적이고, 덜 위계적이며, 좀 더 심의적이다. 여기에는 분명한 정치적 함의가 있다.

결론
작은 것들의 정치의 정치

우리는 식탁 주위와 불법 서점 그리고 시낭송회에서의 정치를 일별함으로써 [우리의 논리를_옮긴이] 시작했다. 1968년 폴란드의 국립극장 공연과 1989년 부쿠레슈티, 프라하, 바르샤바의 거리들로 이동했다. 우리는 2001년 9월 11일의 공격을 뒷받침했던 테러 네트워크와 그 공격에 대한 공식적·비공식적 대응들을 검토했다. 바츨라프 하벨의 글에서 작은 것들의 정치를 가상적으로 체현한 인물인 채소 장수와 양조자를 통해 지난 세기에 대한 우리의 분석을 조명했듯이, 아룬다티 로이의 소설인 『작은 것들의 신』의 등장인물인 두 연인을 통해 현재의 테러와 반테러에 대한 민주적 대안이 형성될 수 있는 사회학적 구조를 어떻게 인식하는가를 검토했다. 그다음으로 우리는 반전운동 및 하워드 딘의 민주당 예비 경선 과정에서 나타난 작은 것들의 가상적 정치와 기독교 우파의 미시 정치를, 작은 것들의 정치에서 나타나는 권력과 그것의 질적 내용을 비판적으로 비교하면서 분석했다. 이는 또한 작은 것들이 기존의 제도적 실천들 — 교양과목 수업 속에서 그리고 전문적인 저널리스트들 사이에서 — 속에서 어떻게 작동하는지에 관해 검토하도록 우리를 이끌었다. 큰 것들(공산주의 국가와 반공산주의 국가의 권력 또는 테러리스트의 권력과 반테러주의를 주도하는 국가들의 권력과 같은)이 정치적으로 유의미하다는 점을 인정하면서도, 우리는 작은 것들 역시 정치적으로 유의미하다는 점을 관찰했다. 작은 것들의 정치가 간과될 경우 매우 위험한 결과가 발생할 수 있다. 실제로 일부의 사람들은 대안이 없다는 생각에 테러를 받아들이고, 다른 사람들은 자멸적인 반테러주의를 받아들인다.

작은 것들의 정치가 가진 힘을 서술했고, 핵심적으로는 훈육의 정치와 강압에 대한 규범적 대안으로서 그 잠재력을 강조했다. 모든 작은 규모의 정치적 활동이 규범적 대안을 제공하는 것은 아니다. 규범적 대안은 인간의 상호작용 속에서 권력을 창출할 수 있는 자유의 공간이 열릴 때 나타난다. 이런 사실은 옛 소비에트 블록에서 나타난 권력에 대한 저항에서 관찰할 수 있었고, 반전운동과 딘의 예비경선 과정, 그리고 교육과 저널리즘의 일상적 실천들 속에서도 다시 한 번 확인할 수 있었다. 우리는 현실에 구현되었거나 가상적으로 존재하는 인간의 상호작용들을 비판적으로 검토했는데, 이와 같은 상호작용은 상황에 대한 재정의를 통해 매우 광범위한 결과를 도출해 낼 수 있는 가능성을 창출했다.

이와 같은 자유의 공간이 특별한 정치적 내용을 가질 필요는 없다. 폴란드에서 정치적으로 저항하고 있던 사람들은 세속주의자와 가톨릭 신자, 정치적 자유주의자, 보수주의자, 사회주의자들이었다. 그러나 때때로 작은 것들의 정치라는 형태와 특별한 정치적 내용 사이에 일정한 연계가 존재하기도 한다. 폴란드에서 민주주의 운동이 거의 전적으로 작은 것들의 정치에 기반을 두고 있었다는 점에서, 활동의 형태는 특정한 정치적 결과를 가져왔다. 정치적 게임의 규칙이 그것의 정치적 메시지였던 것이다[예컨대 자유로운 사회에 살고 있는 사람처럼 행동하자, 자유로운 사회가 만들어졌다_옮긴이]. 이런 맥락에서, 폴란드에서의 작은 것들의 정치는 그 형태와 내용 모두에서 민주적인 것이었다.

바웬사와 같은 노동조합 활동가들은 솔리다르노시치가 정치조직이 아니라고 공공연히 주장했다. 그들은 노동자로서의 그들의 권리, 즉 사회주의 헌법에 의해 보장된 권리를 방어하고 있었을 뿐이라는 것이다. 노동조합 활동가들은 "공산당의 영도적인 역할"을 인정하며, 사회주의 체제에 대한 충성을 공식적으로 표명했다. 그들은 공산주의 체제를 불가피한 지정학적 현실로 받아들였다. 그들은 노동자의 권리를 방어하면서, 그들 자신의 독자적인 활동들을 위한 공간을 개척하길 원했을 뿐이다. 그러나 폴란드와 해외에서의 관찰자들은 이것을 겉치레나 위장으로 파악했다. 전체주의 질서에서 자주적인 노동조합의 존재는 그 자체로 체제에 대한 도전이었다. 그것은 정치적이었다. 심지어 비정치적이라는 선언도 과도하게 정치화된 세계에서는 정치의 형태다.

비정치적으로 보이는 외양과 사실상 정치적인 것이었던 실재 내용 모두 그들에게는 진리였다. 솔리다르노시치는 저항을 위한 정치 세력으로서 형성되지 않았다. 솔리다르노시치에서 작은 것들의 정치는 특수한 내용을 가지고 있지 않았다. 그러나 그것이 창출했던 독립적인 공간은 저항의 힘이었다. 공식적인 명령과 진리에 기반을 둔 정체에서, 솔리다르노시치는 사람들이 만나고, 이야기하며, 그들의 공통 관심사에 대해 행위하는 공간이었다. 이것이 바로 아렌트가 이해했던 의미의 정치권력이었다. 공산주의 체제 붕괴 이후에도 선동주의적 유혹에 빠지지 않을 수 있었던 폴란드의 사례에서 볼 수 있듯이, 그것은 민주적인 내용을 가지고 있었다.

그와 동일한 유형을 오늘날의 미국 정치에서 관찰할 수 있다. 물론, 작은 것들의 정치가 이루어지는 맥락이 전체주의적인 것은 아니다. 오늘날 미국에서 자유로운 토론은 정치적 스펙트럼을 가로질러 발견된다. 그러나 정치적 스펙트럼의 한 축에서 중요한 독단적 주장이 나타나고 있으며, 이에 따라 작은 것들의 정치는 그렇지 않은 다른 축에 있는 주장들에 호의적이다. 담론 정치는 작은 것들의 정치에 의해 선호된다. 단정적인 선동적 정치는 그렇지 않다(선동정치는 또한 특정한 정치적 내용을 함의하고 있다). 우리가 살펴보았듯이, 인터넷에서 작은 것들의 가상적 정치는 선동적인 우파의 정치에 대한 진보적 대안으로 존재한다. 이것은 우연이 아니다.

독단적인 우파와 토크 라디오

'레이건 혁명' 이래로 — 실제로는 베트남전쟁의 시기, 혹은 적어도 그것에 반대했던 운동이 끝난 이래로 — 정치적 우파가 미국에서 득세했던 반면에, 좌파는 위기에 처했다. 우파가 일반 공중의 지지를 획득했던 반면, 좌파는 그렇지 못했다.[1] 다양한 요소들의 조합이 이런 상황이 만들어지는 데 기여했다. 복지국가의 실패, 또는 적어도 그 목적을 성취하는 데 있어서의 한계, 그리고 자본주의에 대한 체계적인 대안으로서의 사회주의의 궁극적 실패는 국가 개입을 의심스럽게 만들었다. 이런 국가주의에 대한 의문은 설득력을 갖고 있었는데, 사실 그 이유는 그 논리가 일관된 것이 아니었기 때문이다. 자유 시장의 성공을 찬양하기는 했지만, 그렇다고 중산계급을 위한 사회복지, 중요하게는 사회보장을 실제로 공격하지는 않았다. 또한 노골적인 애국적 수사와 결합된 세금 감면이라는 단순한 정책이 가진 매력, 간결한 도덕적 선언, 그리고 외국인 혐오의 기운과 미묘한 종류의 인종주의('백인들을 위한 평등권') 등이 우파의 이점으로 작용했다. 좌파는 방어적 입장을 취했다. 좌파의 약화는 소비에트 사회주의의 붕괴로 강화되었다. 자본주의가 승리했다고 주장하던 사람들은 사회주의의 붕괴를 그들의 입장을 내세우는 데 쉽게 활용했다.

나아가 미디어를 통해 전달되는 새로운 형태의 호소력은 거의 전적으로 우파의 상식을 강화하는 데 기여했다. 레이건이라는 유연한 인물이 그 중심에 있었다. 전문 배우의 세련된 연기력으로 정확하게 설명할 수 있는 그의 개인적 카리스마는 그를 중심으로 다양한 정치 세력이 동맹을 맺을 수 있는 기회를 제공했다. 레이건은 "악의 제국"과 맞서는 단호한 애국자이자 강인한 사람 그리고 친절한 호인이자 따뜻하게 웃음 짓고 마음으로부터 공감하며, 다른 사람들의 고통을 느끼고, 기꺼이 희생하는 '기퍼'Gipper●로서 스스로를 표현했다. 실제로 이 과정에서 때로는 상충하는 다양한 이데올로기적 경향들이 '레이건 혁명'에 기여했다. 레이건은 대체로 반공산주의 투쟁에 몸담고 있었으며 복지국가의 문제에 관심이 있었던 신보수주의자들과 도덕적 다수결주의자들moral majoritarians 및 세속적인 인본주의에 반대하는 문화적 전쟁에 자극된 기독교 우파의 지지를 받았다.

이런 지지자들 사이에서, 특히 기독교 우파와 자유 시장을 맹목적으로

● 할리우드 배우였던 레이건이 가장 좋아했던 별명이다. 그의 출세작인 영화 〈누트 라크니〉(Knute Rockne)에서 맡았던 노터데임대학교 미식축구 팀의 전설적인 선수 '조지 기퍼'를 가리킨다. 영화에서, 레이건은 대학 챔피언 결정전을 앞두고 폐렴에 걸린 기퍼를 연기하며, 감독에게 "아무래도 전 죽을 것 같습니다. 동료들에게 기퍼를 위해 한 번만 더 이겨 달라고 전해 주십시오"라고 말한다. 감독은 선수들에게 "기퍼를 위해 승리하자"고 독려했고 팀은 승리했다. 1984년 재선에 나선 레이건은 이 대사를 차용해 "기퍼에게 한 번 더 기회를 주세요"라고 호소했다.

추구하며 반국가주의에 매우 헌신적인 사람들 사이에는 큰 긴장이 존재했다. 그 당시만 하더라도, 레이건의 자아의 연출 덕분에 평화를 유지할 수 있었다. 우파가 전반적으로 우위를 점했기 때문에, 우파 내부의 경쟁하는 다양한 요소들의 요구를 합리적으로 종합할 통일된 이데올로기적 선언을 발전시킬 어떤 필요성도 제기되지 않았다. 텔레비전을 통해 전달되는 레이건의 카리스마만으로도 충분한 것처럼 보였다.

그러나 실제로는 레이건의 카리스마를 뒷받침하는 것들이 있었다.[2] 하나는 표적화된 우편 수취자 명단이었다. 다른 하나는 독단적인 미디어 형태인 토크 라디오의 형태였는데, 이는 점차 대중적 인기를 얻고 있었다.

표적화된 우편은 상대적으로 간단했다. 특정 사안에 대해 높은 정치적 관심을 지닌 개인들 — 낙태나 총기 규제에 반대하는 사람들, 학교에서의 예배와 사형제, 혹은 세금 감면에 찬성하는 사람들 — 을 확인하고, 그런 관심들을 실현하기 위해 대통령과 공화당에 자금을 기부하고 투표하라는 호소문을 발송했다. 각각의 사안에 대한 호소와 그 결과로 일어난 행동주의activism는 서로 독립적으로 발생했다. 실제로 표적화된 우편의 경우 그것을 보내는 이익집단이 중복되지 않도록 조정되었기 때문에, 그것을 받는 사람들은 그들의 입장에 반대하는 관심들에 직면하는 것이 어려웠다. 이것은 분절된 정치적 행위, 즉 카리스마적 지도자의 상징에 의해 촉진된 연합이었다.

다른 한편, 토크 라디오는 좀 더 종합적이고 좀 더 투쟁적이었으며 지속적인 중요성을 지니고 있다.[3] 우파를 통일하는 어떤 선언도 없었지만, 토크 라디오 인사들 — 가장 두드러지게는 러시 림보Ruch Limbaugh — 의 독단적인 주장들은 [우파의_옮긴이] 당파적 입장을 종합적으로 표현했다. 그런 종합synthesis은 이성보다는 극적인 단정에 기반을 두고 있었다. 우파 토크

236

쇼의 사회자와 다른 견해를 가진 초대 인물들은 늘 우스꽝스럽게 그려졌다. 미디어 자유주의자와 환경주의자, 낙태 옹호론자, 좌파, 신을 믿지 않는 사람들의 한계가 매번 밝혀지고 이들에 대한 노골적인 비난이 분노, 단호함, 유머와 뒤섞여 퍼부어진다. 그것은 하나의 쇼에 불과했지만, 매우 심각한 결과를 낳는다. 그것은 서로 비슷한 의견을 가진 사람들을 자극하고, 그들이 움직이도록 준비시킨다. 그것은 [우파 사회자와_옮긴이] 비슷한 견해를 가지고 있는 청취자 공동체에 극단적인 상식을 제시한다. 그것은 주기적인 행동의 요구를 통해 공동체를 동원한다. 그 가장 극적인 예는 탄핵의 추진력이 되었던 클린턴에 대한 지독한 경멸이었다. 토크 라디오는 특정 집단들을 목표로 한 방송이다. 청중은 많지만 모든 이가 아니라 오직 진정한 신자만이 초대받는다. 물론 다른 사람들은 오락을 목적으로 들을 수 있다.

라디오 토크쇼가 가진 대중성은 좌파에게 하나의 질문을 제기했다. 왜 토크 라디오라는 미디어 형태가 유독 우파에 의해 독점되었는가. 미국인들이 좌파와 우파로 균등하게 나뉘어져 있음에도 불구하고, 자유주의적 토크 라디오를 창설하려는 시도는 번번이 실패해 왔다. 사실, 이는 부분적으로는 일종의 자기 충족적 예언의 결과다. 토크 라디오는 우파적 현상이고 따라서 오직 우파적 오락에 관심이 있는 사람들만이 라디오 채널을 맞춘다는 기대가 있었던 것이다. 좌파는 대안을 찾으려 노력하지만, 그들은 청중이 원하는 것을 내놓지 않는다. 만일 이것이 상황에 대한 적절한 설명이라면, 자유주의자들이 다시 한 번 토크 라디오를 시도해 보는 것도 의미 있는 일이라 할 수 있다. 이 과정에서 자유주의적 토크 라디오가 실제로도 만들어지고 있으며, 광범위한 청취자를 창출해 내고 있다고 널리 알릴 수도 있을 것이다. 이것이 바로 〈에어 아메리카 라디오〉 Air America Radio의 접

근법이다.[4]

　그러나 만약 우리가 좀 더 광범위한 역사적 운동의 일환으로 그 문제를 검토한다면, 이와 같은 접근은 분명한 한계를 가진다. 독단적이고 오락적인 자기주장의 문화적 형태로서 토크 라디오는 독실한 우파적 신념을 가진 사람들에게나 잘 작동한다. 수세적인 상황에 처해 있는 좌파의 경우, 그와 같은 독단적이고 자기 확신적인 문화적 형태는 우파에 비해 덜 두드러지게 된다. 사실, 사회 전반에 걸쳐 좌파에 대한 확신이 부족한 시기에, 좌파의 권위주의적인 목소리는 설득력을 상실한다. 좌파는 대중적인 논쟁을 원하고 그것이 필요하다. 이것은 또한 중요한 숙고적 능력을 갖춘 좌파 인터넷이 우파 토크 라디오에 대한 진정한 대안일 수 있음을 시사한다.

민주적 담론, 좌파, 그리고 인터넷

어떤 의미에서 클린턴은 레이건에 대한 자유주의적 해답이었다. 레이건과 마찬가지로, 클린턴은 민주당의 다양한 분파들의 지지를 규합했다. 이런 분파들에는 "우리가 알고 있는 것으로서의 복지"에 대해 비판하면서 좀 더 보수적인 사회적 접근을 추진하는 민주당원들, 사회적 "안전망"을 유지하는 데 관련되어 있는 전통주의자들, 노동조합주의자들과 자유무역론자들, 문화 전쟁에서 서로 다른 편에 있는 사회적 보수주의자들과 사회적 자유주의자들이 포함되어 있다. 클린턴의 표현적 연기는 광범위한 범위의 지지자들을 이끌어 냈다. 그러나 그는 레이건이 했던 것을 이루지는 못했다. 그는 정치적인 상식을 바꾸지 못했다. 그는 레이건이 정치적 합의를 전반적으로 우파 쪽으로 이동시켰던 만큼, 그것을 좌파 쪽으로 이동시키지는 못했다. 이런 실패는 정치적 요소들과 관련되어 있다기보다는 그의 사적인 약점 및 기회의 부족과 좀 더 관련되어 있을 것이다.

그러나 클린턴이 대통령으로서 실패했던 곳에서, 하워드 딘은 실패한 입후보자로서 성공했다. 우리가 5장에서 살펴보았듯이, 이것은 딘 캠페인의 놀랄 만한 성취 가운데 하나였다. 반전운동과 딘의 캠페인을 통해, 인터넷 행동주의를 통해, 민주당원들은 자신들의 목소리를 분명히 했다. 인터넷 행동주의는 토크 라디오에 대한 매우 중대한 해답이다.

20세기 후반의 역사는 좌파의 대장정에 그다지 우호적이지 않았다. 현존 사회주의의 몰락과 복지국가의 위기 사이에서, 좌파의 진부하고 안락한 해법들이 비판적으로 검토되었다. 좌파가 제3의 길에 대한 모색에 나서게 됨에 따라 계급뿐만 아니라 젠더, 성적 성향, 인종, 민족적, 인종적, 지역적, 역사적 경험 등도 자본 및 자유민주주의 한계에 대한 좌파의 입장에 반영될 필요가 있다는 비판에 직면해야 했다. 좌파의 담론적 역량은 풍성해지게 되었다. 비록 여전히 자본주의를 최우선적으로 비판하려는 시도 — 가장 야심찬 것은 하트와 네그리의 『제국』이다[5] — 가 있기는 하지만, 다양한 정치적 입장이 존재한다는 점에 대한 일반적인 인식이 존재하게 되었다. 대중적인 인식과 달리, 좌파는 정치적 올바름에 대한 그 애착을 상실했다. 독단적인 좌파에게 나쁜 소식은 좀 더 민주적인 좌파에게는 희소식이었다. 페미니스트들은 이제 비판적인 인종 이론가들에 맞서야만 한다. 해체론자들은 탈식민주의 이론가들에 맞서야만 한다. 마르크스주의자, 탈마르크스주의자, 그리고 사회주의자들은 정체성의 정치가 가진 복잡한 문제들에 맞서야만 한다. 그리고 각각의 이런 경향들 내에는 어떤 하나의 공식적인 입장이 존재하는 것이 아니라 치열한 논쟁이 진행되었다.

1930년대는 정당 노선, 숙청, 그리고 공식적인 진리의 시대라서 좌파들은 정치적 올바름에 관해 농담을 하더라도 공포에 떨어야 했다. 하지만 현재에는 논쟁의 영역이 있다. 물론, 자본주의와 지구화에 대항하는 평등과 정의에 대한 관심이 여전히 좌파에 생명력을 불어넣고 있다. 그러나 이와 같은 관심들에 대한 접근법들은 매우 다양하다. 이런 것들은 쉽사리 동의를 이룰 수 없는 논쟁적인 문제들이다. 이들 가운데 많은 것들이 학문적이다. 지식인들은 이론의 문제들과 그런 문제들의 실천적 결과에 관해 끊임없이 논쟁한다. 그리고 이 논쟁들은 일반인들의 관심과는 대체로 거리를 두고 있다.[6]

반전 운동의 동원과 선거상의 대안들의 발전을 검토해 보았을 때, 좌파의 다양성과 그 차이들에 대한 논쟁의 주된 양식은 분명해진다. 온라인에서는 견해의 차이가 예상되고, 사람들은 차이를 존중하며, 공통의 기반을 발견하려고 움직인다. 이 점은 반전운동과 딘의 선거운동에서 분명해졌다. 이런 공간들이 아렌트적 의미에서의 공적 자유를 위한 공간들이다. 이런 공간들에서 이루어지는 논의는 토크 라디오에서 이루어지는 논의와 뚜렷한 차이가 있다. 인터넷 동원은 형태상 민주적이지만, 토크 라디오는 권위주의적이다. 그리고 최근의 좌파와 우파의 역사를 염두에 둔다면, 이것은 인터넷이 민주적 좌파를 편애하고, 토크 라디오는 독단적 우파를 편애한다는 것을 의미한다.

몇 가지 경계 사항. 인터넷이 본래 민주적이라거나 반드시 심의적이라는 것은 아니다. 인터넷이 민주적 대안들만을 촉진하는 것은 아니다. 기독교 우파의 사례에서 살펴보았듯이, 인터넷은 민주적 미시 정치뿐만 아니라 비민주적 미시 정치에도 도움이 될 수 있다. 심지어 인터넷이 매우 비난을 받을 만한 정치적 모임의 기반을 제공하고 그것의 정당성을 널리 홍보하는 데 기여할 수도 있다. 넷Net은 공간의 제약 없이 서로 비슷한 생각을 가진 사람들이 모이는 것을 촉진하고, 따라서 모든 종류의 혐오할 만한 것들을 정상적인 것처럼 보이게 할 수 있다. 국가사회주의National Socialism와 제3제국Third Reich의 영광에 관심이 있다면, 검색 엔진에 검색을 하면 된다. 단 한 번의 클릭만으로도 www.stormfront.org와 나치즘을 옹호하는 사이트에 방문할 수 있다. 또는 인종주의적·반유대주의적 믿음을 공유하는 사람들을 위한 포럼에도 참여할 수 있다. 서로 비슷한 의견을 가진 사람들이 멜 깁슨Mel Gibson의 〈그리스도의 수난〉The Passion of the Christ에 관한 의견을 나누고, [미국의 유대인 옹호 단체인_옮긴이] 반중상동맹Anti-Defamation League과 싸우기 위한 전략을 공유하거나, 곧 있을 백인 민족주의자의 강연과 시위에 관해 알 수도 있다. 당신은 그 즉시 거대한 운동의 일부가 될 수 있다.

인터넷은 사람들이 모이는 것을 가능케 하고, 그런 모임 가운데 상당수는 비정치적인 것들이다. 인터넷에서 가장 많이 발견할 수 있는 내용은 여전히 포르노다. 인터넷 역시 점차적으로 상업적인 원리에 의해 규정되고 있다. 그리고 정치와 관련해, 인터넷에서는 모든 종류의 정치적 입장들을 발견할 수 있다. 그러나 인터넷은 민주적인 작은 것들의 정치를 편애하는데, 이는 중요한 운동들(가상적이자 현실적인)과 이 운동들에서 나타나는 문화적 형태들을 통해 살펴볼 수 있다. 이는 가상적인 것에서 현실적인 것에 이르는 중요한 운동들과 여기에서 나타나는 문화적 형태들을 통해 살펴볼 수 있다.

라디오가 반드시 독단적이고 우파적인 것도 아니다. 그것은 심도 있는 보도, 정제된 분석, 그리고 교양 있는 시민적 토론의 기회를 제공할 수 있고 또 그렇게 한다. 전국공영방송National Public Radio은 미국에서 최상의 뉴스 출처 가운데 하나다. 그 방송의 토크 프로그램들은 진지하고, 시민적이며, 교양 있는 것이다. 여기서는 매우 다양한 시각들이 제시된다. 유사한 프로그램을 상업 네트워크에서도 발견할 수 있다. 우파 토크 라디오가 공중空中

에서의 유일한 정치적 목소리인 것은 아니다. 그러나 이런 특별한 라디오 형태는 미국인 가운데 중요한 우파적 부분들을 성공적으로 조직해 왔다. 그리고 좌파로부터의 가장 전도유망한 대응들은 라디오에서 보다는 인터넷에서 좀 더 자주 발견할 수 있다.

정의의 힘

매체가 그 자체로 메시지를 갖고 있는 것은 아니다. 작은 것들의 정치는 그 시대의 정치적 투쟁과 힘없는 자들이 자신들의 권력을 산출할 수 있는 미디어 형태 사이의 관계 속에서 실현되어 왔다. 중부 유럽에서의 저항은 자유로운 사회에서 사는 것처럼 행동하면서 소비에트 제국에 대한 민주적 도전을 표현했다. 대학 수업에서의 일상적인 상호작용을 통해, 학생과 교수들은 자유주의적 교육제도들을 창조하는 데 성공할 수 있었다. 저널리스트들 사이의 상호작용을 통해, '미디어'와 민주주의 사이의 관계는 변화되어 왔다. 가상적인 상호작용을 통해, 반전운동과 딘의 선거운동에 참여했던 사람들은 당대의 정치를 재정의할 수 있었다. 그리고 강압의 정치에 대한 이런 대안들은 우리의 어두운 시대에 특히나 중요한 좀 더 일반적인 사회적 잠재력의 존재를 강조하기 위하여 여기서 사용된 바로 그 사례들이다. 이런 사회적 잠재력은 특히 우리의 어두운 시대에 중요하다.

　실제로 우리가 20세기 미국의 주요 정치 지도자들을 살펴보면, 작은 것들의 정치를 기반으로 했던 사람들이 좀 더 틀에 박힌 정치적 지도자들에 비해 두각을 나타냈다. 마틴 루터 킹Martin Luther King Jr.은 그 전형이다. 이 위대한 민권운동 지도자는 전통적 형태의 권력 기반을 전혀 가지고 있지 않았다. 그의 힘은 만나고, 서로에게 이야기하며, 공동으로 행위할 능력을 발전시켰던 사람들의 사회운동에 기반을 두고 있었다. 그의 권력 기반은 작은 것들의 정치에 있었고, 그는 그의 지지자들과 더불어 20세기의 그 어떤 전통적인 정치가 못지않게 국가의 운명을 결정하는 데 중요하게 이바지했다.

전 세계적으로나 역사적으로 살펴볼 때, 기존의 권력에 저항하려 하거나 화해할 수 없는 인종적·종교적 갈등을 해결하고자 했던 사람들에게 기존의 수단들이 큰 기여를 했는지는 전혀 확실치 않다. 경성 권력hard power의 한계는 연성 권력soft power의 한계만큼이나 자명하다. 이는 이상주의적 관점에서만 나온 것이 아니라, 강한 현실주의적 입장으로부터도 나온 것이다. 전쟁은 다른 수단에 의한 정치(카를 폰 클라우제비츠Carl von Clausewitz)라는 점이 오랫동안 역설되어 왔다. 이런 다른 수단의 한계는, 오늘날 강압적 능력과 핵무기의 전반적인 분포를 염두에 두면, 점점 더 분명해지고 있다. 이에 따라 작은 것들의 정치의 중요성 역시 더욱 분명해지고 있다.

예를 들어, 중동에서 이스라엘과 팔레스타인 사이의 갈등은 그 끝이 보이지 않는 것처럼 보인다. 팔레스타인과 이스라엘의 민족주의와 자위自衛의 주장은 테러와 이에 대한 대응 행위를 단계적으로 확대해 가면서 전쟁을 반복해 왔다. 클린턴의 임기 말에 있었던 캠프데이비드 회담에서, 당사자들은 실질적인 해결에 이르기 직전까지 갔지만, 결국 합의에 도달하는 데 실패함에 따라 폭력이 확대되고, 평화의 전망은 어둡게 되었다. 이런 상황 속에서, 팔레스타인과 이스라엘의 한 그룹이 만나기 시작했다. 그들은 그들 사이의 갈등을 해결하기 위한 협상을 시작했다. 양쪽의 공식적인 리더십이 폭력과 보복 폭력을 사용하고 있을 때, 두 명의 노련한 평화 협상가인 전 이스라엘 법무장관 요시 베일린Yossi Beilin과 전 팔레스타인 정보 장관 야세르 아베드 라보Yasser Abed Rabbo는 동료들과 함께, 하나의 대안을 제시했다. 그들은 최종적인 해결을 위한 협정안을 마련했다. 그들은 어떻게 최종적인 합의를 이끌어 낼 수 있는지, 그리고 어떻게 세계의 중요 정치적 지도자들과 다수의 이스라엘 및 팔레스타인 사람들로부터 광범위한 지지를 얻을 수 있는지를 보여 주었다.[7] 그들은 양측으로부터 비난을 받았지만, 적어도 한동안 긴급한 현안을 다루기 위한 국제적 논의를 개최할 수 있었다. 총이 난사되고 돌이 날아다니는 동안, 테러 공격이 자행되고 폭탄이 터지는 동안, 이해관계가 맞는 사람들은 만나고, 서로 이야기를 나누며, 공동으로 행동했고, 중요한 대안을 내놓았다. 2003년 12월 1일 제네바 합의가 체결된 직후 몇 달 동안, 그 지지자들은 계속해서 스스로를 조직했고 몇몇은 인터넷 〈밋업〉을 사용했다. 이 그룹이 재차 확인하고 있었던 합의에 대한 사회적 지지는 평화를 정착시키는 데 반드시 필요한 것이다.

그런 인간의 상호작용이 지닌 힘을 관찰하면서, 조나단 쉘Jonathan Schell은 폭력은 구시대의 유물이 되었고 그것의 정치적 역량은 역사적으로 과대평가되어 왔다고 주장한다.[8] 그는 폭력이 변화를 창출할 정치적 역량을 거의 가지고 있지 않으며, 프랑스혁명과 러시아혁명의 정치적 변화는 폭력 없이 실현되었다고 지적한다. 폭력은 그런 변화 이후에 기록되었을 뿐이라는 것이다. 근대 전쟁의 배경과 그런 배경이 민주적·과학적·산업적 혁명들 및 제국주의와 관계를 맺고 있다는 논의에 반대하여, 그는 최근에 발생하고 있는 일종의 국제적 통합 속에서 비폭력에 중심을 둔 행위에 관해 성찰한다. 간디의 행동으로부터, 마틴 루터 킹의 운동, 중동부 유럽에서의 민주화 운동, 스페인, 남아프리카, 그리고 라틴아메리카에서의 평화로운 민주적 이행에 이르기까지, 쉘은 그가 협력적인 권력이라고 부르는 것에 대한 증거를 확인한다. 그는 아렌트에 의존해 그녀가 조명했던 종류의 정치적 권력이 핵무기의 시대에 유일하게 가능한 방법이라고 주장한다. 협력적 행위를 할 수 있는 현실적인 잠재력이 있기 때문에, 폭력의 한계가 드러나게 되었다. 우리는 작은 것들과 그 정치를 자세하게 살펴봄으로써 동일한 것을 관찰했다.

옛 소비에트 블록에서 평범한 사람들이 식탁 주위에 모여 이야기를 나눌 때, 그들은 그 사회에 새로운 차원을 추가했다. 공식적인 정의 밖에서 일반 사람들에 의해 구조화된 비공식적인 상호작용은 전체주의적 정치와 문화의 한계를 보여 주었다. 그들은 그들이 대화를 나누는 상황을 정치적 통제로부터 자유로운 상황으로 정의했고, 대부분의 경우 그와 같은 상황이 만들어졌다. 사회적 정의의 힘은 비전체주의적인 자유로운 영역이 그 친밀한 배경을 넘어, 서점과 바르샤바의 문학 살롱, 그리고 좀 더 극적으로는 솔리다르노시치로 확장됨에 따라 더욱 분명해졌다. 그러나 상황 정의의 힘은 그런 상호작용을 넘어, 좀 더 큰 정치적 무대와 일상생활의 투쟁 모두에 중요한 정치적 함의를 내포하고 있다. 우리는 이 점을 문학, 텔레비전 방송, 라디오, 그리고 인터넷 등을 통해 살펴보았다. 정치적 표현을 위한 공간이 창출되는 방식과 그런 공간에서 표현되는 것은 오늘날 매우 중요한 정치적 역할을 수행한다. 정의의 힘은 작은 것들의 정치를 위한 중요한 기반이다. 상황에 대한 정의를 둘러싼 투쟁은 정치의 중요한 구성요소다. 이런 정의의 힘은 훈육의 결과일 수도 있지만, 또한 사람들은 서로간의 상호작용을 통해 상황을 재정의할 수 있다.

아렌트는 그녀의 대표작인 『전체주의의 기원』을 놀랍도록 긍정적인 성찰로 마무리했다. "그러나 모든 역사의 종언은 반드시 새로운 시작을 포함한다는 진리 또한 남아 있다. …… 시작은 그것이 역사적 사건이 되기 이전에, 인간의 역량이다. 정치적으로 그것은 인간의 자유와 동일하다.

······ 이런 시작은 각각의 새로운 탄생에 의해 보장된다. 그것은 실로 모든 인간이다."[9] 따라서 전체주의의 등장과 확산에 대한 그녀의 설명은 다음과 같은 낙관적인 설명으로 마무리된다. 즉, 근대의 야만은 끝나게 될 것이다.

우리는 한 가지 유형의 전제정치의 몰락이 새로운 전제정치적 위협의 확산을 가져왔다는 점을 살펴보았다. 그러나 이런 위협들에 해답이 없는 것은 아니다. 나는 작은 것들의 정치가 그 해답의 일부라고 주장해 왔다. 작은 것들의 정치는 개인적인 인간 존재와 무언가 새로운 것을 세계로 가져오는 역량 사이의 연계를 가능케 하는 사회적 재료다. 사람들은 그들 사이에 존재하는 공간에서, 그들의 상호작용에서, 상황을 재정의하고 그 과정에서 그들의 세계를 바꿀 수 있다. 이것은 아렌트가 근대 전제정치와 테러에 대한 성찰을 마치면서, 강조했던 하나의 가능성이었다. 그것은 여전히 사회적으로 배태된 채 남아 있다.

한국어판 후기

이 책은 어려운 상황 속에서 집필되었다. 원래의 내 계획은 2001년 가을 안식년 기간 동안 미시 정치에 관한 책을 집필하는 것이었다. 물론 이 책은 바로 그 결과물이라 할 수 있다. 그러나 이 책은 애초 의도했던 것과는 매우 다른 책이 되고 말았다. 본격적으로 이 책의 초고를 집필하기 시작했을 당시는, 미국과 세계뿐만 아니라 나 자신에게도 위기의 순간이었다. 처음에 내가 염두에 두고 있었던 것은 매우 평이한 이론적 기획이었는데, 이는 거시적 구조들에 초점을 맞추고 있는 논의들에 대한 대안을 제시하면서, 주요한 역사적 사회 변화의 미시적 기반을 마련하는 것이었다.

    꽤 오랫동안 사회학과 정치학에서는 뉴스쿨의 동료 교수였던 찰스 틸리Charles Tilly의 『거대 구조들, 폭넓은 과정들, 대규모 비교』*Big Structures, Large Processes, Huge Comparison*[국내에는 『비교역사사회학』(안치민 옮김, 일신사, 1999)으로 소개되어 있다._옮긴이]라는 책 제목에서처럼, 비교역사사회학을 하는 방법은 거시적 과정들을 연구하는 것으로 간주되어 왔다. 하지만 나는 이런 방식으로 역사와 사회를 바라보게 되면 너무 많은 것을 놓치게 된다고 생각했다. 나아가 일상생활에서 차이를 만들어 내고, 그 결과 좀 더 광범위한 수준에서 사회를 변화시키는 구체적이고 세부적인 것들을 간과할 수밖에 없다고 계속해서 확신해 왔다.

그러나 내가 이 기획을 본격적으로 연구하고 개념화하기 시작했을 때, 세계도 급변하기 시작했다. 2001년 9월 11일, 미국과 내가 살고 있는 뉴욕이 공격을 당했다. 내 친구인 스티브 아사엘은 세계무역센터 건물의 낮은 층에서 근무했던 덕택에 살 수 있었지만, 또 다른 소중한 친구인 마이크 애설은 그렇게 운이 좋지 못했다. 그는 104층에 있던 캔토 피츠제럴드 Kantor Fitzgerald 사에서 근무하고 있었다.

공격 직후, 내 저술 계획은 중단되었다. 많은 시간을 마이크의 가족과 함께했고, 정치적 절망 상태에 빠지기도 했다. 사실 그 일을 떠올리는 것 자체가 고통스러운 일이었다. 그런 고통에도 불구하고, 내가 다시 작업을 시작했을 때, 미시와 거시 간의 대립에 관한 이론적·방법론적 논의는 내 작업에서 뒷전으로 밀려나고, 공적 관심사가 전면에 등장하게 되었다.

9·11의 여파 속에서, 테러주의뿐만 아니라 이데올로기적인 반反테러주의(부시의 테러와의 전쟁), 그리고 반미주의적 좌파에서 나타나는 편향적인 반-반테러주의 모두 커다란 문제에 봉착해 있었다. 나는 반전운동의 발전과 2004년 민주당 대통령 후보 경선에서 하워드 딘이 부시의 대항마로 부상하는 과정을 지켜보면서, 보통 사람들이 진정한 정치적 대안을 이미 마련하고 있었고, 새로운 전쟁에서 각기 다른 편에 서있는 지식인들과 공론가들ideologists을 인도하고 있었다는 점을 깨닫게 되었다. 내가 관찰한 바에 따르면, 보통 사람들이 정치권력을 생성해 내고 있었던 방식은 1980년대에 소비에트 블록 곳곳에서 민주적 저항의 힘이 나타났던 방식과 유사

했다. 나는 이런 종류의 힘을 해명하고, 그것을 이론적으로 명료하게 하며, 1968년, 1989년, 2004년이라는 특정한 역사적인 순간들 속에서 그것이 어떻게 작동했는가를 설명하는 데 착수했다.

내 책을 읽은 많은 영어권 독자들은, 내가 버락 오바마Barack H. Obama[선거_옮긴이] 캠페인을 이 책에서 분석해 놓았다고 착각하곤 한다. 이는 오바마의 등장과 더불어 나타났던 정치적 장면과 그 과정이 내가 '작은 것들의 정치'로 명명한 것과 상당 부분 일치하고 있기 때문이다. 사실, 오바마가 성공했던 이유 가운데에는 내가 이 책에서 묘사하는 권력을 활용했던 측면이 있었다. 그러나 이 책은 오바마가 전국적으로 중요한 정치인으로 부상하기 이전인 2006년에 완성되었다.

이제 이 책에서 발전된 이론적 설명을 토대로 "한국어판 후기"에서는 한국 독자들을 위해 우선 오바마와 그를 둘러싼 흥미로운 사건들을 살펴본 후, 한국에서 있었던 촛불 시위를 성찰할 것이다. 그리고 마지막으로 오늘날 전 지구적으로 나타나고 있는 몇몇 주요한 변화들을 간략하게 성찰할 것이다. 특히 마지막 성찰은, 이 책 4장에서 묘사된 21세기 전체주의에 대한 도전이 무슬림 세계에서 작은 것들의 정치에 의해 대담하게 제기되고 있다는 점을 시사한다. 이 짧은 후기를 통해서나마 한국의 독자들이 이 책에 관심을 갖게 되고, 많은 영감을 받았으면 한다.

오바마 캠페인과 작은 것들의 정치

오바마의 대선 캠페인이 가진 중요성은 오바마가 선거운동 과정에서 제시했던 공공 정책상의 구체적인 변화들과 미국의 정체성에 대한 그의 재정의redefinition 이상의 의미를 가진다. 실제로 선거운동이 이루어졌던 방식과 그 과정에서 사람들이 참여했던 방식 그 자체가 매우 중요한 의미를 가지고 있는데, 그의 지지자들이 참여했던 방식이 아마도 오바마가 했던 말 만큼이나 중요했다고 할 수 있을 것이다. 오바마가 대통령 후보로 선출될 수 있었던 데에는 바로 이와 같은 실천적인 토대, 즉 미시적 기반이 있었고, 이는 그가 대통령직을 수행하는 데 있어서도 중요한 토대가 되었다. 그것은 인터넷의 웹사이트와 오바마의 캠페인 과정에서 관찰할 수 있었던 독립적인 사회적 상호작용의 결과였다.

그 상호작용에서 가장 주목할 만한 점은 오바마의 캠페인이 하워드 딘의 캠페인 과정에서 나타난 성과와 한계(이 책에 자세하게 분석되어 있다)를 어떻게 넘어섰는가 하는 점이다. 요점은 오바마가, 그리고 그에 앞서 딘이, 선거 자금을 모으고 그들의 캠페인을 위한 지지를 동원하기 위해 인터넷을 성공적으로 사용했다는 점이 아니다. 진정으로 혁명적이었던 점은 사회운동이 선거 캠페인 주위에서 형성되고, 웹사이트에서의 상호작용을 통해 촉진되었으며, 이런 상호작용들이 오바마 캠페인의 광범위한 정치적 의미를 정의했다는 것이다.

그와 같은 상호작용은 합목적적이었을 뿐만 아니라 명백히 정치적이었으며, 그것에 참여하는 사람들은 게오르크 지멜Georg Simmel이 이해하듯이 "사회화"의 즐거움을 만끽했다. 사람들은 온라인(〈유튜브〉에 접속하는 것처럼)과 오프라인(카페에서 모임을 갖거나 정치 집회에 참여하는 등)에서 서로 만나 캠페인에 대해서 논의했다. 캠페인이 절정에 올랐던 2008년 3월경에는 오바마에 관한 영상물이 775개나 등장했다. 그 종류는 매우 다양했는데, 여기에는 캠페인의 중요한 순간에 오바마가 행한 공식적인 연설들도 포함되어 있었다. 이런 공식적인 연설로는 스프링필드에서 행한 오바마의 출마 연설, 아이오와에서의 제퍼슨과 잭슨에 관한 연설, "캠페인의 결정적인 순간"[10]과 경선 과정에서 승리와 패배 이후의 그의 감동적인 연설들, 그리고 물론 인종 문제에 대한 그의 연설[11]이 있었다. 좀 더 짧고 가벼운 내용의 동영상들도 있었다. 짧은 캠페인 광고들, 선거 유세에 참여해 오바마에 대한 지지를 표현하는 유권자들의 동영상을 비롯해 매우 중요하고 창조적인 동영상들도 있었다. 대표적으로는 다소 유치해 보이기도 했던 "오바마걸"Obama Girl과 매우 감동적이었던 "예스 위 캔"Yes We Can 동영상이 있었다. 후자는 오바마가 뉴햄프셔에 행한 뉴햄프셔 예비 경선 결과 승복 연설을 창조적인 노래와 결합했는데, 여기서 오바마의 연설은 팝 음악과 조우했다. 수많은 사람들이 이런 동영상에 댓글을 달며, 정치적 견해를 밝히기도, 농담을 건네기도, 서로를 공격하기도 했다. 이와 같은 공간은 사람들이 만나 서로의 의견 — 매체의 특성상 대체로 그리 심각하지는 않은 — 을 교환하는 공적 공간이었다. 이는 하버마스가 말하는 식자층의 공적 영역이라기보다는, 카페에서의 대화나 선술집에서 이루어지는 대화에 가까웠다고 할 수 있다.

그럼에도 불구하고, 이것은 분명한 정치적 잠재력을 지닌 공적 공간이었다. "예스 위 캔" 동영상이 2008년 2월 2일에 공개된 이후 수많은 사람들이 그 동영상에 댓글을 달면서 캠페인에 관한 이러저러한 논쟁을 하기 시작했다. 내가 자세히 살펴본 바로는 2008년 3월 5일에 [〈유튜브〉의_옮긴이] "예스 위 캔" 동영상에는 52,856건의 댓글이 달려 있었다. 캠페인이 전개됨에 따라, 사람들은 그 동영상을 보고 들었으며, 캠페인의 운명에 대해 논쟁했다. 물론 이곳은 그런 논의가 이루어졌던 단지 한 장소일 뿐이었다.

이런 지지자들이 좀 더 쉽게 결집하고 유용하게 활용할 수 있는 것들로는, 오바마의 선거운동 공식 웹사이트를 비롯해, 〈무브온〉과 같은 오바마 지지 사이트들이 있었다. 오바마 캠페인과 좀 더 개인적인 상호작용을 원했던 사람들은 〈페이스북〉과 〈마이스페이스〉와 같은 사회적 네트워크를 통해 이런 사이트들과 연결되어 있었다. 이 모든 것들이 사회적 상호작용의 네트워크를 구성했다. 사람들은 자신과 비슷한 생각을 가진 사람들을 쉽게 만날 수 있었으며, 서로에게 말을 건네고, 함께 일할 수 있게 되었다. 작은 것들이 합해졌던 것이다.

실제로 선거운동 과정에서, 사람들은 가상적인 공간과 현실적인 공간, 농담과 진지한 논쟁 사이를 오가며 활동했고, 자신이 원할 경우 진지하게 정치적으로 개입할 수 있었다. 가장 명시적인 참여는 선거 자금을 모금하는 데서 나타났다. 실제로 선거 자금을 모으는 역량은 놀라울 정도로 커다란 정치적 결과를 낳았다. 인터넷에서 이루어진 상호작용적인 정치가 선거 자금을 모금하고 사용하는 전통적인 방식을 압도했던 것이다. 그러나 새로운 정치의 힘은 이것을 훨씬 넘어 나아갔다.

사람들은 면대면 상호작용, 단체 메일, 소셜 네트워크 사이트에서 이루어지는 대화와 문자메시지 등의 조합을 통해 조직되어 선거운동에 참여했다. 오바마 캠페인은 새로운 형태의 상호작용을 통해 움직였으며, 이를 통해 사람들을 참여시켰는데, 이런 참여의 양상은 마치 사람들이 그들 자신의 사회적 모임을 만드는 것과 같았다. 캠페인 지도부의 일부에서 이런 지지자들과 상호작용하고 그들을 이끌려는 노력이 있었지만, 지지자들 사이의 상호작용도 능동적으로 전개되었다. 이런 방식을 통해, 오바마는 예비 경선을 승리로 이끌 수 있었다. 오바마 개인의 대중적 인기와는 별도로, 이와 같은 사실은 그의 캠페인의 조직 역량을 잘 보여 준다. 민주당의 예비 경선에서 중요했던 것은 본 선거에서도 핵심적이었다. 사람들은 함께 모여 서로를 발견했다. 그들은 선거운동본부의 지도 아래에 참여하기도 했지만, 지역 차원의 득표 전략을 함께 계획하고 조율했다. 그들은 공식적인 선거운동원들의 도움을 받기도 했지만, 많은 일들을 스스로 해냈다.

내가 이것을 잘 알고 있는 이유는 나 자신이 뉴욕 주의 웨체스터 카운티에서 오바마 캠페인에 참여했던 경험이 있기 때문이다. 가장 즐거웠던 일은 나의 아내인 나오미와 함께 뉴욕 주의 후보자 명부에 오바마를 올리기 위해 사람들의 서명을 받는 일에 참여한 것이었다. 선거운동본부가 이런 일을 하도록 우리에게 요청할 수 있었던 이유는 우리가 적은 액수이긴 했지만 초기에 오바마 캠페인에 기부를 했기 때문이었다. 아내가 하루 종일 (그것도 한 겨울에) 화이트 플레인스White Plains의 길거리에서 서명을 받은 후에, 나는 동네 수영장에서 서명을 받았다. 이런 활동은 또 다른 활동으로 이어졌다. 우리는 자원봉사자 모임에 참석했다(특히 기분이 좋았던 자원봉사자 모임은 클린턴 가족the Clintons이 살고 있는 차파쿠아Chappaqua에서 있었던 모임이었고, 이 모임은 『뉴욕 타임스』와 『워싱턴 포스트』에 보도되었다). 이메일 교환과 집단 의사소통, 선거운동본부로부터의 제안들은, [참여자들 간의_옮긴이] 우정과 활동가들의 지역 네트워크, 그리고 우리 자신의 미디어 캠페인을 발전시키면서, 작은 승리들을 가져왔다.

그 결과 매주 발행되는 우리 지역의 신문인 『리버타운스 엔터프라이즈』The Rivertowns Enterprise는 오바마에 대한 지지를 선언하게 되었다. 만일 우리가 가시적으로 지지 활동을 하지 않았다면 아마도 그 신문은 그렇게 하지 않았을 것이다. 우리는 힐러리 클린턴Hillary D. R. Clinton에 대한 민주당 관료들의 압도적인 지지에 맞서 [뉴욕 주의_옮긴이] 니나 로웨이Nina Lowey와 힐러리 클린턴이 살고 있는 하원 의원 선거구에 대표자를 나누어 할당했다. 이런 활동에 대해 오바마의 공식적인 캠페인은 거의 지원을 하지 못했다. 그들은 오바마를 뉴욕 주의 후보자 명단에 올리기 위해 서명이 필요했지만, 슈퍼 화요일(전국적으로 많은 주에서 예비 선거가 있었던 날)을 대비해 그들의 역량을 뉴욕보다는 다른 주들, 뉴욕에서도 웨체스터 카운티보다는 다른 카운티에 집중해야 했다. 그러나 우리 지역구는 뉴욕 주에서 오바마가 거둔 성과 가운데 가장 최상의 성과를 거둔 곳이 되었다. 우리는 스스로 조직했고 적어도 우리가 차이를 만들어 낸 것 같다는 느낌을 받았다.

아렌트가 『인간의 조건』에서 제퍼슨에 대해 성찰하면서 묘사했듯이, 공적 자유와 공적 행복은 이 모든 과정에서 지속되었다.[12] 그리고 이것은 예비 선거에서부터 선거 당일에 시카고의 그랜트 공원에서의 당선 축하 행사에 이르기까지, 선거 기간 내내 오바마 캠페인을 통해 반복되었다. 대통령 선거라는 거대한 경쟁 내부에 작은 것들의 정치가 있었고, 이는 잃어버리지 않은 혁명적 전통이었다.[13] 선거운동본부와 후보자가 그들의 지지자에게 접근했던 방식은 오바마가 처음 빈민 지역에서 조직가로서 활동했던 방식과 매우 유사했다. 오바마는 운동을 통해 사람들을 끌어들였고, 이를 통해 운동을 정의했다. 나아가 그는 이 과정에서 운동에 참여한 사람들뿐만 아니라 그 자신의 정체성 역시 새롭게 정의했다. 자신의 첫 번째 책에서 밝혔듯이, 오바마가 자신의 종교적 정체성과 대의명분을 발견했던 것은 시카고의 아프리카계 미국인 공동체에서의 바로 그런 운동을 통해서였다.

티파티 The Tea Party

정치는 정치적 행위의 목적에 관한 것만큼이나 그것의 수단에 관한 것이다. 그리고 미국의 정치 문화에서 하나의 분명한 전환이 발생했다. 사람들은 새롭고 독창적인 방식들을 통해 정치에 활발하게 참여했다. 오바마 지지자들은 반전 anti war, 반反부시 좌파, 오바마 캠페인과 민주당 등의 웹사이트들에서 서로 만났다. 사람들은 가상적인 상호작용과 면대면 상호작용에서 서로 조우했으며, 공동으로 행동할 수 있는 역량을 발전시켰고, 정치적 반대파를 압도했다. 하지만 오바마 지지자들 사이에서만 이런 유형의 운동이 나타난 것은 아니었다. 우리는 오바마에 반대하는 티파티 운동*에서도 이와 비슷한 유형의 운동을 살펴볼 수 있다. 그것은 이 책의 6장에서 분석하고 있는 종교적 우파의 선동과 유사했지만, 그것보다는 상당할 정도로 좀 더 공개적이고 강력한 것이었다.

오바마 행정부가 출범한 첫 해에 의료보험 개혁을 둘러싼 갈등이 발생했는데, 의회의 여름 휴회 기간으로 말미암아 그 갈등은 사회운동으로 전개되었다. 그 기간 동안 하원 의원들은 자신의 지역구로 돌아가 선거 구민들과 함께 타운홀 미팅을 개최했다. 그러자 타운홀 미팅은 상식을 둘러싼 전쟁터가 되었다. 오바마 대통령과 의료보험 개혁을 지지하는 사람들은 강력한 반대자들에 맞서 개혁의 취지를 설명하고 이를 옹호하기 위해 노력했다. 개혁을 지지했던 사람들은 현상 유지를 통해 이익을 얻는 세력들, 특히 보험 산업과 지난 70여 년 동안 의료보험을 개혁하려는 모든 시도를 좌절시켰던 세력들이 타운홀 미팅에서 개혁에 반대하는 사람들을 조직했다고 생각했다. 그래서 그들은 이것이 풀뿌리 운동이 아니라 "아스트로터프"Astroturf[야구장이나 축구장에 설치된 인공 잔디의 상표 이름_옮긴이], 즉 인공적인 풀뿌리 운동이라고 생각했다. 그러나 공화당 의원들을 포함한 반대자

● 오바마 정부의 출범 직후 등장하기 시작한 미국의 보수주의적 대중 정치 운동을 말한다. 원래 티파티라는 이름은 지난 1773년 영국 식민지 시절, 무리한 세금 징수에 분노한 보스턴 시민들이 수입되려던 홍차를 모두 바다에 던진 '보스턴 차 사건'(Boston Tea Party)에서 따온 것이다. 또 'TEA'는 말에는 '이미 충분한 세금을 냈다'(Taxed Enough Already)는 뜻도 담겨 있다. 정부의 건전한 재정 운용, 작은 정부와 세금 인하, 각 주별 권한 강화와 강력한 국가 안보 등 보수적 가치를 내걸고 있다.

들과 지지자들은 그런 저항을 깊은 공적 관심, 즉 의료보험 개혁뿐만 아니라 모든 것에 우선하는 큰 정부에 대한 공적 관심의 표현으로 인식했다.

오바마에 대한 비판자들 역시 의회의 여름 휴회 기간 동안 의료보험 법안이 의회에 계류 중인 것을 이용해, 오바마 대통령에 대한 반대를 표현하고 조직할 호기를 맞았다. 발단은 의료보험 개혁 법안에 대한 발의였지만, 이보다 더 많은 것들이 관련되어 있었다. 이런 점들은 타운홀 미팅과 다양한 웹사이트, 텔레비전 및 라디오 프로그램을 통해 살펴볼 수 있다.[14]

시장 근본주의자들은 이들 프로그램과 웹사이트를 통해 의료보험 개혁에 대한 저항을 선동했고, 관련된 쟁점을 논의했으며, 전술과 전략을 계획했다. 운동의 지도부는 오바마 캠페인과 반전운동의 방법들을 재생산하려고 의식적으로 노력했다. 실제로 그들은 자신들이 어떻게 급진적인 활동가였던 사울 알린스키Saul Alinsky의 아이디어들(알린스키의 아이디어는 오바마가 1980년대 후반에 지역공동체를 조직할 때 활용되었다)을 차용했는가를 말하고 있는데, 공화당 하원의 전직 원내총무이자 오바마에 대한 주요 반대자 가운데 한 명인 딕 아미Dick Armey는 "한 쪽에 적용되는 것은 다른 쪽에도 똑같이 유효하다"고 말하며, "내가 생각하기에 알린스키는 매우 유능한 인물이지만, 그가 했던 것은 좋은 일이 아니었다"라고 선언했다.[15] 아미는 알린스키 및 오바마가 추구하는 목적과는 정반대의 목적을 위해 알린스키의 전술을 사용하는 데 관심이 있었다.

전국적인 운동이 타운홀 미팅 내에서의 활동을 지도함에 따라, 딕 아미의 중요한 웹 기반인 "프리덤 워크"Freedom Works는 의료보험 개혁과 탄소 배출 총량 제한 및 배출권 거래의 개혁에 반대하기 위한 설명을 "8월 의회 휴회 기간 동안의 행동 지침"August Recess Action Kit 및 타운홀 미팅이 어디에서 열리는가를 알려 주는 안내서와 함께 제시했다. 웹사이트에는 활동가들이 활용할 수 있는 다음과 같은 문건들도 올려져 있었다. "의료보험 청원서", "오바마 캐어 보험 카드"ObamaCare Insurance Cards, "9월 12일 초대 전단"(9월 12일에 있었던 오바마의 정책에 반대하는 대규모 시위를 선전하기 위한 전단), "오바마 캐어 번역기"ObamaCare Translator — 여기에는 오바마 진영의 의견을 논박하며, 보험을 실제로 가지고 있지 않은 사람이 과연 얼마나 되는지에 대한 비판적 설명이 포함되어 있었다.[16] 사람들은 이러저러한 조직화의 노력들에 반응을 보였다.

타운홀 미팅을 계획적으로 중단시키려는 시도들도 있었다. 이는 의원들에게 질문하는 방식으로 미팅의 진행을 방해하는 것이었다. 활동가들은 중앙의 운동본부가 지역의 모임들에 나누어 준 시위 전단으로 무장하고 타운홀 미팅에 참여했다. 이런 모든 활동들은 언론을 통해 보도되었고 오바마에 반대하는 이유에 공감했던 루퍼트 머독Rupert Murdoch의 〈폭스 뉴스〉 및 그 인터넷 사이트와 같은 우파 언론에서 지지를 받았다.

많은 활동과 보도들은 매우 극적이었다. 타운홀 미팅에서 시위를 벌였던 사람들 가운데 일부가 의원들에게 오바마와 나치가 똑같다고 소리치기도 했지만, 그들 중에는 의료보험 문제에 관해 관심을 가지고 조용히 참석하고 있었던 평범한 일반인들도 포함되어 있었다. 『뉴욕 타임스』가 보도했듯이 "일부 극단적인 견해를 가진 사람들이 카메라에 오랫동안 비쳐졌지만, 경청할 만한 질문들 역시 제기되었다. 이런 질문들은 의료보험 개혁에 대한 당혹스러움에서 비롯된 두려움과 타당한 우려를 표현하고 있었으며, 이와 같은 두려움과 우려는 궁극적으로 좀 더 많은 영향력을 발휘할수 있었다."[17] 『뉴욕 타임스』는 의료보험 개혁에 대한 밥 콜리어Bob Collier (조지아 주의 몬테주마 거주)의 뿌리 깊은 우려를 부각했다. 콜리어는 『뉴욕 타임스』 기자인 케빈 색에게 "이것은 우리가 알고 있는 우리 조국의 미래에 관한 것이고, 우리가 알고 있는 우리 조국의 최후를 의미할 수도 있다"고 말했다. 그는 자신이 시위에 참여한 이유를 다음과 같이 설명했다. "한 녀석이 마을에 등장해, 모든 것을 중앙으로 집중하려 합니다. 그는 자동차 회사를 접수하고자 합니다. 그는 은행을 접수하고 싶어 합니다. 이제 그는 의료보험을 접수하고자 합니다. 그는 권력을 장악하고 있고, 만일 그가 이것을 얻는다면, 그것을 되돌리지 못할 것입니다." 의료보험 법안이 나이든 사람들을 위해 차등적으로 적용되지 않을 것이라는 오바마의 약속과 관련해, 콜리어는 그와 같은 약속을 전혀 신뢰하지 않는다고 말하며, 자신이 내는 세금이 "세금 체계를 운영하는 게으르고 책임감 없는 사람들"에게 갈 것이라고 우려하고 있었다. 그러나 그는 타운홀 미팅에 참여함으로써 활력을 얻었고 비슷한 생각을 가진 사람들과 연결되어 있다는 느낌을 받았다. "당신이 그런 게으르고 책임감 없는 사람들에게 메일을 보내거나 전화를 한다면, 무엇을 얻을 수 있겠습니까? 그러나 당신이 그 사람을 직접 만나 그에게 말할 수 있다면, 이는 굉장한 기회가 될 것입니다." 이런 생각에 많은 사람들이 스스로 시위에 참여하게 되었고, 콜리어와 같은 몇몇 사람들은 그들의 인생에서 처음으로 그런 시위에 참여하게 되었다.

이것이 바로 티파티 운동이자, 우파적 버전의 "작은 것들의 정치"의 예이다. 오바마 캠페인과 반전운동을 지지했던 사람으로서, 그리고 과거 소비에트 블록에서 발생한 민주적 저항을 지지했던 사람으로서, 나는 이 운동의 목표들을 지지하지는 않는다. 그러나 비록 내가 작은 것들의 정치의 이런 새로운 사례에 관련되어 있는 것도, 그것을 지지하는 것도 아니지만, 티파티 운동 역시 작은 것들의 정치라는 점을 인정한다. 사람들은 서로 만나고, 의견을 공유해 왔으며, 전략을 논의하고 전술을 조정해 왔고, 서로에게 그리고 외부의 관찰자에게 분명히 눈에 띄게 되었다. 권력은 이런 상호작용들을 통해 창조되었다. 이것은 인위적으로 조작될 수 없다. 만일 사람들의 자발적이고 적극적인 참여가 없었다면 그것은 존재하지 않았을 것이다. 이 운동의 성공은 다른 사람들과 상호작용하고 그들 스스로 함께하는 능동적인 참여자들에 달려 있었다. 이 운동의 배후에 설령 힘 있는 세력들이 있다고 할지라도, 그것의 정치적 권력은 무엇보다도 사람들이 타운홀 미팅과 9월 12일에 열렸던 시위에 참여해 공동으로 행동함으로써, 그리고 특히 사람들 간의 상호작용이 다양한 미디어 형태들을 통해 가시적으로 나타남에 따라 만들어진다. 그들은 정치적 풍경의 중요한 일부가 되었고, 공적 삶에 영향을 끼쳤다. 따라서 오바마가 추진하는 공공 정책에 대한 저항이 점차 중요하게 되었고, 이는 또한 오바마 캠페인의 특징 가운데 하나였던 좀 더 많은 시민적 참여의 등장과 변화를 확인시켜 주고 있다.

촛불 시위

한국에서는 매우 높은 수준의 디지털 미디어의 발전을 통해 작은 것들의 정치가 가상적인 상호작용과 현실에서 구현된 상호작용 사이를 쉽게 넘나들고 있다. 실제로 과거 소비에트 블록에서 나타난 운동과 디지털을 이용해 발전했던 미국의 반전운동 사이의 유사점들이 한국에서도 매우 가시적으로 나타나고 있다. 한국에서 작은 것들의 정치는 촛불 시위와 같은 정치적 투쟁을 형성해 냄으로써 일상적인 상호작용을 통해 시민들의 역량이 중앙 정치 무대에 영향을 미칠 수 있다는 점을 분명히 드러냈다.

사실 나의 관심은, 촛불 시위의 내용보다는, 한국에서 나타고 있는 새로운 정치의 형태다. 나는 미국산 쇠고기를 먹는다. 나는 그렇게 하는 것이 어떤 방식으로든 내 목숨을 거는 것이라고 생각하지는 않는다. 오늘날과 같이 미디어가 전 지구 곳곳을 연결하고 있는 상황에서도, 현실에서 매우 긴급한 몇몇 문제들은 여전히 충분한 관심을 받지 못하곤 한다. 이런 사례로는 지난 20년 동안 아프리카에서 발생한 전쟁들로 인한 인간의 고통을 들 수 있다. 반면에, 어떤 문제들은 크게 과장되기도 한다. 나는 광우병의 위협이 이런 후자의 범주에 해당한다고 생각한다. 다른 한편으로, 한국과 한국 시민들에게, 미국과의 관계는 한국전쟁 이래로 매우 중요한 쟁점이었다. 나는 이 점이 촛불 시위가 발생하게 된 중요한 원인 가운데 하나였다고 이해한다. 요약하면, 오바마의 운동과는 달리 나는 촛불 시위에 능동적으로 관련되어 있지는 않고, 티파티 운동과는 달리 그것에 적대적인 것은 아니지만, 오바마의 운동 및 티파티 운동과 마찬가지로 나의 주요 관심사는 촛불 시위에서 나타난 정치의 양식과 그 의미이다. 나는 이것이 한국 민주주의의 현 상태와 관련해 가장 중요한 점이 아닐까 생각한다. 그것은 앞으로 다루게 될 정치적 발전들과 공통점을 가지고 있다.

외부인으로서 그리고 비전문가로서 촛불 시위에 대한 나의 일반적인 이해는 다음과 같다. 대중적인 인터넷 공적 포럼인 아고라를 통해, 한 열네 살 중학생 소녀가 2008년 4월 초에 미국산 쇠고기의 수입을 재개하려는 정부의 조치를 막기 위해 서울시청 광장에서 촛불 집회를 열 것을 요청했다. 초기에 시위에 참여한 사람들은 대체로 열네 살에서 열일곱 살 사이의 중학교와 고등학교의 청소년들이었다. 이들은 문자메시지를 통해 광우병의 위험과 미국산 쇠고기 수입 재개 문제에 대해 논의하고 있었고, 이후 행위의 필요성에 대해 느끼게 되었다. 그들은 자신들이 가지고 있는 관심과 우려를 보여 주기 위해 처음에는 상대적으로 작은 집단에서 만났지만, 이들이 제기하는 문제에 대한 관심이 좀 더 커다란 사회집단들에서 가시적이게 됨에 따라 그 시위들에 대한 강한 반응이 나타났다. 광장에서, 도시와 전국에 걸쳐 좀 더 커다란 일련의 촛불 시위가 뒤따라 일어났고, 이는 6월 10일에 전국적으로 1백만 명이 참가했던 대규모의 촛불 시위를 이끌어냈던 것이다.

흥미롭게도 촛불 시위에 대한 첫 번째 반응은 전통적인 사회적 행위자가 아닌 사람들, 그들 가운데 누구보다도 다양한 종류의 여성 그룹들로부터 왔고, 좀 더 전통적인 야당들과 민주적 활동가들, 다양한 종류의 시민사회 행위자들이 그 뒤를 따랐다. 미국산 쇠고기 수입 재개가 가장 중요한 현안이었지만, 그 이후에 새로운 정부의 인기 없는 계획과 정책들 — 민영화, 한미 FTA, 4대강 사업, 교육개혁, 새로운 정권의 고소영 내각, 너무나도 친기업적인 공공 정책들 — 이 비판되었다.

청소년들의 행동이 대규모 사회운동으로 발전했고, 이는 새롭게 선출된 이명박 대통령의 인기에 매우 부정적인 영향을 미칠 정도로 충분히 강력해서 가장 큰 시위가 있었던 바로 다음날 내각의 일부가 사퇴하게 되었다. 다른 한편으로는 지난 20년 동안 한국에서 보기 힘들었던 경찰의 체계적인 대응을 유발하기도 했는데, 이는 정치 질서의 억압적인 측면을 이해하는 데 도움을 주었다. 이처럼 한국에서의 촛불 시위는 체코의 위대한 작가이자 저항 지도자이며 전직 대통령이었던 바츨라프 하벨이 이 책에서 자세히 설명하게 될 그의 고전적인 에세이에서 이야기했던 "힘없는 자들의 권력"의 전형적인 사례다.

문명 충돌의 종언?

이 "한국어판 후기"를 역자에게 보내려 할 즈음에, '작은 것들의 정치'의 힘은 다시 한 번 극적인 방식으로 스스로를 드러내고 있었다. 이는 2011년

이 1989년만큼이나 지구적 질서에 중요할 수도 있다는 점을 시사하고 있다. 이 책에서 살펴볼 수 있듯이, 나는 소비에트 제국이 붕괴하는 것을 지켜보았고, 많은 사람들이 그 붕괴가 다가오고 있다는 것을 이해하기 오래 전부터, 최전선에서 그것을 기록했다. 이집트와 튀니지 전문가는 아니지만, 내가 생각하기에 오늘날 이집트와 튀니지에서 나타나고 있는 전환들은 어느 모로 보나 내가 30년 전에 동구권에서 보았던 전환만큼이나 중요하다. 우리는 2011년 1월에 시작된 변화들이 완전한 성공으로 마무리될 것인지에 대해 확신할 수는 없다. 완전하게? 아마도 그렇지 않을 것이다. 그러나 의심할 바 없이 세계는 그곳뿐만 아니라 한국과 미국, 그리고 나머지 지역에서 줄기차게 변해 왔다. 튀니지에서 사람들은, 한국과 미국, 중부 유럽과 다른 장소들에서와 마찬가지로, 온라인과 오프라인에서 서로 이야기를 나눈 이후 시위를 벌이기 시작했다. 그곳에서 나타나고 있는 사회적 상호작용의 형태와 결과들이 바로 우리 시대를 바꾸고 있으며, 이를 통해 그들 자신도 바뀌게 될 것이다.

하나의 큰 변화 | 문명의 충돌이라는 생각은 더는 유지될 수 없다. 무슬림들이 민주주의 운동에 참여할 수 있는 상당한 능력이 있다는 점이 입증되었고 이는 모든 사람들이 분명히 알아야 한다. 그것이 승리할 수도 그렇지 않을 수도 있지만, 이집트와 튀니지의 정치 문화에서 이는 확실히 중요한 경향이 되었다.

또 다른 큰 변화 | 나는 민주주의에 대한 신념이 급진적인 지하드보다 좀 더 호소력이 있으며, 심지어 무슬림 세계에서 불만을 품은 사람들에게도 이제 [그런 신념이_옮긴이] "들어 있는" 것이 아닌가 생각한다. 이것이 얼마만큼 오래 지속되고 어떤 영향을 미칠 것인가는 지난 1월부터 시작된 전환의 지속적인 성공 여부에 달려 있게 될 것이다.

미국에서의 작은 변화 | 일상생활에서 이슬람에 대한 증오Islamophobia는 후퇴할 것이다. [민주주의를 요구하는 대규모 시민들로 가득 찬_옮긴이] 카이로Cairo의 이미지를 본 후라면, 일반인이 비행기에 타고 있는 무슬림 복장을 한 사람을 보고 기겁을 할 이유는 없을 것이다. 사실, 이전에도 그렇게 기겁할 합리적 이유가 있었던 것은 결코 아니었다. 모든 종류의 문화적·종교적 신조를 믿는 사람들 가운데는 광신적인 사람도 있고 존경할 만한 사람도 있다. 이제 아랍과 무슬림의 존경할 만한 사람들이 전면에 나섰고, 가장 가시적이게 되었다. 편협한 사람들만이 그들을 보려 하지 않을 것이다.

오늘날 "중동에서의 유일한 민주주의 국가" — 이스라엘 스스로 그렇게 상상하듯이 — 의 지도자들은 이집트와 그 이웃 국가들에서의 민주적 발전에 대해 그렇게 달가워하지는 않는 것 같다. 친숙한 독재자가 그렇지 않은 민주주의자보다 낫다는 입장이 재스민 혁명 초기에 이스라엘이 취했던 공식 입장인 것처럼 보인다. 이스라엘의 민주주의가 지닌 실천상의 한계들이 이제 눈에 띄게 분명해질 것이다.

1989년의 변화로부터 유추할 수 있는 것이 있다. 실제로 중동에서 나타나고 있는 독재 정권에 대한 반대에도 불구하고, 이와 같은 반대는 새로운 권위주의적 질서를 주장하는 사람들에게 압도될 수도 있다. 이는 이 책의 3장에서 살펴볼 수 있듯이 루마니아에서 벌어졌던 일이다. 그러나 나는 또한 사람들이 구질서에 대해 '아니오' 이상의 말을 할 수 있고 그렇게 할 때, 폴란드와 체코슬로바키아에서 그랬듯이, 민주주의가 정착될 수 있다는 점을 보여 주었다. 내가 "한국어판 후기"를 쓰고 있는 동안 2011년의 혁명은 퍼져 나가고 있다. 『뉴욕 타임스』의 한 기사는 지금 "중동에서 시위가 확산되고 있다"는 말을 머리기사로 실었는데, 이는 이란, 예멘, 바레인, 이집트 등으로부터의 보도에 기반을 둔 것이었다. 만일 이 책에서 분석된 그런 종류의 정치가 발전한다면, 만일 한국의 촛불 시위에서 일어났던 종류의 활동과 오바마 캠페인에서 나타난 일종의 조직화된 상호작용이 퍼져 나가게 된다면, 『뉴욕 타임스』의 기자들에 의해서 묘사된 시위의 결과는 실제로 성공적일 수 있을 것이다. 이 책에서 우리는 그런 희망의 근거들을 살펴보았다.

옮긴이 후기

이 책은 미국의 정치사회학자이자 미디어 연구가인 제프리 골드파브가 쓴 *The Politics of Small Things: The Power of the Powerless in Dark Times*(2006)의 완역본이다. 그러나 원저의 결론 마지막 부분인 "추신: 9·11과 우정"Postscript: 9·11 and a Friendship은 이 한국어판에서는 담고 있지 않다. 그 주된 이유는 저자가 이 책의 한국어 출간을 위해 보내 준 "한국어판 후기"에 추신의 내용을 담고 있을 뿐만 아니라 원래의 추신에서 저자가 함의한 미래의 작은 것들의 정치를 새로운 작은 것들의 정치 — 오바마 선거 캠페인, 티파티 운동, 한국의 촛불 시위와 중동의 민주화 운동 — 와 그 역동성 속에서 좀 더 구체적으로 검토하고 있기 때문이다. 따라서 저자의 "한국어판 후기"는 그가 원저에서 다룰 수 없었던 최신의 작은 것들의 정치의 사례들을 담고 있는 하나의 독립적인 장章으로 이해할 수 있다.

이 책에서 '작은 것들의 정치'란 어두운 시대에 힘없는 사람들이 권력을 구성하는 방식에 관한 것이다. 즉, 작은 것들의 정치란 어두운 시대에 자유를 박탈당한 사람들이 일상에서 자유로운 공적 영역을 형성하고, 그 속에서의 자유로운 상호작용과 논의(논쟁)에 기반해 권력을 산출하며 어두운 시대에 대한 대안을 마련하는 방식에 관한 것이다. 나아가 저자는 이런 작은 것들의 정치가 거대한 정치적 변화를 가져오는 데 어떻게 공헌하는지, 혹은 거대한 정치적 변화 과정에서 어떤 중요한 차이를 만들어 내는지와 같은 질문들을 검토한다.

'작은 것들의 정치'에 대한 저자의 이런 천착은 20세기 구동유럽의 전체주의 사회 속에서 공적 자유를 박탈당한 사람들이 어떻게 자유로운 공적 영역을 형성하고, 어떻게 전체주의에 대한 대안을 마련해 왔으며, 궁극적으로는 1989년 공산주의의 붕괴라는 거대한 전환을 추동해 왔는가에 대한 그의 연구와 밀접하게 관련되어 있다. 구동유럽의 전체주의 사회에서 식탁과 불법 서점, 그리고 시낭송회 등은 작은 것들의 정치가 구성되고 권력과 대안을 산출하기 위한 주요한 공간적 기반들이었다. 이런 공간들 속에서 마치 자유로운 사회에서 살고 있듯이 행위했던 힘없는 사람들은 그들의 상호작용을 통해서 권력을 구성하고 궁극적으로는 자유로운 사회를 이룰 수 있었다.

저자는 이런 '작은 것들의 정치'가 가까운 과거의 정치적 전환(전체주의의 붕괴)뿐만 아니라 21세기라는 새로운 '어두운 시대' 속에서의 정치적 변화와 정치적 삶의 중요성을 이해하는 데 있어 핵심적이라고 파악한다. 실제로 21세기에 들어 가속화되기 시작한 자본주의적 지구화와 이슬람 테러와 헤게모니적 반테러에 기반한 전 지구적인 지배 프레임의 구성, 문명의 충돌이라는 지배적인 상황 정의, 배타적 민족주의의 부흥 등은 자율적인 민주적 삶의 형식과 제도, 그리고 작은 것들의 정치가 지향하는 사람들 간의 자유로운 상호작용과 그것에 기반한 권력의 구성 및 대안의 산출을 파괴하는 경향이 있다. 이런 의미에서 특히 9·11 이후에 전개된 빈 라덴의 테러와 그것에 대응하는 부시 정권의 헤게모니적 반테러는 양자 모두 가까운 과거의 전체주의를 지향하는 것처럼 보인다.

그러나 동시에 인터넷이라는 새로운 매체의 발전과 그것과 결합된 미국에서의 반전운동의 성장, 반전운동과의 결합을 통해 발전했던 하워드 딘의 선거 캠페인, 딘의 선거 캠페인 방식을 계승한 오바마의 선거 캠페인, 티파티 운동, 그리고 한국의 촛불 시위와 중동의 민주화 운동 등은 한편으로는 인터넷을 통한 가상적인 작은 것들의 정치를 구성하고 다른 한편으로는 오프라인에서의 정치적 변화를 추동하는 데 공헌해왔다. 즉, 21세기라는 새로운 '어두운 시대'에 맞서 사람들 간의 자유로운 상호작용과 그것에 기반한 권력의 구성 및 대안을 산출하면서 자율적인 민주적 삶의 형식과 제도를 보호하거나 그것을 심화시키는 데 기여해 왔다는 것이다.

21세기 들어 새롭게 등장하고 있는 인터넷을 매개로 한 이런 '작은 것들의 정치'는 다른 어느 곳보다도 한국에서 좀 더 풍부하게 발전하고 있는 것처럼 보인다. 저자가 "한국어판 후기"에서 언급하고 있는 촛불 시위는 작은 것들의 정치가 가장 명시적으로 드러난 사례일 것이다. 그러나 인터넷에 의해 매개된 작은 것들의 정치의 관점에서 보면, 한국의 작은 것들의 정치는 미국보다도 먼저 대통령을 만들어 내기도 하였다. 또한 이명박 정권이라는 어두운 시대 속에서도 온라인과 오프라인을 넘나들며 작은 것들의 정치의 이상을 구현하고 자율적인 민주적 삶의 형식과 제도를 보호하고자 하는 노력은 계속되고 있다. 이는 작은 것들의 정치의 민주적 잠재력이 한국 사회에 이미 깊이 배태되어 있다는 것을 의미할 것이다.

20세기의 전체주의 사회와 21세기 미국에서의 '작은 것들의 정치'를 반추하면서, 이 책은 어두운 시대 속에서 자율적인 공적 영역을 구성하고 유지하고자 하는 노력이 그것을 통해 권력을 산출하고 대안을 마련할 뿐만 아니라, 나아가 거대한 정치적 변화를 가져올 수 있는 잠재력과 전환의 순간에 그런 권력과 대안을 바탕으로 중요한 차이를 만들어 낼 수 있는 역량을 담지하고 있다는 점을 우리에게 보여 주고 있다. 이런 의미에서 아렌트가 언급했던 "혁명 전통의 잃어버린 보물"(근대의 주요 혁명기 동안에 구성되었던 자유로운 공적 영역에서의 사람들 간의 상호작용에 기반한 정치)은 이제 힘없는 사람들의 일상적인 (또는 가상적) 정치적 삶과 자유로운 상호작용을 통한 권력 및 대안의 구성, 자율적인 민주적 삶의 형식과 제도를 보호하고 심화시키려는 노력들 속에서 그 가능성을 발견할 수 있을 것이다. 인터넷과 공적 저널리즘, 그리고 자유주의적 교육은 그런 가능성을 유지하고 구현하는 데 중추적인 매체이자 제도로서 성장해 왔다.

● ● ●

21세기의 첫 10년을 뉴욕에서 보냈던 옮긴이에게 이 책은 남다른 의미가 있다. 저자인 골드파브 선생이 언급한 9·11과 그 이후의 반전운동, 하워드 딘의 선거 캠페인, 종교적 우파의 정치 활동, 오바마의 선거 캠페인 등은 옮긴이 역시 구체적으로 관찰하고 때로는 참여했던 것들이었다. 골드파브 선생과는 이 책을 통해 직접 알게 되었지만, 이미 그 이전부터 작은 것들의 정치를 함께 관찰하고 참여해 왔던 셈이다. 그런 참여자 일인으로서 작은 것들의 정치의 의미를 적절하게 제시해 준 골드파브 선생님에게 감사를 드린다. 또한 골드파브 선생님은 옮긴이가 한국어판에 대한 글을 부탁했을 때, 흔쾌히 수락하고, 한국 독자들을 위해 장문의 후기를 보내 주었다. 특히 "한국어판 후기"는 촛불 시위를 전 지구적 차원에서 벌어지고 있는 작은 것들의 정치와 비교할 수 있는 기회를 제공해 준다는 점에서 큰 의의가 있을 것이다. 이 역시 골드파브 선생에게 감사를 드린다.

이 책의 번역은 뉴스쿨대학교 미디어학과의 강재호 선생님의 소개와 도움 없이는 불가능했을 것이다. 옮긴이와 이 책을 만나게 해준 강재호 선생님에게 감사를 드린다. 이 책의 내용은 서강대학교 사회과학연구소 월례 세미나를 통해 발표되었다. 초고 상태의 원고를 검토해 주신 유석진 선생님과 월례 세미나에서 귀중한 토론을 해주셨던 참여자들에게도 감사를 드린다. 또한 이 책의 번역에 관심을 갖고 지켜봐 주셨던 강정인 선생님, 정승현 선생님, 이원태 선생님, 그리고 조희정 선생님께도 감사드린다. 번역의 과정에서 훌륭한 편집진을 만난 것은 옮긴이의 행복이었다. 꼼꼼한 검토와 조언 그리고 번역에 대한 논의를 통해 이런 행복을 느끼게 해준 후마니타스 편집진에 감사를 드린다. 번역상의 오류와 오역이 있다면 이는 전적으로 옮긴이의 책임이다.

2011년 8월 29일
후마니타스 책다방에서
이충훈

후주

| 서론 |

1_20세기의 의미에 대한 중요한 길잡이로는 다음의 책들을 참조. Hanah Arendt, *The Origins of Totalitarianism* (New York: Harcourt Brace Jovanovich, 1973)[『전체주의의 기원』, 이진우·박미애 옮김, 한길사, 2006]; François Furet, *The Passing of an Illusion: The Idea of Communism in the Twentieth Century* (Chicago: University of Chicago Press, 2000); Eric Hobsbawm, *Age of Extremes: A History of the World, 1914~1991* (New York: Random House, 1996)[『극단의 시대』, 이용우 옮김, 까치글방, 1997].

2_Jeffrey C. Goldfarb, *After the Fall: The Pursuit of Democracy in Central Europe* (New York: Basic Books, 1992)을 참조.

3_예를 들어, 노벨상 수상자인 밀턴 프리드먼의 입장이 이러하다. 국가와 경제에 관한 그의 일반적인 입장에 대해서는 Milton Friedman, *Why Government Is the Problem* (Stanford: Hoover Institution Press, 1993)을 참조.

4_노벨상 수상자이긴 하지만 프리드먼과는 다른 입장으로는 Joseph Stiglitz, *Globalization and Its Discontents* (New York: W. W. Norton, 2003)[『세계화와 그 불만』, 송철복 옮김, 세종연구원, 2002]를 참조.

5_거대한 행진에 대한 상상의 비판적 설명으로는 Milan Kundera, *The Unbearable Lightness of Being* (New York: Harper Collins, 1999)[『참을 수 없는 존재의 가벼움』, 이재룡 옮김, 민음사, 2009]을 참조.

6_Edward S. Herman and Noam Chomsky, *Manufacturing Consent: The Political Economy of the Mass Media* (New York: Pantheon, 2002)[『여론 조작』, 정경옥 옮김, 에코리브르, 2006]를 참조.

7_Bernard Goldberg, *Bias: A CBS Insider Exposes How the Media Distort the News* (Washington, D.C.: Regnery Publications, 2002)[『뉴스의 속임수 BIAS』, 박정희 옮김, 청년정신, 2003].

8_토머스는 젊은 여성들에 대한 사회심리학적 연구에서 처음으로 상황 정의 문제의 함의를 탐구했다. W. I. Thomas, *The Unadjusted Girl* (Boston: Little Brown, 1923)을 참조.

1_Jeffrey C. Goldfarb, "Why Is There No Feminism after Communism?" *Social Research*, vol. 64, no. 2, Summer 1997 참조.

2_Jeffrey C. Goldfarb, *After the Fall*.

3_스탈린이 1930년대에 여론 조작을 위한 공개재판(show trial)에서 했듯이. 이 주제에 대한 흥미로운 가상적 설명으로는 Milan Kundera, *Unbearable Lightness of Being*[『참을 수 없는 존재의 가벼움』]을 보라.

4_Michel Foucault, "Truth and Power," Paul Rabinow ed., *The Foucault Reader* (New York: Pantheon, 1984), pp. 74-75["진실과 권력," 『권력과 지식: 미셸 푸코와의 대담』, 홍성민 옮김, 나남, 1991, 167쪽].

5_Hanah Arendt, *The Origins of Totalitarianism*, p. 307[『전체주의의 기원 2』, 19쪽, 각주 7번 참조. 아렌트에 따르면, 트로츠키의 다음과 같은 말이 이를 보여 준다. "우리는 오직 당과 함께, 그리고 당에 의해서만 정당할 수 있다. 왜냐하면 역사는 정당할 수 있는 다른 방법을 제공하지 않았기 때문이다. …… 어떤 구체적 개별 상황에서 옳은 것인지 아니면 틀린 것인지가 문제 되면 나의 당이 결정한다고 말하는 것이 역사적으로 훨씬 더 정당하다."].

6_Hanah Arendt, "Truth and Politics," *Between Past and Future* (New York: Penguin Books, 1977), p. 256["진리와 정치", 『과거와 미래 사이』, 서유경 옮김, 2005, 338쪽].

7_Marx Horkheimer and Theodor Adorno, *Dialectic of Enlightenment* (New York: Continuum, 1990)[『계몽의 변증법』, 김유동 옮김, 문학과지성사, 2001].

8_Richard Sennett, *The Fall of Public Man* (New York: W. W. Norton, 1992).

9_Hannah Arendt, "What Is Freedom?" *Between Past and Future*, pp. 154-55["자유란 무엇인가?" 『과거와 미래 사이』, 210-211쪽].

10_Ibid., pp. 156-65[위의 책, 211-225쪽, 특히 222-223쪽 참조].

11_Hannah Arendt, *The Human Condition*, pp. 38-50[『인간의 조건』, 90-102쪽].

12_Hanah Arendt, *The Origins of Totalitarianism*, pp. 250-266[『전체주의의 기원 1』, 462-487쪽].

13_이것이 『전체주의의 기원』에서 그녀가 내린 결론이었다. 이 점은 "이데올로기와 테러"라고 명명된 핵심적인 장(章)에서 강조되었다.

14_Jeffrey C. Goldfarb, *Civility and Subversion: The Intellectual in Democratic Society* (Cambridge: Cambridge University Press, 1998).

15_나는 이런 공통된 관찰에 대해 유보적인데, 그 이유는 이데올로기라는 용어가 그런 주장이

가정하는 것 이상의 좀 더 구체적인 의미를 가지고 있다고 믿기 때문이다. *Civility and Subversion*, pp. 13-16을 보라.

| 2장 |

1_앞으로의 1968년 사건의 묘사는 폴란드 극장 운동에 대한 나의 연구에 기반하고 있다. 이는 Jeffry C. Goldfarb, *The Persistence of Freedom: The Sociological Implications of Polish Student Theater* (Boulder: Westview, 1980)에 처음으로 기록되었다.

2_이런 극장들은 원래는 제2차 세계대전 직후에 새로운 정권들에 의해 지원된 새로운 사회주의적 질서의 일부였다. 그것들은 미국 공동체에서의 아마추어 극장 그룹과 매우 유사했다. 그것들은 스탈린 시대 동안 폴란드 전역에 걸쳐 선전과 선동극을 만들어 내는 정치적 역할을 수행했다. 그 연후에 그것들은 스탈린주의적 질서를 비판하기 위한 최초의 포럼 가운데 하나가 되었고, 1956년 스탈린주의자들의 몰락에서부터 공산주의 정권의 붕괴에 이르기까지 비판적인 문화 세계의 활기찬 부분이 되었다. 이런 극장의 역사는 나의 책 *Persistence of Freedom*에 제시되어 있다.

3_Susan E. Reid and David Crowley eds., *Style and Socialism: Modernity and Material Culture in Post-War Europe* (New York: Berg, 2000)을 보라.

4_Václav Havel, "The Power of the Powerless," Paul Wilson ed., *Open Letters: Selected Writings, 1965~1990* (New York: Vintage, 1992)["권력 없는 사람들의 권력," 『대통령의 꿈』, 김정숙 옮김, 들꽃세상, 1992].

5_Erving Goffman, *Interaction Rituals: Essays on Face-to-Face Behavior* (London: Allan Lane, 1973).

6_Erving Goffman, *The Presentation of Self in Everyday Life* (New York: Overlook Press, 1973)[『자아표현과 인상관리: 연극적 사회분석론』, 김병서 옮김, 경문사, 1987].

7_Erving Goffman, *Interaction Rituals*.

8_Erving Goffman, *Frame Analysis: An Essay on the Organization of Experience* (Boston: Northeastern University Press, 1986).

9_Erving Goffman, *Asylums: Essays on the Social Situation of Mental Patients and Other Inmates* (New York: Anchor Books, 1961).

10_Erving Goffman, *Frame Analysis*, 1-2.

11_Adam Michnik, "The New Evolutionism," *Letters from Prison and Other Essays* (Berkeley: University of California Press, 1987).

| 3장 |

1_앞으로의 설명은 『뉴욕 타임스』의 기사에 근거한 것이다. Bernard Gwertzman and Michael Kaufman, eds., *The Collapse of Communism* (New York: Times Books, 1990)을 참조. 또한 아래의 분석들을 의해 보충되었다. Andrei Codrescu, *The Hole in the Flag* (New York: William Morrow, 1991); Vladimir Tismaneanu, *Fantasies of Salvation: Democracy, Nationalism, and Myth in Post-Communist Europe* (Princeton: Princeton University Press, 1998); Vladimir Tismaneanu, "The first Post-Communist Decade," *Romanian Journal of Society and Politics* 1, no. 1 (summer 2001), pp. 5-15, 그리고 Vladimir Tismaneanu and Gail Kligman, "Romania's First Post-Communist Decade: From Iliescu to Iliescu," *East European Constitutional Review* 10, no. 1 (winter 2000), pp. 78-83.

2_현재의 텔레비전 정치와 비교하여, 그 당시의 루마니아의 변화에서 텔레비전의 제한된 영향력에 대한 논의로는 8장을 참조하라.

3_이런 설명은 『뉴욕 타임스』의 기사로부터 참조한 것이다(Gwertzman and Kaufman, *Collapse of Comunism*을 참조). 그리고 Timothy Garton Ash, *The Magic Lantern: The Revolution of 1989 Witnessed in Warsaw, Budapest and Prague* (New York: Random House, 1990)의 분석 역시 참조했다.

4_Václav Havel, "Power of the Powerless"["권력 없는 사람들의 권력," 『대통령의 꿈』]를 참조.

5_Adam Michnik, "New Evolutionism"을 참조.

6_새로운 정치적 발명으로서 그런 원탁회의에 대한 설득력 있는 분석으로는 Ralitsa Peeva, "The Bulgarian Round Table in Comparative Perspective"(PhD diss., New School, Graduate Faculty, Department of Sociology, 2001).

7_나는 나의 책인 *Civility and Subversion*에서 시민사회 입장에 대한 비판을 개진했다.

8_Jeffrey C. Goldfarb, *Civility and Subversion*.

| 4장 |

1_Eric Hobsbawm, *Age of Extremes*[『극단의 시대』]를 참조. 이런 시기 구분은 유럽과 북미의 경험에 초점을 맞춘 서구적인 것이다. 그럼에도 불구하고, 지난 세기 동안 북대서양의 전 지구적 헤게모니를 염두에 둔다면, 이런 시기 구분은 유럽과 북미 지역을 넘어 적용될 수 있다.

2_종교의 정치에 대한 인상적인 분석, 특히 민주적 공중을 위한 종교의 공헌으로는 José Casanova, *Public Religions in the Modern World* (Chicago: University of Chicago,

1994)와 Talal Asad, *Genealogies of Religion: Discipline and Reasons of Power in Christianity and Islam* (Baltimore: Johns Hopkins University Press, 1993)을 참조.

3_George W. Bush, "Remarks by the President at the Islamic Center of Washington, D.C.," September 17, 2001.

http://www.whitehouse.gov./news/releases/2001/09/print/20010917-11.html.

4_Steven Erlanger, "Italy's Premier Calls Western Civilization Superior to Islamic World," *The New York Times*, September 27, 2001, A8.

5_Salman Rushdie, "Yes, This Is About Islam," *The New York Times*, November 2, 2001, A26.

6_Christopher Hitchens, "Minority Report," *Nation*, October 8, 2001.

7_빈 라덴의 인용 구절은 *The New York Times*, November 2, 2001에서 발췌한 것이다. 비디오는 2001년 11월 9일에 녹음되었고, 2001년 12월 13일 미국 정부에 의해 공개되었다.

8_Peter L. Bergen, *Holy War, Inc.: Inside the Secret World of Osama bin Laden* (New York: Free Press, 2001), p. 19. 버겐이 CNN 다큐멘터리를 위해 행한 인터뷰에서 인용했다.

9_Ibid., pp. 20-21.

10_2001년 11월 9일의 빈 라덴 비디오, 2001년 12월 14일 『뉴욕 타임스』에서 발췌했다.

11_Peter L. Bergen, *Holy War*, Inc., p. 34. 2000년 3월 21일자 『워싱턴 타임스』에 실린 무샤라프와의 인터뷰에서 인용했다.

12_나의 "How to Be an Intelligent Anti-American," *Logos* I, no. 1 (winter 2001), pp. 14-27을 보라.

13_Hanah Arendt, "What Is Authority?" *Between Past and Future*, pp. 99-100. 또한 *The Origins of Totalitarianism*, pp. 364-388 참조("권위란 무엇인가?" 『과거와 미래 사이』, 136-137쪽 참조).

14_Peter L. Bergen, *Holy War, Inc.*, p. 29.

15_이슬람의 공적 삶과 계몽의 공적 삶 간의 비교로는 Talal Asad, "Religious Criticism in the Middle East: Notes on Islamic Public Argument," *Genealogies of Religion*, pp. 200-238을 보라.

16_Peter L. Bergen, *Holy War, Inc.*, p. 23.

17_Ibid., p. 26.

18_John F. Burns, "Purchasing Power: When Seeing Osama Is Not Enough," *The New York Times*, Sunday, January 6, 2002, sec. 4, p. 16에서 보도되었다.

19_Bernard Lewis, *What Went Wrong? The Clash Between Islam and Modernity in the Middle East* (New York: Perennial City, 2003).

20_Talal Asad, "Europe against Islam: Islam in Europe," *Muslim World* 87, no. 2 (April 1997), pp. 183-195와 José Casanova, "Civil Society and Religion: Retrospective Reflections on Catholicism and Prospective Reflections on Islam," *Social Research* 69, no. 4 (winter 2002), pp. 1041-1080을 보라.

21_George W. Bush, "Address to a Joint Session of Congress and the American People," September 20, 2001.
http://whitehouse.gov/news/releases/2001/09/print/20010920-8.html.

22_그는 테러와의 전쟁에서 중국의 원조를 얻으려는 희망으로 공산주의를 패배한 적으로 매도하지는 않았다.

23_George W. Bush, "Statement by the President in His Address to the Nation," September 11, 2001.
http://www.whitehouse.gov/news/release/2001/09/print/20010911-16.html.

24_"Full text of Tony Blair's Speech, made today from Downing Street," September 12, 2001. http://www.guardian.co.uk/wtccrash/story/0,1300,550655,00.html.

25_George W. Bush, "Address to Joint Session."

26_George W. Bush, "President's Remarks at National Day of Prayer and Remembrance, The National Cathedral, Washington, D.C."
http://www.whitehouse.gov/news/releases/2001/09/print/20010914-2.html.

27_부시는 이 용어를 잠시 사용했지만, 이슬람 세계의 부정적 반응으로 말미암아 더는 그 용어를 사용하지 않았다.

28_Michael Walzer, "First, Define the Battlefield," *The New York Times*, September 21, 2001, A35.

29_William Kristol, "Bush vs. Powell," *Washington Post*, September 25, 2001, A23.

30_William Kristol, "The Wrong Strategy," *Washington Post*, October 30, 2001과 Weekly Standard에서의 Robert Kagan and William Kristol, "A War to Win," September 24, 2001, p. 7, "The Right War," October 1, 2001, p. 9, 그리고 "Fighting to Win," November 12, 2001, p. 9를 보라.

31_Mark Gevisser, "Dispatches: South Africa," *Nation*, October 15, 2001, p. 5.

32_Noam Chosky, "On the Bombing," *Al-Ahram Weekly Online*, no. 552, September 20-26, 2001.

33_Arundhati Roy, "The Algebra of Infinite Justice," *Guardian Unlimited*, September 29, 2001. http://www.guardian.co.uk/Saturday_review/story/0,3605,559756,00.html.

34_Arundhati Roy, "Brutality Smeared in Peanut Butter: Why America Must Stop the War Now," *Guardian Unlimited*, October 23, 2001. http://www.guardian.co.uk/g2/story/0,,579191,00.html.

35_François Furet, *Passing of an Illusion*을 보라.

36_Richard Berstein, "Counterpoint to Unity: Dissent," *The New York Times*, October 6, 2001, A14.

37_Dennis Brown, "US Critics under Fire," *Guardian*, October 1, 2001. http://www.guardian.co.uk/letters/story/0,,560945,00.html.

38_Arundhati Roy, *The God of Small Things* (New York: Random House, 1998), p. 73. [『작은 것들의 신』, 황보석 옮김, 문이당, 1997, 100쪽].

39_Ibid., p. 320.

40_Milan Kundera, *The Art of the Novel* (New York: Grove Press, 1988)[『밀란 쿤데라 소설의 기술』, 권오룡 옮김, 민음사, 2008].

| 5장 |

1_Andrew Boyd, "The Web Wires the Movement," *Nation*, August 4, 2003, pp. 13-14. 국제적 저항에 대한 묘사는 이것에서 인용했다.

2_위에서 재인용.

3_Gary Wolf, "How the Internet Invented Howard Dean," *Wired*, December 24, 2003, http://www.wired.com/wired/archive/12-01/dean.html. 〈무브온〉, 〈밋업〉, 그리고 딘 캠페인 간의 관계에 대한 묘사는 이 글에서 인용했다.

4_http://transcripts.cnn.com/TRANSCRIPTS/0401/09/pzn.00.html에 포스트된 "rush transcript"에서 인용. 뒤따른 인용들은 '딘의 신속대응네트워크'에서 2004년 1월 10일에 내보낸 뉴스 알리미(news alert)에서 발췌한 것이다.

5_Daniel Okrent, "Dr. Dean Assumes His Place on the Examining Table," *The New York Times Week in Review*, January 18, 2004, p. 2.

6_Dean Rapid Response Network news alert, January 10, 2004.

7_Jim Rutenberg, "A Concession Rattles the Rafters (and Some Dean Supporters),"

The New York Times, January 21, 2004, A24.

8_시겔은 2004년 1월 21일 전국 공영 방송의 〈National Journal. All Things Considered〉라는 프로그램에서 미디어 평론가인 빌 파워(Bill Powers)와의 대담 동안에 이 표현을 사용했다.

9_Jim Rutenberg, "Concession Rattles the Rafters."

10_McKenzie Wark, *Virtual Geography: Living with Global Media Events* (Bloomington: Indiana University Press, 1994).

11_Amy Harmon, "Politics of the Web: Meet, Greet, Segregate, Meet Again," *The New York Times*, Week in Review, January 25, 2004, p. 16에 보도되었다.

12_Jürgen Habermas, *The Structural Transformation of the Public Sphere: An Inquiry into a Category of Bourgeois Society* (Cambridge: MIT Press, 1989)[『공론장의 구조변동』, 한승완 옮김, 나남출판, 2004].

13_Maureen Dowd, "Squished Cupcakes and Polls," *The New York Times*, Week In Review, January 25, 2004, p. 15.

14_Samuel Pratt, "Dowd does it again," e-mail correspondence on Dean Rapid Response Network, January 25, 2004.

15_Andres Martinez, "Will We Remember 2004 as the Year of the Dean Bubble?" *The New York Times*, January 30, 2004, A24.

16_사전 설명으로는 Glenn Justice and Jodi Wilgoren, "Figures Detail Dean's Slide From Solvent to Struggling," *The New York Times*, February 2, 2004, A18을 보라.

17_Joshua Meyrowitz, *No Sense of Place: The Impact of Electronic Media on Social Behavior* (Oxford: Oxford University Press, 1985).

18_내가 생각하기에 플로리다의 개표 시스템으로는 실제로 누가 더 많은 표를 얻었는지 확인할 수 없었다. 행운, 끈기, 그리고 대법원의 판결이 결합되어 부시에게 대통령직을 안겨 주었다.

19_Paul Krugman, *The Great Unraveling: Losing Our Way in the New Century* (New York: W. W. Norton, 2003)[『대폭로』, 송철복 옮김, 세종연구원, 2003].

20_Jeffrey C. Goldfarb, *The Cynical Society: The Culture of Politics and the Politics of Culture in American Life* (Chicago: University of Chicago Press, 1991).

| 6장 |

1_선거가 끝난 후 일주일 뒤에 선거 결과를 분석하기 위하여 스탠포드 대학에서 있었던 정치학자들과 여론조사 전문가들의 흥미로운 모임에 관해서는, Louis Menand, "Permanent Fatal Errors: Did the Voters Send a Message?" *New Yorker*, December 6, 2004, pp. 54-60을 참조.

2_Richard A. Viguerie and David Franke, *America's Right Turn: How Conservatives Used New and Alternative Media to Take Power* (Chicago: Bonus Books, 2004).

3_이 비교에 대한 보도로는 Julia Duin, "Christian Youths Targeted for Votes," Washington Times, August 12, 2004, A01을 보라.

4_기독교연합의 인용은 기독교연합의 웹사이트(http://cc.org/getinvolved.cfm)에서 참조했다(2004년 12월 20일).

5_Kimberly Conger, "Evangelicals: Outside the Beltway," in "Religion and the 2004 Election," *special supplement, Religion in the News*, fall 2003. http://www.trincoll.edu/depts/csrp1/RINVol6No3/2004%20Election/outside%20beltway%20evangelicals.htm.

6_성직자들의 정치적 활동에 대한 주의 깊은 분석으로는 James Guth, Linad Beail, Greg Crow, Beverly Graddy, Steve Montreal, Brent Nelsen, James Penning, and Jeff Walz, "The Political Activity of Evangelical Clergy in the Election of 2000: A Case Study of Five Denominations," *Journal of the Scientific Study of Religion* 42, no. 4 (2003), pp. 501-514를 참조.

7_Wayne Slater, "Bush Campaign Reaches Out to 'Friendly Congregations' in Battleground States," TheState.com, October 19, 2004.

8_Gordon Wood, *The Radicalism of the American Revolution* (New York: Knopf, 1992).

9_Alan Cooperman, "Evangelical Leaders Appeal to Followers to Go to the Polls," *Washington Post*, October 15, 2004, A6.

10_Rev. Jerry Johnston of First Family Church, Overland Park, Kansas. Brad Cooper, "'Pastor Briefings' to Focus on Political Involvement," KansasCity.com, September 21, 2004에서 인용.

11_"In the South: Church Notes," *Religion in the News* 6, no. 1 (spring 2003).

12_Nathan Burchfiel, "Christian Group Wants Politics at the Pulpit," CNSnews.com, July 27, 2004.

13_Ted Olsen, comp., "Weblog: Bush Campaign Seeks 'Friendly Congregations,'" ChristianityToday.com, June 3, 2004.
http://www.christianitytoday.com/ct/2004/122/42.0.html.

14_이 점이 지식인의 민주적 역할에 대한 나의 핵심적인 생각이다. 내 책인 *Civility and Subversion*을 참조.

15_Alexis de Tocqueville, *Democracy in America*, vol. 2, bk. 1[『미국의 민주주의 2』, 박지동·임효선 옮김, 한길사, 2002].

| 7장 |

1_이 세미나에 대해서는 Elzbieta Matynia, *Grappling with Democracy: Deliberations on Post Communist Societies, 1990~1995* (Prague: Sociologicke Nakladastvi, 1996)를 참조.

2_Hannah Arendt, "Crisis in Education," *Between Past and Future*, p. 177["교육의 위기," 『과거와 미래 사이』, 238쪽].

3_Michael Oakeshott, *The Voice of Liberal Learning* (New Haven: Yale University Press, 1989), 63.

4_Ibid., p. 41.

5_정치적 교의 및 정치적 레짐으로서의 자유주의와 자유주의적 교육은 다른 것이다. 자유주의적 정치 질서가 자유주의적 교육에 상대적으로 우호적이긴 하지만(예를 들어, 문화적 삶에 국가가 개입하는 것을 형식적으로 제한하는 국가들에서는 그런 개입을 교육기관 자체에 일임하는 경향이 있다), 자유주의적 교육은 이런 부정적인 방식으로만 구성되는 것은 아니다. 세대 간의 교육적 상호작용이 인간은 무엇을 의미하는가에 관한 질문과 관련되어 있는 곳에서, 자유주의적 교육은 긍정적인 문화적 노력으로 이해할 수 있다. 그러나 그것은 의심스러운 문화적 노력이기도 하다. 자유주의적 질서와 문화적 자유 간의 의심스러운 관계에 대해서는 내 책인 *On Cultural Freedom: An Exploration of Public Life in Poland and America* (Chicago: University of Chicago Press, 1982)을 참조.

6_"서론"을 참조.

7_예를 들어, E. J. Dionne Jr., *Why Americans Hate Politics* (New York: Simon and Schuster 1991)과 Christopher Lasch, "Journalism, Publicity, and the Lost Art of Argument," *Gannet Center Journal*, 4, no. 2 (1990), pp. 1-11을 참조.

8_James M. Fallows, Breaking the News: How the Media Undermine American Democracy (New York: Knopf, 1996)을 참조.

9_Davis Merritt, "Democracy from the Bottom Up," *Wichita Eagle*, October 27, 1996.

10_Chris Conte, "Civic Journalism," Congressional Quarterly Governing, August 1996, pp. 819-837. http://governing.com/archive/1996/Aug/Press.txt.

11_대단히 비판적인 설명으로는 Michael Kelly, "Media Culpa," *New Yorker*, November 4, 1996, pp. 45-49를 보라.

12_이 사례들은 Conte, "Civic Journalism"에서 인용했다.

13_Max Frankel, "Fix-It Journalism," *The New York Times Magazine*, May 21, 1995, pp. 28, 30.

14_『뉴욕 타임스』의 시리즈인 "How Race is Lived in America"는 2000년 6월 4일부터 7월 16일까지 총 열다섯 개의 기사로 이루어져 있다. "슬픔의 초상"은 2001년 9월 14일부터 2002년 2월 2일까지 게재되었으며, 나중에 400여 개의 초상들이 보충되었다. 이 두 시리즈는 퓰리처상을 수상했다.

| 8장 |

1_McKenzie Wark, *Virtual Geography*.

2_Peter L. Bergen, *Holy War, Inc.*

3_Hanah Arendt, "Truth and Politics" and "What Is Freedom?"

4_Daniel Boorstein, *The Image: A Guide to Pseudo-Events in America* (New York: Vintage, 1992). Neil Postman, *Answering Ourselves to Death: Public Discourse in the Age of Show Business* (New York: Penguin, 1986).

5_Michael Shudson, *Good Citizen: A History of American Civic Life* (Cambridge: Harvard University Press, 1999).

6_Kenneth Cmiel, *Democratic Eloquence: The Fight over Popular Speech in Nineteenth-Century America* (Berkeley: University of California Press, 1991).

7_Bruce Ackerman, *We the People*, 2 vols. (Cambridge: Harvard University Press, 1993).

8_Garry Wills, *Inventing America: Jefferson's Declaration of Independence* (New York: Vintage, 1979).

9_Alex Williams, "Live From Miami," *The New York Times*, September 26, 2004, sec. 9, p. 1; William O'Rourke, *Chicago Sun-Times* Sunday edition, September 26, 2004,

p. 39; David Warren, Editorial/Opinion, *Windsor Star*, September 18, 2004, A6.

10_Kathleen Hall Jamieson, *Eloquence in an Electronic Age: The Transformation of Political Speechmaking* (New York: Oxford University Press, 1990).

11_그는 1999년 신사회과학원 사회학과에서의 공개 강연에서 이 점을 이야기했다.

12_트리피의 블로그는 http://changeforamerica.com/blog.

13_Hanah Arendt, "Truth and Politics," p. 263[『과거와 미래 사이』, 353쪽].

14_Hanah Arendt, *Human Condition,* p. 198[『인간의 조건』, 이진우·태정호 옮김, 한길사, 1996, 260-261쪽].

15_Joshua Meyrowitz, *No Sense of Place: The Impact of Electronic Media on Social Behavior* (Oxford: Oxford University Press, 1985).

16_르윈스키 스캔들에 관해서는 Martin Plot, "Deliberative Scenes and Democratic Politics in the Lewinsky Case," *Constellations* 6, no. 2 (June 1999), pp. 167-176 참조.

| 결론 |

1_Jeffrey C. Goldfarb, *Cynical Society.*

2_Viguerie and Franke, *America's Right Turn.*

3_Sheldon Drobny, *Road to Air America: Breaking the Right Wing Stranglehold on Our Nation's Airwaves* (New York: Select Books, 2004); Jesse Walker, *Rebels on the Air: An Alternative History of Radio in America* (New York: New York University Press, 2001); David Barker, *Rushed to Judgment: Talk Radio and American Political Behavior* (New York: Columbia University Press, 2001).

4_자유주의적 토크 라디오에서의 이런 모험 기업에 대한 보도로는, Jacques Steinberg, "Office Politics Give Liberal Talk Radio a Rocky Road," *The New York Times*, May 31, 2004, C1, C6.

5_Michael Hardt and Antonio Negri, *Empire* (Cambridge: Harvard University Press, 2000).

6_Richard Rorty, *Achieving Our Country: Leftist Thought in Twentieth-Century America* (Cambridge: Harvard University Press, 1999).

7_지지자 가운데는 "58명의 전직 대통령, 수상, 외무장관, 그리고 여타의 지구적 리더들이 포함되어 있었고, 그들 가운데는 소련의 고프바초프 전 대통령, 남아프리카의 클레르크(F. W.

de Klerk) 대통령 등이 있었다. 특히 이 둘은 그 계획을 강력히 지지한다는 성명을 발표했다. 지지 의사를 밝혔던 세계의 다른 지도자들로는 모로코의 하산(Hassan) 왕, 영국 수상인 블레어, 이집트의 대통령인 무바라크와 클린턴이 있었다."

8_Jonathan Schell, *The Unconquerable World* (New York: Metropolitan Books, 2003).

9_Hanah Arendt, *The Origins of Totalitarianism*, pp. 478-479[『전체주의의 기원 2』, 284쪽].

10_David Brooks, "A Defining Moment," *The New York Times*, March 4, 2008.

11_게리 윌스(Garry Wills)는 이 연설을 링컨의 유명한 쿠퍼 유니언(Cooper Union) 연설과 비교했다. *The New York Review of Books*, April, 2008.

12_Hannah Arendt, *The Human Condition* (The University of Chicago Press, 1988)을 참조[『인간의 조건』].

13_나는 이 점들을 "1989 and The Not So Lost Treasure of the Revolutionary Tradition, or Senator Obama and the politics of small things"에서 좀 더 완전하게 발전시켰다. 이 글은 뉴스쿨 컨퍼런스인 *1989 and Beyond The Futuer of Democracy* (April 18-19, 2008)에서 발표되었다.

14_사실, 이런 논쟁들에서 실제로 벌어졌던 일과 미디어에서 보도되었던 것 간에는 상당한 거리가 있었다. 미디어에서는 선정적이고 대립적인 것들이 강조되었다. 반대로 이런 논쟁들은 좋은 텔레비전 및 라디오 프로그램과 광고 등을 만들어 내기도 했다. E. J. Dionne, "The Real Town Hall Story," *The Washington Post,* September 3, 2009.
 http://www.washingtonpost.com/wp-dyn/content/article/2009/09/02/AR2009090 202858.html

15_Edward Luce and Alexandra Ulmer, "Obama foes turn to 1960s radical for tactical tips," *Financial Times*, August 17, 2009. 프리덤 워크의 웹사이트에서도 발견할 수 있다. http://www.freedomworks.org/news/obama-foes-turn-to-%E2%80%9960s-radical-f or-tactical-tips

16_〈프리덤 워크〉의 8월 휴회를 위한 전술적 안내서를 참조.
 http://www.freedomworks.org/publications/august-recess-town-hall-meetings, 2009년 9월 26일에 접속했다.

17_Kevin Sack, "Calm, but Moved to Be Heard on Health Care," *The New York Times*, August 24, 2009.
 http://www.nytimes.com/2009/08/25/health/policy/25georgia.html?ref=politics

찾아보기